人民日报记者说

好稿怎样
开头结尾

费伟伟 著

人民日报出版社

图书在版编目（CIP）数据

人民日报记者说：好稿怎样开头结尾 / 费伟伟著 . -- 北京：人民日报出版社 , 2019.10
ISBN 978-7-5115-6226-5

Ⅰ.①人… Ⅱ.①费… Ⅲ.①报纸编辑 Ⅳ.① G21

中国版本图书馆 CIP 数据核字（2019）第 224010 号

书　　　名	人民日报记者说：好稿怎样开头结尾 RENMIN RIBAO JIZHE SHUO HAOGAO ZENYANG KAITOU JIEWEI
著　　　者	费伟伟
出 版 人	刘华新
责任编辑	林　薇
封面设计	费晨仪　观止堂
出版发行	人民日报出版社
社　　　址	北京金台西路 2 号
邮政编码	100733
发行热线	(010) 65369509　65369527　65369846　65363528
邮购热线	(010) 65369530　65363527
编辑热线	(010) 65369526
网　　　址	www.peopledailypress.com
经　　　销	新华书店
印　　　刷	大厂回族自治县彩虹印刷有限公司
开　　　本	710mm×1000mm　1/16
字　　　数	315 千字
印　　　张	22
版次印次	2019 年 11 月第 1 版　2025 年 3 月第 12 次印刷
书　　　号	ISBN 978-7-5115-6226-5
定　　　价	49.00 元

序一

苦心孤诣觅文气

郭运德

当今时代，做个记者不易，尤其在电子媒介高度发达、媒体竞争日趋激烈的当下，选择在纸质媒体特别是党报做记者或编辑，更注定是份苦差事。

如果你不想浑浑噩噩混日子，不想满足于做个能完成基本任务就万事大吉的平庸从业者，而想做个真正称职的记者或编辑，不仅需要较高的文化素养、较宽的知识贮备、较好的文字功底，还需要较强的政策水平和应急应变能力。因为各种突发的新闻事件不会给你留出充分的准备时间；现场线索的捕捉和尺度的把握无法让你从容不迫地下判断；同一个事件、同一种现象、同一类热点问题，可能会有成千上万的人以不同的方式进行关注、发布与报道，谁能在其中独辟蹊径、高人一等，必须拿出"一剑封喉"、一锤定音的真本领。这是一场场不可能有任何预演的综合素质与应急能力的随机测验。

或许我们无法验证优秀与平庸之间有多深的鸿沟，除了天资和机遇的差异之外，跨越新闻报道优劣高下楚河汉界的分水岭，有时仅在于从业者用功与用心的多寡。孜孜不倦地善于学习、长于思考、勤于总结、勇于突破，通常会成为好新闻脱颖而出的成功秘诀。忽然而至、临门一脚的功夫，有时不过是长期积累、偶尔得之的自然结果。

费伟伟就是这样一个勤奋的用功用心之人。

费伟伟是个文学爱好者，在山东大学读书时就曾在全国大学生散文比赛中获得过一等奖，散文集《杨花漫漫》《渴望远方》《体验生命》，可谓是妙笔生花、行云流水；进入报社，浸润于采编流程，文学写作让位于新闻采编，不仅在报道与编辑两条线上时有佳作呈现，多次荣获中国新闻奖，而且精心钻研新闻业务，在新闻理论研究上也屡有佳构，《编采逸兴》《新闻采写评》《人民日报记者说：典型人物采访与写作》《人民日报记者说：好稿是怎样"修炼"成的》等书都在业界产生过良好反响，有的一版再版，成为青年从业者入门的必读书。

这本《人民日报记者说：好稿怎样开头结尾》所辑录的文章，没有长篇大论的理论推演，没有佶屈聱牙的概念堆砌，也没有凌空蹈虚的高台教化，有的只是作者自己长期从业经验的感悟与总结，是值班编稿时的心得体会，是优秀新闻稿件的读后随想，是报社编前会评报时的业务研讨……这些文章都注重理论联系实际，持之有据，有感而发，见我见物见精神，具有很强的现实针对性。每篇文章后面均设附录，既可作资料参考，又可相互佐证，即时的互动感有效增进了书稿的实用价值。

更为值得称道的是，这数十篇业务探讨性文字，均不见人们习以为常的新闻概论花样翻新式的贩运，而充盈着辨识度极高的费氏印记。作者似乎没兴趣对一般性的编采技巧泛泛而谈，而是精心选取新闻写作中两个貌似枝节的问题展开深入讨论，从不同角度、不同侧面反复论证开头与结尾的重要性，论证一篇好稿如何需要一个好的开头与结尾，意在强调枝节之于整体的辩证关系。告诉作者与受众，有时候局部处置的得当与否甚至会影响且决定着全局的成败。在全社会大力倡导和呼唤工匠精神的背景下，这样的图书选题对于培育与提升专业人士的乐业敬业意识和采写编辑水平，无疑都具有十分重要的启迪作用。

处在碎片化阅读的浪潮中，对于新闻通讯尤其是短新闻而言，开头结尾早已不再是可有可无的枝节问题。一个好的开头，能吸人眼球，可以起到先声夺人之效，激发起读者的好奇心和阅读兴趣；如果开头不抓人、不出彩，读者懒得阅读，你的新闻再精彩也发挥不了预期作用。古人讲："立片言以居要，乃一篇之警策"（晋·陆机），"开卷之初，当以奇句夺目，使之一见而惊，不敢弃去"（清·李渔）；今人说"开头一半文"，"好的开头是成功的先导"，都是这个道理。而结尾作为全文的总结与升华，如果不能做到首尾呼应、相得益彰，就无法展现画龙点睛、抑扬顿挫、余味悠长的欣赏效果。

文如看山不喜平。精心构思一个别开生面的开头与结尾，是文章好看且耐看的充要条件。业界经常挂在嘴边的所谓"凤头、猪肚、豹尾"之说，无非就是人们实践经验的形象化概括。

顺其逻辑深入推导，构思一个精彩的开头与结尾或许也不是个简单的写作形式问题，它不单是文章构思的前奏，实质上更是寻找整篇作品"文气"的重要环节。说到底，开头结尾酝酿的过程，也是一个捕捉文气的过程。有了文气，写作就能酣畅淋漓、血脉贯通；抓住了这个支点，也就找到了起笔之初提纲挈领的主动脉。王冲有言："天地合气，万物自生"；曹丕讲："文以气为主"；刘勰在《文心雕龙》中进一步阐释："率志委和，则理融而情畅；钻砺过分，则神疲而气衰"，"是以吐纳文艺，务在节宣，清和其心，调畅其气"，若能"藻溢于辞，辞盈乎气"，必会自出机杼，"秀气成采"。文气犹如围棋之眼，也如武侠人物的任督二脉，眼开则内气聚，内气聚则实力强，任督二脉一打通，写作也就有了心游万仞、自由广阔的挥洒空间。

当然我们也须特别强调，"文无定法"才是写作充满无限可能的最大奥秘。任何一个精彩的开头与结尾，都没有固定的模式可寻。开头和结尾，可大可小、可虚可实、可故事可哲理、可抒情可议论、可收拢可宕开、可豪迈可含蓄……只要能够找准切口、独出心裁，只要能够气息流畅、文质合一，只要能够恰到好处、引人入胜，任何方式都可以尝试，都能取得最佳的传播效果。这里关键的关键，还是在于你能否做一个有心人。

实话实说，做媒体记者和编辑是个良心活，你可以用40%的精力就能勉强交差，甚至混得蛮舒服，但你用200%的努力也永远做不到最好！——这是我当了十多年编辑最深切的感受。任何一个有责任心和使命感的记者编辑，都不能把这份职业仅仅作为谋生手段，而是应当灌注满腔热情，全身心投入，把职业当作事业来干。殚精竭虑、苦心经营，用心、用情、用功，不断增强自身的脚力、眼力、脑力和笔力，认真对待每一个选题、每一次采访、每一则报道、每一篇文章、每一幅版面，深入开掘其中的深刻蕴含和潜在价值，力争在力所能及的范围内做到最好、做到更好。倘如此，才有希望、有可能在媒体近乎残酷的竞争中，切实发挥报纸内容为王的强大优势，在拥挤不堪的传播空间，开辟一片真正属于自己的新天地。

（作者系中国文联副主席，文艺评论家）

序二

先回答三个问题

詹国枢

费伟伟打来电话，希望我为他写序。几乎没多少犹豫，我爽快地答应了。

为什么呢？遵照费伟伟在《人民日报记者说：好稿怎样开头结尾》书里的办法，我这序言，也得弄个"好开头"呀！那么，先提三个问题吧。

问题一：费伟伟为什么要请老詹写序？

问题二：老詹为什么要给费伟伟写序？

问题三：文章开头和结尾，到底有没有诀窍？

这三个问题，估计读者会感兴趣的。下面，我来逐个回答。

问题一：费伟伟为什么要请老詹写序？

说实话，这个问题我也纳闷。因为，我和费伟伟其实并不很熟。

虽然我知道，他于1983年从山东大学毕业（比老詹晚了一年）；

我也知道，2005年他曾担任人民日报市场报副总编辑；

我还知道，他先后在人民日报总编室、机动记者组、经济部工作（这都是报社的核心采编部门）……

然而，仅此而已。

我与费伟伟虽曾在同一单位，但平时并无多少交集，就是在报社大院见面，或者食堂排队买饭，也只是"嘿嘿嘿嘿，你好你好！"点头微笑，很少坐下来交谈。

既然不算熟悉，为何请我写序？

标准答案应该藏在费伟伟肚子里，到底如何想的，只有他自己才明白。以我推测，可能有以下原因：

其一，老詹是报社领导。记者写了书，请领导写序，是一般做法，顺理成章，无可非议。

其二，老詹喜欢写文章，退下来以后乐此不疲，还开了个公众号，几乎每日一更新。而我的文章比较朴实，也接地气，可能这比较对费伟伟的胃口吧。物以类聚，请老詹这样的码字工匠写序，写出来可能会有点意思，不至于干巴巴，古板而无趣。

以上两点，不知与费伟伟肚子里的想法是否吻合。

问题二：老詹为什么要给费伟伟写序？

这个问题由我回答，自然是百分之百大实话，没半点掺假。

要说原因，还是两条：

其一，老詹退下来以后没有多少事情，每天除了写写公众号，陪老伴逛逛街、买买菜，街边坐下来喝杯咖啡，吃点小吃，还真没有多少事情。有人请你写序，不就是写篇文章吗？这是老詹的长项和爱好呀，小菜一碟，那就写呗。

其二，老詹是个老实人，一向比较好说话，甭管熟不熟、平时交往多不多，既然人家找你，说明是看得起你，你还摆什么架子。好的好的，马上就写。

真实原因就这两条。下面，回答第三个问题。

问题三：文章开头和结尾，到底有没有诀窍？

文章开头结尾，确实非常重要，我写文章的时候，提起笔来也总是要琢磨再三，费些周章，不弄出一个好的开头，誓不罢休！

不过，要说诀窍，还真没认真想过，当然，也没总结出啥诀窍来。

诀窍有没有呢？当然是有的。费伟伟这本书，讲的就是文章开头和结尾的诀窍。

诀窍有哪些呢？

比如，开头要开门见山，让读者尽快接触新闻"硬核"，不要拖泥带水，磨磨叽叽，人家没这个耐心听你瞎扯。

比如，开头要留下悬念，让读者一看这开头，就在脑子里种下一疑问，急不可耐接着往下看，把这疑问给解开。

比如，开头要讲一个故事，让读者被故事吸引，看完故事，他便会接着读下去。

……

好了，不再"剧透"。文章开头结尾的诀窍，费伟伟总结归纳出好些，不但有理论概括，而且有具体例子，说得清清楚楚，明明白白。我这里说多了，岂不是班门弄斧，喧宾夺主？

行文至此，老詹这序言就算完工了。

有人或许会说："老詹呀老詹，你这序言没讲什么呀，不都是些废话套话车轱辘话吗？"

是的，没错，老詹是说了一通废话套话车轱辘话，然而，各位竟然上了当，从头读下来了。可见，文章开头有多么重要！

至于结尾，真没想到好的结尾。序言之后，便是干货，那就套用一句古语吧：

欲知后事如何，且听下回分解。

（作者系人民日报海外版原总编辑）

自序

做个"好裁缝"

如果不是1977年恢复高考,我现在大概是个小裁缝——费家第三代裁缝。

在家行四,大姐和哥中学毕业分配了工作,二姐去了农场,按当时的政策,轮到我肯定下乡,或去农场,或回老家乡下插队。母亲每念叨起,常说:"就待在家,跟你爷做裁缝。"(家乡无锡管父亲叫爷)父亲显然也是这意思。他的手艺传自祖父,祖父在上海学成后回无锡开了店。父亲的手艺那时在无锡城是响当当的,自然也想往下传。

那是"文革"后期,市场活了一点。父亲就职的厂子在市中心开了个门市,他当头桌师傅,三天两头加班。累归累,脸上总挂着笑。

父亲厂里有个电工老钱,是个瘸子。极聪明,也极能说笑。有一天父亲说起生意正得意,来家帮忙弄电线的老钱笑了。"费师傅,生意好么冲你手艺来的最多一半呀,你知道还有一半归谁?"老钱卖了个关子。

"费师傅阿曾听说呀,半个无锡城的男人都想来咱门市部认得认得会计。"

"为啥呀?"

"喏,你假装大好佬。看'半段西施'呀!"

全家笑翻。

会计一条腿有点颠,但脸蛋漂亮,肤若凝脂,目含秋水。老钱便给人家姑娘送了个外号:半段西施。

做新闻后,第一次听到"好的开头就等于报道成功了一半"这句话时,禁不住地,我便想起了这桩旧事。

这报道的开头,可不就是文章的脸么?事实上,其重要性可能更高,不只是"半段西施",开头漂亮与否,直接决定读者对这篇报道读或者不读。

"如果写好了导语,你就已经完成了90%的报道任务。确定导语是一场战斗。"有新闻达人如是说。

"凤头、猪肚、豹尾",从古到今,说起文章开头、结尾之重要,精辟莫过此言。而新闻报道之开头尤其重要,这一点,我也是在实践中逐渐认识到的。

1993年11月13日,我写的通讯《新体制的威力——广州抽水蓄能电站建设改革记事》在《人民日报》头版头条刊出,电力部反馈,说主管水电的副部长汪恕诚不大满意。

问题有点严重。赶紧商请汪副部长安排时间,当面听取批评。

汪恕诚副部长一头华发,清癯儒雅,十分坦诚,一开口,便让我心里一块石头落了地。

原来,汪副部长对稿子总体是满意的,不满意的是稿件开头,觉得气势不够。

这篇通讯的开头是这样的:

1993年8月2日,广州从化县吕田镇。国务院副总理邹家华亲自按下广州抽水蓄能电站一号机组的电钮,瞬间,高达535米的强劲水头冲动巨大的抽水蓄能机组……

就在5年前,崇山峻岭中的南昆山还林海莽莽人迹罕至。1988年9月26日,曾在鲁布革水电站建设中立下赫赫战功的水电十四局,人拉肩扛运来机器,向沉睡千年的南昆山宣读了"开工令"。

仅仅4年7个月,今年4月首台机组即告并网发电调试。

这是我国第一座抽水蓄能电站。环顾世界各国同类同等规模电站,美国的康斯巴蒂、霍尔木斯,英国的迪诺威克,法国的大屋,意大利的普列森扎诺和日本的新高濑川,工期均为6到8年。

广蓄,创造了世界水电建设史上的奇迹。

我请汪副部长举例说说他认为写得好的报道是怎么开头的。

云贵边界。深山峡谷。黄泥河上。372米落差。

汪副部长脱口而出。

这是20世纪80年代末,《人民日报》上一篇反映水电体制改革的通讯《鲁布革冲击》一文的开头。

"好的开头也要像水电一样,水头大,势能大。"汪副部长微笑。真的是三句话不离本行。

这次见面当然谈了不少水电体制改革的问题,但给我印象最深的,还是部长和我探讨的报道开头的手法。真没想到一篇报道的开头,会在一位公务繁忙的部长心里留下如此深刻的印象,而且,他的分析要言不烦,确实切中肯綮。

细细琢磨《鲁布革冲击》的开头,不仅气势大,且语言也美。时而急促,时而舒缓,声调错落起伏,极富节奏感和层次感。听来如看湖上涟漪,让人享受声音的流动之美。而且,尽管用语简洁,却极具画面感,给人勾勒出清晰形象。真个是既有音乐美,又有绘画美,内容形式完美统一。

我复诵不已,铭记在心,暗暗想今后倘有机会当"致敬"一下。很多年过去了,虽说此愿一直未了,但从反复默诵中我已深深体会到,能让人铭记在心的佳句,一定是容易记诵的,而凡是容易记诵的东西,都是讲究韵律的。拿韵律美来作标准或许高了一些,但让自己的文字尽量浅显简明、易读易诵,还是可以做到的。此后无论自己写,还是做编辑,一边改,一边总会在心里默念,读来美若做不到,至少让它读来通、读来顺、读着上口。

而对如何写好报道开头的领悟,最多的启示还是来自那些新闻路上的引路人。

1996年5月20日,《人民日报》一版刊出我写的通讯《追求"高、大、名"——记深圳康佳集团股份有限公司》。采写前,经济部主任、首届范长江新闻奖得主艾丰就叮嘱我,要把康佳集团这些年的快速发展,放到中国企业迎接21世纪挑战、深圳特区"第二次创业"的大背景下观察与思考。

我在报道的开头已经着力体现了这个意思,但语言拖沓,文气偏弱。艾丰亲自修改,删繁就简,有的甚至整段重写,呈现给读者这样一个意简而句健、词朴而格高的开头:

世纪之交。

国际竞争,呼唤着中国企业涌现一批"重量级拳手",与国外大企业竞争、较量;

企业改革,呼唤着大企业、大集团尽快形成,靠它们资产重组,优化结构,搞活国有资产;

再造优势,呼唤着特区成长起来一批辐射力强的大企业,让"窗口""房间"得以沟通,沿海内地共同发展。

仿佛呼应这声声呼唤,深圳康佳集团向着"高、大、名"的目标,迅速崛起。

此前,艾丰在经济部就常跟我们念叨:"要拎起来写,特别是报道的开头。"听罢也有启发,但感受不深。这回经他亲自指导,几番折腾,对开头"拎什么""怎么拎",有了深刻体会。

1997年8月14日,《人民日报》头版头条刊出我写的通讯《再造优势展雄姿——东部沿海调整经济结构创生机》。原稿开头是这样的:

5月,梅子黄时。从北京出发,穿行在新月形的东部沿海地区,每到一地,我们几乎总赶上雨脚,总有铅重的雨云紧压着南方的天空。然而,与自然界的气候变化相反,漫步在这块中国经济最活跃的热土上,我们的心头始终是晴朗的。

广东、江苏、山东、浙江、上海……这些多年列我国经济发展前十名的省市，今年以来继续保持虎虎强势，1—4月经济增长势头稳中有进，均超过去年同期。

刊出时，第一段被一笔勾掉，直接从第二段开头。一打听，说是总编辑范敬宜勾的，找了个机会我便向范总请教。文质彬彬的范总文绉绉地答了四个字："领脉过远。"

什么意思？范总认为切入主题慢了，绕了。

孩子总是自己的好。我道："不就多百把字吗？有意境呀。"

范总笑："远，不是绕出三里地才算远，不合题旨，一句也远。"

当时心里颇为不服。某日，忽读到我崇拜的著名诗人、作家何其芳谈写作的一句话："开头千种万种，有一条切不能忘记，就是要把自己这篇文章的题旨引出来。倘若开头很美，却离自己的题旨很远，也不算好开头。宁愿弃置，也不能用。"顿如醍醐灌顶。情不自禁，便想起了范总的教导。

对报道写作手法，我既是在实践中摸索，更是在前辈编辑的批评提携中感悟。因而，当自己也拿起红笔，并且几番改罢而有些记者似依然无感或感觉不到位时，便琢磨着把自己的一些想法写下来。如此一篇一篇，到去年底已得近40篇，遂集一册。

去年是改革开放40年，感谢改革开放，再也不用担忧是下乡还是留城。1979年我高中毕业就能报考大学，并如愿圆梦，而父亲的传艺梦，便破了。

父亲是厂里公认的快手。母亲那时总说，她缝一条裤子的工夫，"你爷可以缝三条"。那时父亲也悄悄在家接点私活，印象很深的是，有两个环节父亲落手很慢，一是给客人量尺寸，翻来覆去横量竖量。"人家好不容易做件新衣裳，一定要合身才好。"父亲说。二是给衣料打样，一把量尺颠来倒去。最终顾客来取衣时，父亲总会再附送一两块余下的布料，便是他打样时反复折腾的成果，有的可做鞋面布，有的可做个假衣领，有的甚至可以做一副袖套。在那个物质极不丰富、布票比钞票还金贵的年代，这自然让顾客喜出望外。从那份惊喜中，我似乎读懂了一点：面对某种难度，慢一点是值得的，越慢越有力量。

　　我大学毕业就被分到人民日报社，总编室、机动记者组、经济部、市场报、中国能源报、福建分社、地方部，30多年在记者、编辑间徘徊复徘徊，在自己的文字里或是他人的文字里徘徊复徘徊。父亲的裁剪刀我虽没接，而这些年很多时候在做的，其实也像裁缝一样——人们不是总把编辑比作"为他人做嫁衣"吗？茶饭不香寻思苦觅的，无非就是如何把稿子裁剪得"合身"一些，在缓慢的、一遍一遍的斟酌中把稿子裁剪得更漂亮一些。而同事们大多只偶尔为之的"业务研讨"，自己也一直慢慢地、苦苦地坚持着。在我心里，它已成为另一种写作，或者说，一种匠作。

　　20多年前母亲就走了。回故乡给母亲扫墓时，我很想对母亲说，您让我跟爷做裁缝，虽然我手艺没学，但爷的那份匠心是完全传承了的——新闻生涯36年，我有幸获过五个中国新闻奖，第一个奖就是编辑奖，五个奖里三个都是编辑方面的：一个编稿，一个编版，还有一个是编专栏。最好的年华给了"做嫁衣"，并为之沉醉，沉醉不知归路。

　　从这个意义上说，我还能算费家的第三代裁缝，而且一直在努力着，做一个"好裁缝"。

2019年夏

目 录

上篇　好开头一半文

002　故事怎么开讲
005　附：郑州　种好网格责任田 / 龚金星　曲昌荣

007　"写自己感受最深的"
011　附：白银：敢问西望谁比肩 / 田　丰　曹树林

017　起笔应轩昂
021　附：崇礼三变 / 李增辉　杨　柳

023　开门见山，山要陡峭
025　附：云南高原特色农业风生水起 / 张　帆　徐元锋

028　短稿开头宜突兀
032　附：种姜分红　过年暖心 / 崔　佳

034　"开卷之初，当以奇句夺目"
038　附：黑龙江：绿色发展　长期红利 / 郑少忠　袁　泉

040　**去掉硬壳　开门见山**
043　附（见报稿）：像榕树一样扎根大地
045　附（原稿）：像榕树一样扎根大地

046　**开头要明确　见事要具体**
054　附（见报稿）：辽宁　出实招优化营商环境 / 王金海　刘洪超
055　附（原稿）：辽宁营商环境监督局打出组合拳

058　**开头既要生动活泼，又要直奔主题**
067　附：再给后代五千年 / 范敬宜

069　**从"头"新起**
074　附（见报稿）：冷书记，暖了小南河
075　附（原稿）：为了留下她，贫困户送来700元

078　**拥抱"陌生"**
080　附：贵州"解"贫 / 胡　果　万秀斌　肖潘潘　杨　彦

084　**开头就讲故事，要有战略定力**
090　附：看！我们身边的神兵利器 / 蒋建科　余建斌

094　**讲故事要体现"人的维度"**
097　附：陕西　军民融合协同创新 / 王乐文　龚仕建

099　**让领导干部成为新闻当事人**
102　附：山东建立政府法律顾问制度 / 徐锦庚　卞民德

104　**在动态中展现**
114　附：她的世界春意盎然 / 孙晓辉

117　冲突，让稿子变得生动
121　附：南宁　抓发展巧借梯 / 刘华新　谢振华
122　附：江西　当美丽中国的领跑者 / 费伟伟　吴齐强　施　娟　朱　磊

125　好开头是"剪出来"的
129　附（见报稿）：江西　"老赖"寸步难行
130　附（原稿）：这里的"老赖"为何寸步难行

133　从具体到抽象
137　附："一米大学生"海璐璐求职记 / 马金凤　王汉超

142　开头试试写意手法如何？
147　附：黑龙江沿边开放升级提挡 / 费伟伟　郑少忠　袁　泉
　　　　　　　　　　　　　　　　　　施　娟　姜　峰
148　附（见报稿）：广西：开放发展迈出新步伐
150　附（原稿）：广西：奋力拓宽开放路

152　"绝不要用天气来开头"？
157　附：别拿做大"一俊遮百丑"

160　写好开头贵在"坚持一下"
163　附（见报稿）：2 分 42 秒的坚守
165　附（原稿）："窑洞工区" 2 分 42 秒的坚守

下篇　好结尾如撞钟

168　言虽止而意无尽
174　附：至少她曾经活过

175 附：两家子公社：夜无电话声　早无堵门人 / 范敬宜
176 附：多元的宗教　多姿的"庙" / 吴长生

178 **开放式结尾：更得"言外之味"**
182 附（见报稿）："奋斗是科研人员的本分"
184 附（原稿）：胡震：奋斗是我们的本分

187 **"编筐编篓，全在收口"**
193 附：没有比海油人更高的高原 / 孙晓辉

198 **结尾，多一些意味深长**
202 附：白了滩羊　绿了草原　红了日子 / 李增辉　朱　磊
204 附：河湖连通，这里四季能赏景 / 岳富荣　祝大伟

206 **写出"豹尾"并不难**
209 附：一个修改案例
　　　为航天梦筑牢后盾

213 **写好结尾还有很大空间**
219 附：福建　把创新"放"出来 / 赵　鹏
220 附：重庆　好山好水好生态 / 王斌来　崔　佳　蒋云龙　龚　鸣

223 **记者、编辑都要增强"豹尾"意识**
225 附（见报稿）：南阳：巧解三道"水难题"（节选）
226 附（原稿）：京宛协作，"两地联手"合力保水

228 **不可虚构　可以"虚写"**
232 附：倒在黎明前的和平天使 / 王汉超　袁　泉

| 236 | 去"陈词" 唱新调
| 238 | 附（见报稿）：云南楚雄　绩效导向硬碰硬
| 240 | 附（原稿）：云南楚雄　扛住压力提升动力

| 243 | 对比尤显深刻
| 244 | 附：日本与德国：不同的历史观 / 吴海龙

| 246 | 好的结尾总是照应开头
| 250 | 附：茶林深处有人家 / 徐元锋

| 254 | "螺蛳壳里做道场"
| 257 | 附：日本签字投降 / 霍默·比加特
| 258 | 附：中德燃料电池车比肩驶过天安门 / 杨　健

| 260 | 且留菁萃响尾声
| 264 | 附：捕蛇者新说 / 颜　珂

| 266 | 议要议得带劲
| 269 | 附：演员的魅力活在角色里 / 任姗姗

| 273 | 结尾不必拔高
| 279 | 附：鸡唱磨山创业忙 / 潘俊强

延伸阅读　开头结尾同人谈
——人民日报社地方部周评一组

| 283 | 好开头，"一半文" / 杨　彦
| 287 | 附：这样的思政课　大学生有共鸣 / 刘成友　张兴华

289　**好开头，恰似惊鸿一瞥** / 张腾扬
293　附："我来当拐杖，带娃学自立" / 蒋云龙

296　**用直接引语巧"说话"** / 施　娟
300　附：蔡老板"招工"记 / 贺林平

303　**快速阅读时代，好开头让读者耐心读下去** / 黄福特
306　附：乡村美　美在心 / 姜　峰　张丹华

309　**莫论题材，但问故事** / 李亚楠
314　附：我们的公积金咋没了 / 丁　汀

319　**让结尾更有余味** / 杨　彦
321　附：文老师，您别退休好不好 / 李　坚　龚　鸣

324　**写精品，"豹尾"意识不能缺位** / 李亚楠
327　附：大美青海报春归 / 卫　庶　张志锋　王　梅

329　**后记**

上篇 好开头一半文

故事怎么开讲

多年以后，奥雷良诺·布恩蒂亚上校面对行刑队，准会想起父亲带他去见识冰块的那个遥远的下午。

长篇小说《百年孤独》这样开篇。

20世纪80年代中期，这部小说中译本在我国出版，很多人一下子便记住了这个具有魔力的开头。

《百年孤独》的作者、诺贝尔文学奖获得者加西亚·马尔克斯于2014年去世，很多怀念文章都提到他对当代中国文学界的深刻影响。本报《马尔克斯——发民族之声 担家国道义》（2014年4月27日）一文便道："曾几何时，这片大陆受马尔克斯和拉美魔幻现实主义影响的作家何啻莫言、贾平凹或阿来、陈忠实，甚至更老一点和更年轻一点的都或多或少受到过他的影响。"

且看一下提到的几个中国作家写的小说的开头。

莫言《檀香刑》：

那天早晨，俺公爹赵甲做梦也想不到再过七天他就要死在俺的手里。

贾平凹《秦腔》：

要我说，我最喜欢的女人还是白雪。

陈忠实《白鹿原》：

白嘉轩后来引以为豪壮的是一生娶过七房女人。

这些开头里有多少马尔克斯的影子，且交给文学评论家去掰扯，但我们可以明显看出这些故事开头有着一个共同特点，就是干脆利落，人物、故事直接登场，内容、主题开门见山，给读者极大的阅读冲击力。

近年来，社领导反复强调讲故事，并亲自改稿强力推动，成效十分明显。很多稿件的开头去掉了以前习惯性的由概念、数字、领导讲话等组成的"硬壳"，直奔主题了；很多稿件开始把最生动的故事往头里放，知道粉要往脸上搽了。但具体到如何往主题上奔，粉如何往脸蛋上搽，目前有些表现手法还相当俗套，仍习惯于按部就班地顺叙，从容不迫地讲述。

新闻强调讲故事，强调的是一种讲故事的态度，限于篇幅，新闻报道里的故事往往碎片化，讲来也只能比较简单。简单的故事要讲生动更不易。且具体到一个报道里，往往也只能在开头讲讲故事。我们常说，那些中外著名作家最擅长讲故事，因此，他们是如何开始讲那些故事的，恰恰也最能给我们以启发。同样是开头，上述这种干脆利落地让人物、故事直接登场，内容、主题开门见山的手法，便值得我们深思并借鉴。

2014年3月20日本报头版头条《郑州 种好网格责任田》，原稿开头：

记者见到新郑市工商局副局长白战伟时，他在龙湖镇刚开完网格动态研判会，接着就要进社区入楼院"扫街"……

这个开头也可谓开笔就见人见事，但四平八稳，波澜不惊。地方部编辑改稿时，把发生在白战伟身上的一个故事从后文中一下子拎来开头：

常常受表扬的白战伟，突然被通报批评了。郑州新郑市工商局副局长白战伟说:"这个批评终生难忘,工作更不敢懈怠。"

直接揭示矛盾冲突,干脆利落,激发读者兴趣。

2014年5月3日一版《"必到书记"张伟林》一稿,原稿开头是:

"都别吵了,来来先抽根烟,喝杯水。"张伟林向会抽烟的干部们要了根烟,递了过去。

而后来见报稿的开头是:

"你们要是敢拆我房子,我就死这儿。"60多岁的才溪村村民林开贤怒气冲冲闯进福建上杭县才溪镇党委书记张伟林办公室,为修高速公路拆迁的事。

"这是落房酒,你们谁不去就是不给我面子。"今年春节前,盖好了新房的林开贤又一次跑到张伟林办公室,但这次喜气洋洋。

开篇贵奇。古人有话:"开卷之初,当发奇句夺目,使之一见而惊,不敢弃去。"(清·李渔《闲情偶寄》)编辑改的这个开头也是稿子里的材料,采用对比手法,起笔突兀,没头没脑,如高山坠石,不知其来,使人一见而惊。开头两个截然不同的场景构成的巨大反差,使文章开篇就产生一种势能,一种冲击力。

我们常说文章章法要有张有弛,具体到开头,则宜张不宜弛。长篇小说《红旗谱》是中国当代文学史上一部里程碑式的巨作,2014年是作者梁斌诞辰百年,《文艺报》上披露了《红旗谱》初稿的开头:

这不是一个梦!

平地一声雷,震动锁井一带四十八村:"狠心的恶霸冯兰池,他要砸掉古钟了!"

而在正式出版时,第一段"这不是一个梦!"删去了。研究者认为,若保留,能使叙述者(作家)有一个情感上的起伏落差,能够充分表达叙述人的情感意义。

梁斌为什么要删?有一点毫无疑义,就是删掉后叙述更加干脆利落,一个活生生的生活场景直接呈现在读者面前,张力十足,气势更强。

好开头需要匠心独运。好开头是改出来的、磨出来的。好开头必须不断突破自己、否定自己。

讲好故事,不妨就从开头开始。

附:

破解"看得见的管不了""管得了的看不见"难题

郑州 种好网格责任田

本报郑州 3 月 19 日电 (记者龚金星、曲昌荣)常常受表扬的白战伟,突然被通报批评了。郑州新郑市工商局副局长白战伟说:"这个批评终生难忘,工作更不敢懈怠。"

去年 10 月,新郑市龙湖镇一处炒货小作坊无证非法生产,基层网格员巡查中未及时发现处置。媒体曝光后,4 名工商局工作人员被追究网格监管责任,白战伟作为"二级网格长",被市领导行政约谈。

记者见到白战伟时,他在龙湖镇刚开完网格动态研判会,准备进社区入楼院"扫街"。白战伟分管的龙湖镇工商所辖区毗邻郑州市区,因郑州城市改造加快,大批小作坊、小厂房前往龙湖镇"安家",监管任务陡增。"每周至少一天到第一线去,和基层网格员一起发现问题,解决问题。"由于时时绷紧"发现问题"这根弦,那次约谈后的评比中,白战伟负责的网格多次排名第一，受到表扬。

小网格带来大变化，白战伟深有感触。通常情况下，村和社区有及时发现问题的条件，却没有处置的权力，"看得见的管不了"；工商、质检等上级执法部门力量不足，不能全覆盖，"管得了的看不见"。基层工商所一个人就要负责监管上千户商家，明显力不从心。如今，乡镇、办事处近千名干部下沉到村和社区，局工作人员两年下沉5900余人次，村和社区都有热心群众当网格协管员。

每一名网格长都成为发现案源、反馈问题的"眼睛"和执法的"触角"。一次，龙王乡小左村三级网格长一早给白战伟打来电话，称在排查过程中发现村里一废弃院内有人无证加工麻辣食品。接报后，乡里立即组织网格内公安、工商、电力、乡安全办、联防队等职能部门30余人前往。当天上午这个窝点就被取缔，前后不到4小时。

白战伟只是郑州市45388名网格员之一，他们负责1.9万个小网格，三级网格织成一张大网，覆盖了全市城乡每一寸土地、每个犄角旮旯。

如何将社会治理的重心落到城乡社区？如何实现为群众解决问题制度化？2012年以来，郑州市坚持以网格为载体，探索建立"依靠群众推进工作落实"长效机制。干部有了"责任田"，变"坐等派活"为"主动找活"，作风明显转变，为群众提供精准有效的服务和管理。两年排查、发现、处置问题近50万件，办结率达到97.9%。今年以来，又为群众解决问题近2万件。

（原载《人民日报》2014年3月20日）

"写自己感受最深的"

我国第一颗原子弹于1964年爆炸成功,这不是地球人都知道的事吗?然而……

1956年12月31日下午3时,中国西部,东经104°、北纬36°交叉点,伴随震天动地一声爆轰,巨大的火球冲向400多米高空,火球与地面腾起的尘柱连成一体,形成壮观的蘑菇云翻滚升腾……

第二天,西方媒体惊呼:"中国西部爆炸了一颗原子弹!"

本报地方部田丰执笔的《白银:敢问西望谁比肩》(2014年9月14日)一文这样开头。看了这个开头,你一定会冒出"欲知后事如何"的念头吧?且往下读——

那次西方误猜的"原子弹爆炸",就是白银露天矿山万吨级大爆破。

这样介绍新中国有色工业发祥地甘肃省白银市,悬念丛生,是不是挺新鲜,激发了你的阅读意愿?

有了好的开头,文章就成功了一半。

最近读到多篇好报道,尤其是文章的开头,令人击节。

2014年9月3日,上海分社姜泓冰报道一位优秀基层干部,开篇出人意料:

不是只有舞者才会穿上红舞鞋，从此曼妙旋转，不知疲倦。上海市普陀区桃浦镇莲花公寓小区的党总支书记梁慧丽脚上，必定也有这样一双"红舞鞋"。

　　不然，很难想象她可以365天无休，早上7点多走进居委会、晚饭后办公室还亮着灯；深更半夜，居民有急难，她接到电话就赶到。

多么曼妙的联想，笔意华艳飘荡，又有鹰击花飞式的畅快，一下子由童话切进现实，《穿上服务社区"红舞鞋"》这篇报道，开头就闪现灵性、漾出诗情。

即使头版头条，只要紧扣主题，也不妨诗意盎然地写来。

山东分社徐锦庚、卞民德、潘俊强写的头条《山东唤醒农村沉睡的财富》（2014年9月3日）这样开头：

　　转型中的山东农村，如一泓春水，每有风过，便会涟漪泛起，搅动人们的心。

宛如歌吟，然而每一个字都内涵沉厚。天大地大，在农民眼里，地是命根子，比天还大。而这篇报道的主题是写农村土地产权确权，动命根子的事，能不"搅动人们的心"吗？

河南分社龚金星、王汉超的头条《走进太行，解读"新乡现象"》（2014年9月8日）开头，则一字一锤，金声玉振：

　　太行多石头，太行多先进，太行多故事。

　　半个多世纪，河南新乡涌现出10多个全国先进，100多个省级先进，1000多个市县级先进。其中5位先进人物被党中央号召学习。

太行巍巍，写发生在太行山的故事，也当有太行的雄奇，太行的气势。

这般开篇,如浩浩云海刹那间从峰峦叠嶂中奔突而出,声势夺人。

这几个开头都很别致,如有神助。

而事实上,所谓"神助",就像那双"红舞鞋",只属于童话世界。真正开启灵感的力量,只能来自写作中超常的投入。就像恩格斯说的:"谁肯认真地工作,谁就能做出许多成绩,就能超群出众。"

有一次我到中宣部参加阿布列林学习焦裕禄精神先进事迹策划会,会议材料中,就有本报 2014 年 7 月 31 日的通讯《46 年,一刻不曾忘》。这篇稿子的编辑过程我很清楚。原稿很长,地方部按社领导指示精编。编辑魏贺编前专门上网调出新疆媒体做的相关报道。下班前说快编完了,再打磨打磨,结果我上夜班时他还在编,说是开头想半个多钟头了,没想好。又过了半个钟头,他谦逊地笑笑:"改完了,开头还是不大满意。"我们又一起讨论。

见报稿这样开头:

逝去的历史常给人现实的力量。评断一个人的品格,其实只要看他选择向什么样的人致敬,对什么样的人追怀。

新疆哈密地区维吾尔族退休干部阿布列林·阿不列孜,始终珍藏着一张 46 年前赴河南兰考与焦裕禄家人的合影。从知青、工人,到检察官、法官,再到全国优秀检察干部,46 年来,他时刻以焦裕禄精神为人生坐标,在新疆大地上书写人生之歌。

精辟,深刻,饱含哲理,把主题阐发得愈益鲜明。

河南分社的同志则坦言,新乡一稿,四易其稿,写稿磨了个把月。

好文章、好开头,都可归结到一点,写得好认真。

可是,除了"认真"二字,是否还能找出"一点"规律呢?

作家赵丽宏在人民日报副刊上发表的《写自己最熟悉感受最深的》(2014 年 9 月 8 日)一文中,给我们传授了这样"一点":

巴金先生曾在赠我的书中为我题写过这样两句话："写自己最熟悉的，写自己感受最深的。"这是他对自己一生写作经验的总结，也是对后辈的一种鞭策，我一直铭记在心。

新闻报道或许很难总是"写自己最熟悉的"，但可以"写自己感受最深的"。

首先，是沉下心去感受。李可染是当代杰出画家，他儿子李小可回忆，当年和学生到桂林写生，画了两天大家都没画出东西，就说换地儿吧，没什么可画的。李可染拿出一个巴掌大的小笔记本给学生看，是他画的速写。大家一看完全不一样，学生们于是都回过头再画。

原因在哪里？"他静下心去看，感受的东西是无限的。"李小可说。画画要静下心去感受，写稿也要静下心去感受。仔细读读这几篇开头写得别具一格的报道，你都能明显感到，记者采访得很深，很扎实，真正是沉下心在感受。

而更重要的，是要把"自己感受最深的"那一点写出来。

我这次带队采访甘肃丝绸之路，《白银：敢问西望谁比肩》由田丰执笔，为这个开头，他多次重起炉灶。第一稿，从白银历史上是丝绸之路重要渡口写起，切题，但是较平。

"静下心想想，采访中哪件事让你印象最深刻？"我把稿退给他。

第二稿，从在博物馆看到朱镕基总理题词写起。题词的原因，也就是白银由企业而发展到城市的缘由。切题，也新鲜。和田丰聊这个话题时，他感觉最震撼的是大爆炸，他亲眼目睹了大爆炸后经30多年开采留下的超级大坑——280多米深的露天矿采场。

既然"大爆炸事件"令人"感受最深"，再重写。

采访的内容越丰富、材料越庞杂，记者的感受也就越多。哪一点"感受最深"，往往很难一下子就抓住。要让自己最深的感受重新浮现，仍然需要发现，把它从自己的记忆中重新捞起来，擦掉那些落在身上的浮尘，细细抚摸，一遍遍擦拭。当你把它完全擦亮时，你就会发现，它原来并不清晰，而之前你或许还觉得它挺亮堂。

一个好的开头的写作便是这样,你不反反复复地擦,就不知道它也有污垢和尘土。只有在反复的擦拭中你才会发现深度的光亮,而这光亮与原来的光亮完全不同。没有真正的光亮可以一次抵达,因为人的感受是分层的,而你的"发现力"也是分层的。即使找准了"感受",仍需返工、打磨,才能用恰如其分的语言真正把那个"最深"的点精准表达出来。

想给你的报道写出别具一格的开头吗?

沉下心,好好想,去发现并写出那个"自己感受最深的"。

巴金总结其一生写作经验归纳出的那句话,吾辈亦当铭记。

附:

新中国有色工业发祥地,工业基础、科技实力雄厚——

白银:敢问西望谁比肩

田 丰 曹树林

1956年12月31日下午3时,中国西部,东经104°、北纬36°交叉点,伴随震天动地一声爆轰,巨大的火球冲向400多米高空,火球与地面腾起的尘柱连成一体,形成壮观的蘑菇云翻滚升腾……

第二天,西方媒体惊呼:"中国西部爆炸了一颗原子弹!"

"三十六年游故地,白银一爆出新天。"在白银火焰山国家矿山公园博物馆,一幅署名"朱镕基"的题词格外引人注目。讲解员给我们还原了那段历史。

那次西方误猜的"原子弹爆炸",就是白银露天矿山万吨级大爆破。这"一爆",凤凰山、火焰山等7座山峰高度平均降低50米,其对地球的震撼,相当于一次6级以上地震。这次爆破也震撼了现场一位年轻干部,他就是代表国家计委来检查指导爆破的朱镕基。

1992年，时任国务院副总理的朱镕基视察白银，当他看到戈壁滩上一座大型有色金属采、选、冶炼联合企业拔地而起，当年仅几户人家的戈壁荒漠已变成一座楼群林立、厂房栉比的新型工业城市时，更为震撼，欣然题词。

又是22年过去。作为新中国有色工业发祥地的白银，历经半世纪开采后，还是一片"新天"么？

承"上"启"下"
资源有限循环无限

东西长1320米，南北宽600米，深284米，站在这样的超级大坑边，你无法不感觉震撼。它不是大自然的鬼斧神工，而是白银人艰苦奋斗、开拓进取的见证。

白银公司露天矿采场有两个这样的超级大坑，经过30多年开采，分别于1984年和1988年闭坑。白银有色金属矿床以铜、硫为主，伴生金、银等贵金属。1956年大爆破后，白银创造了铜产量、产值、利税连续18年全国同行业第一的辉煌业绩。"铜城"白银，誉满四方。

这座一听名字就让人觉得"富有"的城市，因矿而企，因企而市，其本在矿，但矿总是越采越少。"决不能走进'矿竭城衰'的死胡同！"2008年被确定为全国首批典型资源枯竭转型城市，白银迎来转型发展的"春天"。

资源型城市陷入困境，根本原因在于产业结构过度依赖资源开发，经济外向度不够，参与全球化、市场化程度不深。白银公司积极"走出去"，在国内外整合并购优质矿山资源，与首钢合作在秘鲁实施多金属年产3万吨的选矿项目已开工建设；控股收购南非第一黄金公司，建成年产黄金50吨的黄金优势企业。

"白银依托本地有色金属资源时最高年产量20多万吨，现在年产能力达60多万吨，而仅用本地资源5万吨，主要是利用外面的资源。"白银市市长汪海洲告诉记者，"企业走出去，资源引进来，产品再销出去，白银已走上良性发展之路。"

8月1日,甘肃银光聚银化工有限公司大门口,几位工人正在更新"银光集团TDI循环经济产业链示意图"。

"图又变了,因为又有新项目投产了。"公司高级工程师陈新武指着示意图向记者解释。围绕10万吨TDI项目,上游引进北方三泰公司配套生产氯气、氢气、烧碱,引进刘化集团配套生产硝酸、合成氨、一氧化碳,引进阳明化工配套生产催化剂;下游配套12万吨PVC项目消化副产品盐酸,引进东方钛业等企业对电石渣、粉煤灰等固体废弃物进行综合利用。"我们的上下游配套产品、中间产品、副产品均做到了'吃光榨尽'。"陈新武说。

做好产业延伸文章,承"上"启"下",打通、完善产业链,白银又开出一片"新天"。

目前,白银依托白银公司、稀土公司、银光公司、靖煤公司等骨干企业,打造的有色金属及稀土新材料、化工、能源及先进高载能3个千亿元循环经济产业链已初具规模。全市初步形成以有色、化工、能源、装备制造、陶瓷建材等为主体的多元产业格局。

出"城"入"园"
创新驱动后劲十足

白银中科宇能科技公司的名字在我国风电界堪称"如雷贯耳",因为它是国内风电叶片制造唯一具有自主知识产权的企业。

离中科宇能公司大门还有百来米,便远远看到门口摆放着一个大大的风电叶片。走进公司院内,场面更为壮观,单个长度四五十米的风电叶片一排排直摆到办公楼下。

"这么多产品放着,是不是销路不大好啊?"面对记者的疑惑,总经理王冬雪呵呵笑,"我们现在是供不应求,订单已接到今年春节啦,8条生产线全满负荷。这批是销新疆的,很快就有物流公司来拉,你晚来几天就看不到成品了。"

2008年公司一成立就来白银的许秀强,从一名技术员晋升到副总,带记者参观生产流程如数家珍,"只有掌握核心技术,企业才有竞争力。"他感慨地说。

离开中科宇能,车行十来分钟,是另一个"掌握核心技术"的企业——中国科学院白银超导变电站。"这是世界上首座也是唯一的配电级超导变电站,美国、荷兰等国外很多专家都来考察过。"工作人员骄傲地说。

"一个国内唯一,一个世界唯一,它们有个共同处,就是都坐落在白银高新区。"白银高新区管委会党工委副书记张多甲很自豪。2001年,白银市与中科院高技术局合作建设中科院白银高技术产业园,白银高新区由此起步,2010年升级为国家高新区,现已入驻企业269家,平台作用和集聚效应越来越显著。

白银把园区作为发展循环经济的重要平台和主战场,坚持出"城"入"园",引导工业向园区集中、产业向园区集聚、企业向园区集结。目前,以高新区为龙头,包括银东、银西、刘川、平川、会宁、正路工业园,总面积340平方公里的"一区六园"发展格局初步形成,中信、中铝、中材、统一、正大等知名企业相继落户。白银市已建成专业科研机构8家,各级工程技术研究中心27家,产业技术创新战略联盟5个,院士专家服务中心1个,引进高层次人才团队12个,培育高新技术企业18家,科技型企业75家。

"兰州老城、兰州新区和白银恰好构成一个三角,这样的区位优势,使白银还可充分利用兰州丰富的科教资源,增强企业科技支撑能力。同时,在承接产业转移方面与兰州错位竞争。"汪海洲说。

巧"加"善"减"
天蓝水清宜居宜业

在兰州听说,兰州人到白银开会办事,晚上不管多晚都回兰州。其中固然有两地挨得近、相距不足百公里的原因,还有一点,就是白银污染严重。想想也是,毕竟是座著名工业城市。

然而,车入白银,两旁绿荫匝地,天空白云朵朵。说起听来的"段子",

白银人笑了，"那是好多年前了"。统计显示，2013年，白银城区空气优良天数334天，比"十五"末增加157天。

"白银唤回白云"，诀窍便是巧"加"善"减"——增加造林绿化，加大节能减排。

2005年，白银公司铜冶炼污染治理工程启动，揭开城市转型序幕。白银先后投入资金20多亿元，完成治理项目80多项。近年来，白银每年人工造林30万亩以上，森林覆盖率每年净增1个百分点。今年，白银还将实施和中信集团共建总规划面积100万亩的中信碳汇林基地项目。

正值盛夏，很多市民选择到银光集团辖区打球、散步，因为"这里温度能降好几度"。市民的口碑，是对"将绿化当事业来做"的银光集团的最好肯定。在戈壁滩建厂60年，银光集团给白银本部13平方公里的厂区、生活区披上了7000多亩"绿装"，绿化覆盖率达40%以上。

不仅是绿化，银光集团还建设雨水集流系统，建成总容量8万吨的污水库3座，节约70%绿化用水。

不只是银光集团。白银公司建成以铜冶炼渣资源综合利用项目为标志的系列循环经济项目，工业固体废弃物综合利用率提高22个百分点；靖煤公司实施低浓度瓦斯发电项目，建成西北首家装机1.13万千瓦发电机组；赛诺生物科技公司利用玉米秸秆提炼生物酶，生产的酒精酶、啤酒酶销量分别居全国第一、第二位……

2011—2013年，白银市能耗增长年均8.7%，经济增长却达14%以上，万元工业增加值能耗年均降幅保持在8.5%以上，万元工业增加值用水量年均下降7.6%，工业固体废弃物综合利用率达73%。

天蓝、水净、地绿、林茂，今日白银，是工业名城，更是生态宜居城。

眼下，白银还在大做另一项"加法"，就是发掘古丝路文化，增加城市文化底蕴。白银市副市长陈其银拿来厚厚一本近百万字的《"开拓与守护：丝绸之路上的白银"学术研讨会论文集》，这是今年7月的一项文化成果。

粗粗一览，令人对这片古老土地的悠久历史与文化肃然起敬。白银地处古丝绸之路北线，是过黄河天险到河西走廊的必经之地。当年黄河边有五大渡口，索桥渡、虎豹口、乌兰津、鹯阴口，4个在白银境内。特别是鹯阴城，汉朝张骞、东晋法显、唐朝玄奘等都曾驻足。上世纪90年代，白银靖远县出土了一件国宝级文物——东罗马时期的鎏金银盘，它既是东西方文化交流互通的见证，也是当年白银在古丝路上重要地位的最好说明。

"四大渡口奠定了白银古丝路上重要节点地位；在今天的新丝路经济带上，以我们的工业基础、科技实力，你向西放眼望，找不出一个可以和白银比肩的城市！"汪海洲信心满满。

当年"一爆出新天"，而今蓄势待高飞。倘若朱总理重访白银，一定会再度欣然命笔吧？

（原载《人民日报》2014年9月14日）

起笔应轩昂

培训回来,积了一周的报纸,发现《陕西 不让雾霾锁关中》(2015年11月14日)一稿在一版刊出了,这是篇1+1稿①,估计是限于篇幅,"前1"导语第一段被删掉了。

雾霾重重,林立的高楼若隐若现,履新陕西省环保厅厅长的王成文眉头紧锁,站在省政府大楼10层办公室外望,百米外的青少年宫竟也难以辨认。王成文难忘此景,那是在他刚上任的2013年。

数字更让人惊心:2013年1月,西安二级以上天气只有4天,在全国74个重点城市中排名倒数第12;2月良好天1天,排名倒数第4;3月良好天0天,排名倒数第三。"环保人的政绩就写在天上,这咋向百姓交代。"王成文回忆当时的情景,陕西关中地区5市1区的空气质量,让人直想骂娘。

这是审定稿的导语部分,刊出稿直接从"2013年1月,西安二级以上天气只有4天"说起。

不禁莞尔。

当初,为了这个导语,编辑组没少折腾,虽然被版面编辑"腰斩",但

---

① "1+1"模式,前"1"指发在《人民日报》一版的短稿,通常为消息;后"1"指同一主题发在后面其他版的长篇通讯。

觉得这个折腾的过程还是挺有意思的,说出来与诸位商榷。

来稿这样开头:

"太乙近天都,连山接海隅。"王维诗中的太乙山是世界名山终南山的一部分,在长安南五十里。2013年的绝大多数时候,南望终南,看到的只能是漫天雾霾。

文气馥郁,生动可读。但是,编辑把这个开头否了。

诗句很美,这样开头不是很别致么?

不错,诗句给读者呈现出一幅壮美的画面。用古诗文开头,营造的不仅仅是一个画面,也是一个旋律、一个调调,是那么一种从容不迫的叙事氛围。

而新闻却不是从容不迫的文体。篇幅较长的通讯,这样开头或还稍许相称,"前1"不过几百字,这么开头就绕太远了,即前人批评的"领脉过远"。

原稿此后两段这样写:

那一年,从北京到西安游玩的小张走出高铁站,往前看去,林立的高楼在重重的雾霾中若隐若现,姑娘没想到自己从一个雾都逃到了另一个雾都。

那一年,刚刚履新的陕西省环保厅厅长王成文走进陕西省政府大楼10层的新办公室,往外望去,百米外的青少年宫难以辨认,新厅长锁起了眉头。

编辑断然删掉以唐诗开篇的首段,直接从这里开头。"那一年"改为"2013年",两段合为一段。这一改,入题比原先快了不少。

给社领导送审时,"从北京到西安游玩的小张"这部分又被删除,让这篇反映陕西环保成绩的报道，直接从省环保厅厅长履新说起。

北京的小张"从一个雾都到了另一个雾都"，这么开头不是也挺有新意吗？为什么也删掉？

还是"领脉过远"。

正如当下之事，不必从千年前的唐朝说起；陕西之事，又何必非得由一个面目模糊不清的北京人"小张"道来呢？

新闻传播强调"接近性"，对读者来说，一个本地人的感受，远比一个外地人的观察可信。报道陕西，不是不可以通过外地人的眼来写，但这个外地人不该"面目模糊不清"，况且又放在开头。

虽然最终的见报稿把这个"话头"删掉了，但还是想说一说"领脉过远"的问题，因为在来稿中实在太普遍。

《愚公移山故事起源地河南济源——苦干实干 刮目相看》，也是个"1+1"稿。"前1"也被打回修改。且看开头：

> 一则寓言，一种精神，传承千年，泽被后人。
>
> 河南济源，一座位于豫西北的全国文明城市，因为愚公移山的故事，闻名遐迩；因为传承、续写愚公移山精神，成为中原经济区建设的一支"轻骑兵"。
>
> 30年前，为了让小山村能与外界互联互通，思礼镇洪池村村支书苗田才带领7名党员、56名劳动力，集资9700多元，经过10年苦战，打通一条10余公里山路，被村民们称为"愚公"。十年修一路，这个真实的"愚公移山"故事，在济源传为佳话。

开篇宏大叙事，颇具声势。然而以此而领一篇几百字的"前1"的开头，则不免有点凌空蹈虚。何况，要说的是愚公故乡的新移山故事，是最实在的事，事朴更宜文朴，开门见山，直奔主题才是。

第三段欲入正题，却又是从"30年前"说起。报道定位的是愚公故乡的"移山"新事，从"30年前"说起显然不妥。

所以，强调一下文章开头的基本要求仍有必要，就是尽量别绕，特别是几百字的消息，不但要开门见山，还当力求让山势高峻突兀。

2015年6月28日一版《崇礼三变》，原稿这样开头：

> 燕山余脉，华北平原与蒙古高原交会处，群山突起，刺破苍穹，形成了独特的小气候。这里雪量充足、雪质优良、雪季早，而且有长达150多天的存雪期。这里，就是河北崇礼。

这个开头还是挺用心的，像电影里的一个长镜头，把崇礼渐渐拉到读者面前。但过缓，冲击力不够。

文中讲到崇礼的第一个变化是："崇礼人的职业'变'了。在《魅之崇礼》申冬奥宣传片中，着专业装备、身形矫健的滑雪运动员从白雪皑皑的赛道上疾驰而下，雪花四溅。其中，有名运动员叫谢霆，28岁的他是崇礼万龙滑雪场滑雪学校的特级教练，雪龄12年。"

修改时把这个动感十足的镜头拎了出来。

刊出稿这样开头：

> 装备专业、身形矫健的滑雪运动员从赛道上疾驰而下，雪花四溅。这是《魅之崇礼》宣传片中的一个场景。

然后再来说"燕山余脉，华北平原与蒙古高原交会处，群山突起，刺破苍穹……"

此即所谓倒戟而入，起笔轩昂。

附：

崇礼三变

李增辉 杨 柳

装备专业、身形矫健的滑雪运动员从赛道上疾驰而下，雪花四溅。这是《魅之崇礼》宣传片中的一个场景。

燕山余脉，华北平原与蒙古高原交会处，群山突起，刺破苍穹，形成独特小气候。这里雪量充足、雪质优良，存雪期长达150多天。这里，就是河北崇礼。

如今的崇礼，雪就意味着机遇。对于崇礼人，雪还意味着人生转折。

崇礼人的职业变了。宣传片的滑雪运动员中，有一位叫谢霆，28岁的他是崇礼万龙滑雪场特级教练。2003年，16岁的谢霆还是一名雪场保安，当滑雪教练后，月收入从两三千元变为如今近万元。万龙滑雪场120多名专兼职教练中，九成以上是崇礼人。

从滑雪场而下，西湾子镇黄土嘴村的村民岳志云正忙着招呼客人。"12年前，我是村里最早办农家乐的，开始心里没底，没想到越办越红火。现在村里特色农家乐已有37家。"岳志云说，去年，他把所有房间升级改造，厨房墙壁换成玻璃，里边做地道农家菜，客人在外边看个一清二楚。他还引进专业团队负责日常运营。

行走在崇礼县城，随处能看到与"雪"有关的店铺招牌。很难想象，仅有3万多常住人口的小县城，云集星级酒店23家，还有多家快捷酒店，各种档次的雪具店、日式酒屋、烧烤吧、咖啡店、酒吧等。县委书记李莉介绍，每6个崇礼人，就有1人从事雪场服务、餐饮、雪具租售等行业。2014年，崇礼接待游客201.5万人次，滑雪产业直接和间接收入达14.1亿元，崇礼在河北省率先摘掉"贫困帽"。

崇礼的环境变了。连续两年，崇礼荣登全国"百佳深呼吸小城榜"。如今,这里不仅是滑雪胜地,更是避暑天堂,夏季平均气温仅19摄氏度,绝大部分地区负氧离子含量每立方厘米超过1万个,森林、草原、蓝天……"目前我们已完整开发初级、山地越野、高山速降三条专业车道,是目前国内最专业、最高端的山地自行车公园。"正在筹划中国山地车协会CMT山地车速降联赛的云顶滑雪场市场总监赵琼说。

过去侧重发展滑雪旅游,近年来,崇礼向开发四季综合休闲旅游服务过渡,山地自行车、徒步观光、林地探险、野外露营、农家采摘等兴起,今年又新推出溜索、速降、马道观光、天文观测、儿童夏令营等新项目。

崇礼的气质变了,变得颇有国际范儿。"十几年前的崇礼,县城只有一条街道,真可谓穷乡僻壤。如今,整洁宽阔的马路两旁是别具风格的欧式建筑和彰显地域文化的健身广场,外国人也越来越多。"县体育旅游局局长田永军自豪地说。

如今街面上,门店标识全为中英文双语,就连路边特产店的老板,也能说上几句英语。"今年县里要举办英语大赛,提升服务水平。"田永军告诉记者。

多年努力,崇礼已建成北京周边独一无二的雪场集群,中外游客越来越多。目前,崇礼新增亿元以上旅游项目17个,总投资210亿元,已建成高、中、初级雪道82条69公里,雪场总运力达每小时4万人次。

崇礼,从来没有像今天这样,那么强烈地表达对未来的企盼。

(原载《人民日报》2015年6月28日)

开门见山，山要陡峭

> 中国士兵与日本士兵保持着对视姿势，但彼此都看不清对方的面容，因为下着雨，天空雾气迷蒙。

王树增的长篇纪实文学《抗日战争》第一章这样开头。短短一句话，就把读者的心揪住了。

"文学作品开头要陡、要峭。"王树增在他的文章中曾谈到这个开头，"中国士兵与日本士兵保持着对视姿势"，至于为什么对视，先不说原因，转而说天气，留下悬念慢慢道来。7月的北平，暴风雨来临前那种极其沉闷、说雨不是雨、弥漫在空气里潮湿躁动的状态特别适合当时的对峙情形，一触即发的大战态势被营造起来后，再开始进行倒叙。

这个开头给人印象深刻。

"开头要陡、要峭"，这个说法更给我们写报道以深刻启示。

我们不少报道内容很好，采访很扎实，但开头不怎么吸引人往下看。不是没开门见山，是那山山势过缓，不陡，不峭，不抓人眼球。

2018年7月12日头版头条《武汉：大江大湖大保护》，报道的是将于2019年10月在武汉举行、有"军人奥运会"之称的世界军人运动会，中央媒体还鲜有关注。报道反映武汉在紧锣密鼓筹办中致力打造一届"原生态风貌与后现代文明高度结合"的示范运动会的创举。既有新闻性，又有启示性，文章叙述流畅生动。李宝善社长审稿时表扬："稿子很好。"

原稿这样开头：

有"军人奥运会"之称的世界军人运动会，明年10月第一次将在中国举行。

军运会将第一次集中建运动员村，入住100多个国家的上万名运动员、教练员和工作人员。

语言干净，简洁，平顺通畅，但不大抓人，用王树增的话说，就是不陡不峭。

反复研读后，编辑在文字上做了一点调整：

第一次，有"军人奥运会"之称的世界军人运动会，明年10月将在中国举行。

第一次，军运会将集中建运动员村，入住100多个国家的上万名运动员、教练员和工作人员。

把两个"第一次"拎了出来，放到开头。

"第一次"，总是最重要的，最不寻常的，最值得强调的。

"第一次"，三个字劈空而下，这样一处理，句式更显得长短错落，铿锵有力，强化了语言的形式美，也增强了语言的"陡""峭"感。

虽开门见山，但山势过缓，不陡不峭，这在目前的报道中还有一种司空见惯的表现：导语中引语冗长。

施娟几年前曾写过一篇周评专门谈这个问题（详见本书296页《用直接引语巧"说话"》）。

施娟在这篇周评中强调，引语一定要简洁，为避免引语太长造成句式呆板，要尽量隔开处理穿插使用，使文章结构增添曲折变化，更加活泼，让单调的平铺直叙一下子变得有节奏、有韵律。如果再加上人物的动作、神情，断而又续，参差错落，报道就会更有声有色。她举了个例子。

> 养牛和炼钢哪个更难？"养牛！"曾经的"钢铁老板"，如今在云南马龙县当起"牛倌"的黄鑫回答，"炼钢把原料投进炉子，调好参数等着'出水'；而母牛'十月怀胎、一胎一个'，不可能加班。"尽管如此，他还是转了行，"钢铁不好赚钱了，投资农业正当时。"

这是（2015 年）5 月 17 日一版头条《云南高原特色农业风生水起》的导语，短短一段中穿插 3 段引语，避免了平铺直叙的呆板和枯燥，读起来有峰回路转之感。

几年前说的这个问题，至今仍时有发生。因此，做一回"文抄公"也仍有意义。

应予补充的是：把直接引语隔开处理，穿插人物动作、神态等，还有一个作用，就是冗长的引语一打开，让赘词赘字"见光"，暴露在阳光底下，这毛病就好治多了，容易去赘消肿，语言得以浓缩。

弹簧一定要压紧了才有弹性，语言浓缩过了才有张力。相对而言，这样用引语，开头也就显得"陡"、显得"峭"了。

附：

念好"山字经" 唱好"林草戏"

云南高原特色农业风生水起

本报昆明 5 月 16 日电 （记者张帆、徐元锋）养牛和炼钢哪个更难？"养牛！"曾经的"钢铁老板"，如今在云南马龙县当起"牛倌"的黄鑫回答，"炼钢把原料投进炉子，调好参数等着'出水'；而母牛'十月怀胎、一胎一个'，不可能加班。"尽管如此，他还是转了行，"钢铁不好赚钱了，投资农业正当时。"

黄鑫的双友牧业公司4年前在马龙县"落地"时，县委常委会上多数人反对，理由很简单：耗时费力，不如引进见效快的项目。时任县长贺勇则坚决支持：1998年烟草"双控（控制面积、控制产量）政策"实施前，马龙县靠种烟在曲靖市坐上"第三把交椅"，被人称作"马老三"；在以资源和重化工论英雄的时期，马龙跌至曲靖各县区的倒数；如今是绿色发展时代，缺煤少矿的马龙要想找回自信，还得靠现代农业。

知易行难，一个穷县怎么搞现代农业？马龙县盯准了两条：一是龙头企业带动，引进不来就自己培育，几十万几百万投资不嫌少，让"地方和企业共同成长"；二是党委政府做好规划，做好"争取政策，打破水、路瓶颈"等该干的事。"最最关键的是，"贺勇说，"做农业别想'一口吃个胖子'！"

利用地处昆明曲靖之间和山好水好的优势，马龙县铆足了劲发展特色农业和旅游业。4年过去了，马龙县几项经济指标在曲靖市名列前茅。今年以来，全县经济持续向好发展，农民人均纯收入同比增加16%。

"马老三"的故事，印证了云南高原特色现代农业的风生水起；某种程度上，云南的产业转型升级轨迹，又像一个放大了的"马老三"。

2011年，云南省就作出发展高原特色农业的决策。省委书记李纪恒表示，云南发展现代农业要立足于多样性资源这个独特基础，在稳定粮食生产能力的前提下发展多样性农业，在"特"字上做文章，下功夫，念好"山字经"、唱好"林草戏"，打好高原特色农业这张牌。

山地占国土面积94%的云岭高原，如何推动特色农业现代化？云南省农业厅张玉明厅长一口气概括出了"八个转变"：生产目的由"吃饱"转向"吃好"；农业功能由"自给"转向"外销"；产业链条由"重生产"转向"产销一体"；经营主体由"单家独户"转向"市场主体"；农业投入由"财政拿钱"转向"多元融资"……最近3年，云南农业总产值、农业增加值和农民人均纯收入增长幅度均超过三成。

目前，国内外工商资本纷纷"抢滩"云南农业，云岭高原成为"投资洼地"。基地种植、"触电"销售、冷链运输等现代农业方式,让云南农产品走出大山,也走出"汽车拉不了、火车拉不够"的尴尬。风生水起的云南高原特色现代农业,正成为人们眼里另一个"印象云南"。

(原载《人民日报》2015年5月17日)

短稿开头宜突兀

"风劲角弓鸣,将军猎渭城。"

唐朝诗人王维的《观猎》大家很熟悉,入选过教科书,这两句是起句。近日在清人施补华的《岘佣说诗》里读到此诗,大受启发。施补华称赞这首诗起得"有崚嶒之势",是"倒戟而入,笔势轩昂"。为何这么说呢?因为如果按照因果顺序的话,应先是"将军猎渭城",然后才有"风劲角弓鸣",但这样一来就显得平直了。现在倒装一转,便转出了沉厚奇崛,突兀之势顿生。

清人沈德潜也称赞这个开头:"直疑高山坠石,不知其来,令人惊艳。"(《说诗晬语》)

大受启发者,就是我们写"新春走基层"这类稿子,应该怎样开头。

《种姜分红 过年暖心》原稿这样开头:

春节临近,年味渐浓。走进重庆市潼南区新胜镇钟峰村,记者发现,这里的氛围在喜庆之余还多了一份忙碌。近400亩的生姜基地,被公路划成了两块,抬眼望去,两边都有村民在地里忙活。"一边在种反季蔬菜,一边是马上就要采收的锅炉姜。"基地负责人龚先锋介绍。

啥叫"锅炉姜"?记者跟着龚先锋走进田间看究竟。8个塑料大棚两两相对,4台3米高的锅炉立在门外"站岗守护",升腾的热气驱逐着冬雨带来的寒意。"水管都铺进了大棚,热水在地下循环供热,跟城里的地暖一样。"

这是顺入，好比先说的是"将军猎渭城"。这篇稿最抓人眼球的是什么？无疑，是那个名字听来怪怪的"锅炉姜"。文章在第二段才介绍它。编辑修改时，给它倒装一转，来了个"倒戟而入"：

"锅炉姜"？啥意思？走进重庆潼南区新胜镇钟峰村，田间8个塑料大棚两两相对，门外立着4台3米高的锅炉。"科学种地，30度，姜苗长得好。我们把水管铺进大棚，热水在地下循环供热，跟城里的地暖一样。"基地负责人龚先锋给记者介绍。

春节前的钟峰村，喜庆中多一份忙碌，近400亩的生姜基地里很多村民在忙活。"锅炉姜马上就要采收了。"

人皆有好奇之心。你把那个名字怪怪的"锅炉姜"拎来打头，不就能平生出几分"直疑高山坠石，不知其来，令人惊艳"的效果吗？

再看《熏槟榔的土灶封了》（2018年2月21日）原稿开头：

1月24日一早，我搭乘动车回家乡万宁。动车驶过琼海，一片片葱郁的槟榔园率先跳入眼帘，田埂上、庭院里见缝插针地"插"满了槟榔树。

"这季槟榔价好，去年8月到现在都没降过，鲜果每斤10元，初加工后的原果每斤50元，史上最高了。"

"价好不是好事，那些熏槟榔的土灶又起来，污染空气。"

"空气挺好的，政府拆除土灶的力度很大。"

邻座，两个操着熟悉乡音的老乡你一言我一语地议论着。

家乡万宁，盛产槟榔，所谓"海南槟榔半万宁"，万宁的槟榔种植面积占全省约四成，年加工槟榔果产能更是占到全省总量的2/3，约47

万吨。全市槟榔初加工的农户、合作社和小微企业共 262 家，超一半的人口在从事槟榔相关产业。记忆中，秋冬时节是槟榔加工旺季，乡村的家家户户砌起土灶熏槟榔，大大小小的村庄烟熏火燎，空气中弥漫着呛人的烟，初来乍到的外地人还以为哪里着火了。

流畅自然，但显然平直了一些，而且版面篇幅也不允许。特别是后来此稿入选组合式头版头条，篇幅更有限。一版编辑又一通删改，见报稿变成这样：

>　　海南槟榔半万宁。车过琼海，槟榔园就多了起来。
>　　万宁槟榔种植面积占全省约四成，年加工槟榔果能力占全省 2/3。以前到了槟榔加工旺季，家家户户砌起土灶熏槟榔，空气中都是呛人的烟。
>　　可是，听老乡说，现在熏槟榔不呛人了，当真？

仔细对比可以发现，原先在第二个层次里的"海南槟榔半万宁"，一下子顶了头，如"高山坠石，不知其来"，第二个小段才把原因娓娓道来。但这么倒装一转后，便一下子增强了读者的阅读欲望。

报道开头的首要目标，就是吸引读者，让他（她）猛地警觉起来：哦，有事情要发生了！所以入题一定要快，而最快的办法，就是从事情的中间切入，甚至从结果倒叙。倒装一转，上来就切入故事，由此便打破了文章顺写、直叙而给人的"一般般"的平直感，让文章劈头就显突兀，"笔势轩昂"。其实，只要能让开头文势峻急、抓人，各种手法都不妨试试。

魏本貌的《"下定决心干一把"》（2018 年 2 月 21 日）开头就是从中间切入。主人公邓招义到江西安远投资是在 2015 年，但报道开头的时间点，是"2017 年上半年"，因为这时发生了一件有点反常的事：

卖掉深圳的房，到江西安远投资搞农业？"你不是发昏了吧？"亲人朋友纷纷劝阻。"下定决心干一把！不去奋斗，才叫发昏呢。"邓招义说。2017年上半年，他把深圳120多平方米的房子卖了，把980多万元投到安远。

打破时间顺序，挑最能抓读者眼球的事说起，颇为突兀。这样从中间开始—倒叙，文章自然波澜顿起。

邵玉姿写的《铁骑返乡人，变身爱心车主》（2018年2月11日），开头也很别致：

世界再大，也没家大。今年"铁骑返乡"活动的爱心热线一开通，在福建泉州工作的江西赣州人曾裕亮就赶忙拨通电话报了名。不过，今年他报的不是"铁骑返乡"，而是同时举行的"爱心顺风车"活动——当爱心车主，捎上两个顺路的农民工一起回乡。

"立片言以居要，乃一篇之警策。"（晋·陆机《文赋》）"世界再大，也没家大。"这样富含哲理的片言立在开头，既有警策之意，也得警策之势，突兀之中，文章风生水起。一个"不过"，更是乱了一江春水。

有人总结大诗人李白作品开头的特色："太白发句，谓之开门见山。"（宋·严羽《沧浪诗话》），但也有人认为此说教条，"夫诗有通体贵含蓄者，有通体贵发露者，岂有发句必求开门见山之理？"

确实，不是所有"发句必求开门见山"，所有报道开头都要"倒戟而入"以求突兀，怎么开好头，还是要根据文章的实际。但相对于"新春走基层"这类通常只有七八百字的短篇报道来说，倒戟而入，突兀而起，劈头就抓住读者，也令笔势轩昂，堪称最佳选择。

附：

种姜分红　过年暖心

崔　佳

"锅炉姜"？啥意思？走进重庆潼南区新胜镇钟峰村，田间 8 个塑料大棚两两相对，门外立着 4 台 3 米高的锅炉。"科学种地，30 度，姜苗长得好。我们把水管铺进大棚，热水在地下循环供热，跟城里的地暖一样。"基地负责人龚先锋给记者介绍。

春节前的钟峰村，喜庆中多一份忙碌，近 400 亩的生姜基地里很多村民在忙活。"锅炉姜马上就要采收了。"

村民罗吉华笑呵呵地挑开一个大棚的门帘。龚先锋蹲下身，小心翼翼地用手刨开一株姜苗下面的泥土，嫩白的姜芽很快露了出来。"咱这 8 个棚能产 36 吨仔姜，卖 40 元一斤没问题；后面还能收 90 多吨种姜，5000 元一吨都算保守价了。"

由于大棚里始终保持生姜最佳生长温度，种姜下地两个多月就可以收获仔姜，比本地生姜提早半年上市，价格则高 3 倍。"在我们这里，锅炉姜每亩成本大约 17 万元，但每亩产出超过 50 万元。"

在政府支持下，2015 年龚先锋牵头组建了重庆市盘姜农业发展股份有限公司，全村 20 户深度贫困户以土地折资入股，不仅可以在基地务工，还可享受保底分红。66 岁的罗吉华就是贫困户股东之一。

罗吉华的妻子王素英告诉记者，她和儿子也在生姜基地干活，按天算钱，去年一家三口在基地的务工收入就有大约 2.8 万元。

罗吉华家有 3.7 亩土地，以前种红薯玉米挣不到几个钱，2015 年老罗查出心脏病后更是雪上加霜，"要是没有盘姜公司带着我们，真不知去哪里找钱。"老罗让老伴找出了"股权证"，证上标明，土地折资入股金额为 27150 元，2016 年分红收益 5365 元。"2017 年的分红马上就要兑现，你们家应该在 1 万元以上。"龚先锋说。

村干部也帮王素英算账，在镇里村里帮助下，她家养的几十只鸡、几十只羊，净收入也有近 3 万元。

龚先锋说："公司还准备发展优质黑猪，发给村民代养，养上 5 头至少挣 1 万多元。"

"那我们家第一个报名。"罗吉华赶紧接话，冷雨飘洒的冬日里，顿时飞起一片欢快的笑声。

（原载《人民日报》2018 年 2 月 14 日）

"开卷之初,当以奇句夺目"

2017年3月17日的"记者调查"《看"海航"如何远航》,原稿这样开头:

> 3月9日,海航集团再次"刷屏"。在旗下海南航空的15架飞机上,空中移动支付服务正式开通。这意味着,今后乘客可以在万米高空下单购物和付费升舱。熟悉海航集团的人都知道,在20多年的发展历程中,类似的"吃螃蟹"之举已成常态。与生俱来的创新基因,让海航集团由小变大、由弱变强,由小岛走向世界。

相比很多中规中矩的开头,这一个似乎还稍许活泼些,但仍显得平了一点儿。能不能让开头更亮一些呢?

开头要亮,当然就得从首句甚至首字开始。"3月9日",值得置顶么?"记者调查"周五刊出,这一期的出版时间是明确的——3月17日,"3月9日"一周之后了。因此,这个特别强调的时间点也就不那么"鲜"了,即使说的是新闻,也可以换个方式。

"好莱坞编剧教父"罗伯特·麦基说过这样一个例子:

> 查尔斯见到了一个人,他是一家公司的总裁,他已经在这里工作了很多年,自从他从哈佛商学院毕业后一直在这里工作,今天被捕,因为挪用公款。

这是传统的新闻报道的写法。好莱坞编导说,新闻可以这么写,剧本不行，应该这样写：

你知道查理吗？他被逮住了！他尾巴终于露出来了！他可真是个神偷啊，但还是被逮住了。

麦基反问：

新闻为什么就要这么写呢？新闻为什么不可以像剧本一样写呢？完全口语，有叙述者身份的？

真的，你下次不妨试试。

我试了试，对这个导语做了一点"有叙述者身份的"改造：

信吗？身处万米高空照样能用手机下单购物、付费升舱。一周之前，空中移动支付服务在海航集团首批15架飞机上正式实现。创办24年来，此类"吃螃蟹"之举已成海航常态。持续不断的创新，让海航集团由小变大、由弱变强，2016年高居世界500强第353位，从海南岛走向全世界。

"信吗？"很口语的一个设问，原来的叙述调子很平，一个问号让新闻变"突兀"了，顿起波澜。就这么用口语"化"了一下，首句亮了，开头便比原先亮了不少。

这个导语的末尾也有一处改动，加了一句"2016年高居世界500强第353位"。这句话不是可有可无的。没这个数据支持，"由小变大、由弱变强、由小岛走向世界"，只是一种形容，点到为止，由于信息没得到足够的强调，便不足以让读者明白和信服。而有了"2016年高居世界500强第353位"这个数据作支持，小变大、弱变强、走向世界，就具体了，坐实了。一具体就生动，越具体越有说服力。

再饶舌一句,"由小岛走向世界"的说法也不妥,海南是小岛吗?中国第二大岛啊,再小也是一个省。不必刻意追求"小岛"与"世界"的落差之美,不必为文伤意。

"开卷之初,当以奇句夺目,使之一见而惊,不敢弃去。"清代著名戏剧家李渔如是说(《闲情偶寄》)。写新闻毕竟不是创作,奇句难得。但同样的内容,有意识地让首句出奇一点、夺目一点,还是有努力空间的,关键是你心里得存着这个念头,得时时绷住这根弦。

2016年2月17日的一版头条《黑龙江:绿色发展 长期红利》刊出后,有人肯定了导语的写法,那个导语就是编辑细抠原稿,"努力"出来的。

初稿于1月中旬发来,导语为:

零下35度!大兴安岭的"一九"就这么冷。飞机上鸟瞰:连绵、蜿蜒数千公里的大、小兴安岭,像绿色长城横亘在祖国的万里北疆,千座山峰层峦叠嶂,万顷林海波涛起伏,挡住了肆虐的西伯利亚寒流,呵护着美丽的三江平原、松嫩平原,拱卫着广袤的华北平原。

导语以描写为主,乍看也挺生动、挺美,但有个明显的问题:这是个成就稿,要向读者报告黑龙江绿色发展取得的新进展,得用具体一点的成就来回答,用事实说话。描述性语言似乎很美,但信息量太小,模模糊糊。

原稿中有这样的内容:

2014年年初,黑龙江率先开展湿地保护监测和生态效益补偿试点,在国家投入基础上,省本级财政每年投入资金1500万元,对省级湿地进行补助,开展退化湿地修复和保护能力建设,两年来已修复湿地12.3万亩,占全国同期修复湿地数的80%。黑龙江"森林与湿地生态服务功能价值研究报告"表明:黑龙江森林及湿地生态效益总价值1.8万亿元,居全国之首;全省森林涵养水源500多亿立方米,相当于1.5个三峡大坝蓄水量。

刊出稿的导语，由此而生：

我国最大的水库是三峡吗？如果森林涵养的水源也可以作同等计算的话，那么，最大的水库大概数黑龙江了——高达500多亿立方米，相当于1.5个三峡水库的蓄水量。黑龙江森林及湿地生态效益总价值1.8万亿元，居全国之首。在祖国北疆边陲千里荒原上，构筑了一条巨大的绿色生态安全屏障，生态价值远远超过森林资源自身。近年来通过全方位贯彻落实绿色发展理念，黑龙江的生态环境越来越优。

这样的开头给人一种"陌生感"，比原先的开头抓人。凑巧也是以一个提问式导语，提出一个与新闻核心事实密切相关的问题，一个广大读者比较熟悉的问题，紧接着给予回答。这样的开头可以迅速吸引读者的注意力，激发读者的好奇心，引燃读者的关注点。而这个比较有趣的问题，是稿件"原生的"，关键得有那个强烈的写好开头、起句要亮的意识，才会去发现它，并最终努力把它从一堆数据中拎出来。

所以，我一直觉得，把导语写得俏一点，让首句出奇一点、夺目一点，是有努力空间的。努力就有空间，肯这样为之而努力的，也一定有空间。

说桩旧事。我见靳博不多，每次见总觉得他又胖了。有一次和牛一兵主任见到他，"死胖子，你这个月写了几篇稿啦？"牛主任喜欢给人送外号。确实，印象中靳博写稿一直不大多。然而，对这个"死胖子"，我却不敢小觑。几年前，靳博发过一篇《天津打出治霾组合拳》的稿，那个开头让人忍俊不禁：

"这天气，惆怅。"望着灰蒙蒙的天，同行的记者互相调侃。在天津采访的几天，恰好赶上10月底京津冀大范围雾霾。"霾来如山倒，霾去如抽丝。"一句玩笑道出雾霾治理的难度。

能写出这么亮的导语的胖子有几个?他一定是有"空间"的。

附:

转方式调结构　好生态成支撑

黑龙江:绿色发展　长期红利

本报哈尔滨2月16日电 (记者郑少忠、袁泉)我国最大的水库是三峡吗?如果森林涵养的水源也可以作同等计算的话,那么,最大的水库大概数黑龙江了——高达500多亿立方米,相当于1.5个三峡水库的蓄水量。黑龙江森林及湿地生态效益总价值1.8万亿元,居全国之首。在祖国北疆边陲千里荒原上,构筑了一条巨大的绿色生态安全屏障,生态价值远远超过森林资源自身。近年来通过全方位贯彻落实绿色发展理念,黑龙江的生态环境越来越优。

好生态,要建设。黑龙江实施天然林资源保护工程以来,全省新植树造林1421.41万亩,新增640.97万亩,累计少采林木2100万立方米,相当于405万亩林地面积。"大小兴安岭林区生态保护和经济转型规划"实施后,共撤并190多个林业场所,近4万人生态移民搬出大山,新腾出86万公顷森林无人区。目前全省森林覆盖率已达45.7%,全省自然湿地达556万公顷。专家测算,仅大兴安岭地区年生态服务价值就将近1200亿元。

建设好生态,投入要舍得。2014年初,黑龙江率先开展湿地保护监测和生态效益补偿试点,在国家投入基础上,省本级财政每年投入资金1500万元,两年来已修复湿地12.3万亩,占全国同期修复湿地数的80%。

对好生态,更要懂得呵护。黑龙江日前审议出台耕地保护条例、湿地保护条例等地方性行政法规,将建设亿亩生态高产标准农田建设纳入立法规划。各市县级政府运用工程治理、生物防控、秸秆还田等措施，对典型黑土进行优先保护，对质量退化的黑土耕地优先进行综合治理。

好生态是个聚宝盆。近几年，依托大小兴安岭食用菌、蓝莓、北药、特色养殖，全省每年林下经济实现产值1000亿元。黑龙江的大米、大豆、肉乳等优质绿色食品受到消费者青睐，走进大都市，换回真金白银。截至2015年，黑龙江绿色食品认证面积7309万亩，绿色食品产值实现2330亿元。并且，整体性生态优化也成为支撑黑龙江冰雪旅游、夏季休闲养老健康等绿色产业发展的亮丽名片。2015年前11个月，全省机场旅客吞吐量同比增长14.2%，旅游收入过千亿元。

风调雨顺才能粮满仓。一手抓生态保护，一手抓粮食安全，成为黑龙江绿色富省、富民的重要经验。据悉，2015年黑龙江粮食总产量达1369亿斤，粮食总产量、商品量、调出量连续5年居全国第一，成为国家粮食安全的"压舱石"。

（原载《人民日报》2016年2月17日）

去掉硬壳　开门见山

自 2013 年 7 月推出 "1+1" 以来，地方部和国内分社提供的头条 "1+1" 占八九成。

写了不少，困惑也最多，普遍反映 "前 1" 不好写，甚至有人说不知道怎么写。

> 这个 "1+1" ……既不是一条消息与一篇通讯的物理相加，也不是简单地把鱼分成两段。它们既有联系，也有区别，应该是一个完整报道。所以，一版的 1，必须跳出写法上的传统 "框框"；一版的 1，必须成为一版亮点；一版的 1，必须能够吸引人去阅读后边的那个 1。

杨振武总编辑[①]对 "前 1" 如何写提了这样的方向性要求。具体操作上有没有可借鉴的呢？

2013 年 11 月 18 日头条《像榕树一样扎根大地》，杨总肯定了这个 "前 1"。

总编室《工作手记》说：

> 今天反映福州 "四个万家" 活动 20 年的头条《像榕树一样扎根大地》，夜班又遵杨总要求，将消息和通讯揉碎打通，从标题到行文，用

---

① 杨振武，原人民日报社社长，2018 年 3 月任全国人大常委会秘书长，时任人民日报总编辑。

心改造，去掉硬壳，增添鲜活，淡化干部印记，突出群众感受，力争在工作中见出思考，见出亲和。

对比这篇"前1"的原稿，我觉得改稿及总编室的概括，对如何写"前1"很有启示。好文章有啥标准？众说纷纭，看法比较一致的，是要"见事、见理、见情"。"前1"是本报适应头版需要开发的新品种，不脱文章范畴。改稿"去掉硬壳，增添鲜活"，旨在尽快"见事"。

88岁的孤寡老人潘美英挺高兴：没出门，在家就办妥了二代身份证，以后取个低保什么的不再愁了。为老人及时解愁的，是福州市鼓楼区组织部长张晓容。这天走进鼓东街道，有群众聊起，低保信息系统录入需要二代身份证，很多老人行动不便无法办理。张晓容一个电话拨到派出所，民警立马上门，当天就为老人办妥所有手续。

高高兴兴解愁的，不光是潘美英老人。这一天，仅鼓楼区29个党代表工作室，就接待了100多位带着各种难题上门的社区居民。

改稿"前1"这样开门见山，起笔就从好看的故事切入。故事原稿有，但在第二部分，原稿开头未脱"写法上的传统'框框'"，改稿去掉这个"硬壳"，故事也讲得更口语化，更鲜活了。

为群众办实事，怎么才能让群众满意？为什么有的事情看起来做得很好，群众还是不满意，不买账？这是近年来福州市委经常思考的问题。进万家门，知万家情，解万家忧，办万家事。"四个万家"牵红线，把办公场所与群众相连，把办公时间与基层对接，福州数万党员干部腿勤了，心勤了，切切实实帮基层解难题，把活动变成常态。

讲完故事，编辑把消息和通讯"揉碎打通"，从"后1"中提炼出这样一段话来紧承上文,不仅让"前1"显得丰满些,更重要的是"力争在工作中见出思考",让"前1"增加知性的厚重,增加编委会反复强调的报道应该体现的"问题意识",也就是"见理"。

"见理"要事理相融,多与"摆事实"相结合。讲到"福州数万党员干部深入山村社区,明确提出不扰民,不作秀"时,编辑同样"揉碎打通",从"后1"中把几件事简明扼要拎入"前1":"鼓楼区建立区党代表工作室,长乐市开通24小时民意直呼电话,闽侯县成立400多支民生服务队。"

"跳出写法上的传统'框框'",除见事见理之外,还要见情。这篇改稿,编辑在"淡化干部印记,突出群众感受"方面做了创新性探索。

原稿:

20年来,"四个万家"活动在榕城薪火相传,蔚然成风。

改稿:

20多年来,越来越多的党员干部像榕树一样扎根大地,"四个万家"也深深扎根榕城百姓心中。

原稿泛说,用形容词;改稿具体,扣着地方特色打比方,更重要的是,打上"榕城百姓"这一鲜明印记。

原稿:

心扉打开了,离群众就近了。群众有话愿意向干部说,有困难愿意找干部解决。活动开展4个多月来,福州近7万人次党员干部下基层,建立各种挂钩帮扶联系点5万多个,结对帮扶生活困难党员、群众3万多人,协调解决困难问题4000多件。

去掉硬壳　开门见山

改稿：

　　离群众近了，心就打开了。今年6月到10月，福州近7万人次党员干部，建立各种挂钩帮扶联系点5万多个，结对帮扶生活困难党员、群众3万多人，协调解决困难问题4000多件。用榕城百姓的话说，有难事愿意找干部，找得到，行得通，还办得成。

两稿的差别表面上看是叙述技巧，把数字"夹"进文里，把"群众有话愿意向干部说，有困难愿意找干部解决"改写后做结尾，比直接用数字结尾更有韵味。其实，本质性差别在于，这样一改，"淡化干部印记，突出群众感受"，使报道和读者的贴近性增强了。"找得到，行得通，还办得成"，虽非直接引语，但更具口语的鲜活性，"见出亲和"。

　　"前1"怎么写？无非见事、见理、见情。这篇改写的"前1"基本体现了这点，可打90分。但与"一版的1，必须成为一版亮点"的要求还有差距，"见事、见理、见情"如何"见"，仍有创新空间。

　　稿中有处不足，第二段用了模糊的时间概念"这天"，令故事鲜活度打折。可原稿就是"近日"，改稿自然不得不模糊，再好的匠师也只能将就手里的坯料。因此，记者对自己采写的要求还当再高些。

附（见报稿）：

　　进万家门、知万家情、解万家忧、办万家事。福州干部坚持20多年——

像榕树一样扎根大地

　　本报福州11月17日电　88岁的孤寡老人潘美英挺高兴：没出门，在家就办妥了二代身份证，以后取个低保什么的不再愁了。

　　为老人及时解愁的，是福州市鼓楼区组织部长张晓容。这天走进鼓东街道，有群众聊起，低保信息系统录入需要二代身份证，很多老人行动不便无法办理。张晓容一个电话拨到派出所，民警立马上门，当天就为老人办妥所有手续。

高高兴兴解愁的，不光是潘美英老人。这一天，仅鼓楼区29个党代表工作室，就接待了100多位带着各种难题上门的社区居民。

为群众办实事，怎么才能让群众满意？为什么有的事情看起来做得很好，群众还是不满意，不买账？这是近年来福州市委经常思考的问题。进万家门，知万家情，解万家忧，办万家事。"四个万家"牵红线，把办公场所与群众相连，把办公时间与基层对接，福州数万党员干部腿勤了，心勤了，切切实实帮基层解难题，把活动变成常态。

其实对福州百姓来说，"四个万家"很熟悉。上世纪90年代，当时的福州市委在全市干部中发起"进万家门、知万家情、解万家忧、办万家事"，要求各级领导干部到群众中去，与群众交朋友，为群众送温暖，办实事。

20多年来，越来越多的党员干部像榕树一样扎根大地，"四个万家"也深深扎根榕城百姓心中。

走过20多年，"四个万家"不断注入新意。轻车简从，自备生活用品，自付伙食费……今年，福州数万党员干部深入山村社区，明确提出不扰民，不作秀。鼓楼区建立区党代表工作室，长乐市开通24小时民意直呼电话，闽侯县成立400多支民生服务队。创新机制，"四个万家"增添活力，看得见的发展，成为看得见的民心。

离群众近了，心就打开了。今年6月到10月，福州近7万人次党员干部，建立各种挂钩帮扶联系点5万多个，结对帮扶生活困难党员、群众3万多人，协调解决困难问题4000多件。用榕城百姓的话说，有难事愿意找干部，找得到，行得通，还办得成。

（原载《人民日报》2013年11月18日）

附（原稿）：

像榕树一样扎根大地

本报福州电 同坐一条板凳，同一口锅吃饭，同一个屋檐下交心……20多年来，福州以钉钉子精神推进"进万家门、知万家情、解万家忧、办万家事"活动，榕城干部像榕树一样扎根沃土，把群众意识、群众观念深深根植于心中。

"没有二代身份证会直接影响老人领取低保。"近日，福州市鼓楼区委常委、组织部长张晓容来到鼓东街道党代表工作室接待群众时发现，全国低保信息系统录入需要二代身份证，88岁的孤寡老人潘美英行动不便无法去派出所办理，张晓容马上亲自联系派出所，协调户籍民警上门为老人办理，当天，就为老人办妥了所有手续。这一天，福州市鼓楼区29个党代表工作室的党代表，接待了100多位反映各种诉求、需要各种帮助的群众。如今，这样的场景在福州十分普遍。

"四个万家"活动始于20世纪90年代，当时的福州市委在全市干部中开展这项活动，要求各级领导干部到群众中去，与群众交朋友，为群众送温暖，办实事。20年来，"四个万家"活动在榕城薪火相传，蔚然成风。

在今年6月以来的"四个万家"主题实践活动中，福州各级党员干部轻车简从，自备日常生活用品、自付伙食费，不扰民，不作"秀"，深入山村社区，感知百姓甘苦，不仅"身"入基层，而且"心"入基层。心扉打开了，离群众就近了。群众有话愿意向干部说，有困难愿意找干部解决。

活动开展4个多月来，福州近7万人次党员干部下基层，建立各种挂钩帮扶联系点5万多个，结对帮扶生活困难党员、群众3万多人，协调解决困难问题4000多件。

开头要明确　见事要具体

（一）

亚运会正在印度尼西亚举行，打开报纸，看到这方面的内容，目光便会自然留驻。

《环球时报》2018年8月20日"娱乐·体育"版头条《亚运首日，中国7金》这样开头：

端着一碗20元人民币不到的牛丸鸡汤杂面，坐在亚运主会场附近的餐车前，边喝汤边看着烟花在头上炸响，这是18日晚《环球时报》特约记者在印尼雅加达的亲身经历。开幕式过后，亚运会终于在19日迎来首个正式比赛日：凭借游泳项目的强势表现以及在武术、射击、击剑等项目上的发挥，中国代表团拿到7金5银4铜，暂列奖牌榜首位。

这碗"牛丸鸡汤杂面"确实杂，不大明白开头端碗面想说啥。直到看了结尾——

据记者18日晚观察，雅加达格罗拉·蓬卡诺体育场外的亚运商业区，简直就是个大夜市：大到印尼"甘美朗"木琴，小到猫屎咖啡豆、冰箱贴，甚至古董、钱币在此都有摊位。美食区更加壮观，烤串、粽子、咖喱鸡、牛油果饮料等印尼特色摊位栉比鳞次。食品街尽头还架起大屏幕，进不去开幕式现场的市民们席地而坐，共同为亚运会欢呼。

噢，原来如此。

古人总结文章收结之法，有"拍合"一说，开头的内容如隔年下种，先时伏着，到结尾方才如几股激荡的溪流汇合，得首尾契合之妙。但也指出了，切不可勉强支吾，留痕太重，贵在自然。又说，开头不要把话说尽，灰线蛇踪，精彩留来作结，而收首尾呼应之效。

但古人强调的开头欲说还休，话留三分，只是少说，该说的还是要说清楚的。

这篇报道的开头结尾虽见匠心，但开头则显晦涩，失之明确。

由亚运会想起世界杯。

前不久世界杯期间编过一稿：

万众瞩目的世界杯，让这个炎热的6月，变得更加激情似火。

电视机这头，是广州白领钟炳辉家的客厅。作为C罗的忠实粉丝，他正舒服地窝在沙发里，全神贯注地观看葡萄牙对阵伊朗的小组赛，浑不见深夜的倦意。

电视机那头，直播镜头对着的，则是距广州万里之遥的俄罗斯莫尔多瓦竞技场。此时此刻，钟炳辉并未意识到，除了足球以外，还有一样东西，把他们联系在一起——为赛场提供温度调节的空调系统，和他家安装的空调，来自同一家企业：珠海格力电器。

一个土生土长的国产电器品牌，能打入世界杯的场馆，这要回到几十年前，别说珠海、广东，就是放眼全中国都难以想象。这一切，随着40年前席卷中国大地的那场深刻变革彻底改变。

这是2018年6月24日一版《"二次创业"看珠海》原稿的开头。

见报稿有点变化：

在万千球迷眼里,这个炎热的夏季,因为有了世界杯,更加激情似火。

电视机这头,是"技术男"刘群波家的客厅。深夜时分,他正窝在沙发里,观看世界杯的一场小组赛。

电视机那头,直播镜头对着的,是距广东万里之遥的俄罗斯莫尔多瓦竞技场。当解说员不经意地说到这个名字时,刘群波腾地一下从沙发上坐起来。

"这个球场,不就是我们公司中标的那一个吗?"原来,为眼前这个赛场提供温度调节的空调系统,正来自刘群波所供职的公司——珠海格力电器。一个土生土长的国产电器品牌,能打入世界杯场馆,这要回到几十年前,难以想象。但是,始于40年前的深刻变革,已让一切彻底改变。

见报稿和原稿相比,哪儿"变"了?

广州白领钟炳辉家,变成了格力公司的"技术男"刘群波家。不就换了个人家的"客厅"嘛,有那么重要吗?

不只是"广州白领"所指较泛,格力的"技术男"所指具体,更重要的是,后者和故事之间的契合度十分紧密。由格力公司的技术男说到格力电器公司,自然而然,水到渠成。

因具体而生动,更因具体而真实。

(二)

《辽宁 出实招优化营商环境》(2018年11月9日)一稿被评为报社好新闻一等奖,原因诚如李宝善社长在送审稿上所批示的:"稿子写得好!慈春兰的故事有说服力。"

而分社第一次来稿时,并没有这个"慈春兰的故事"。这个故事是地方部编辑组贯彻编委会"讲故事要具体化"的指示紧抓不放，和分社记者一起挖出来的。

作者刘洪超后来在业务研讨文章《再多的技巧也不如一则好故事》里曾这样回顾：

> 稿子刊出后，我将首稿与刊发稿做了一次对比，从开头到结尾，从结构到行文，完全看不出有任何的相同之处，就连引用的数据，也更新到了11月初。回头反思，这个稿件7月底就开始定题采写，到正式见报，6次修改，时间跨度超过3个月。

我们看一下初稿是怎么开头的：

> "以前遇到困难，我们难以找到说理的地方，现如今一个电话，一周不到就给解决了。"锦州市古塔区经营五金机电的刘胜高兴地说。原来锦州市国土局古塔区分局违规向门市房征收所谓的"土地年租金"，而市本级涉企行政事业性收费清单目录中没有该项收费，商户多次协商未果，只能求助于刚成立的辽宁省营商环境建设监督局。
>
> 2017年3月，不增一编、不进一人，通过对原省企业服务局转变职能，辽宁省营商环境建设监督局应运而生。成立仅3个月，首次曝光就选择了6起政府不讲诚信、为企业服务不积极的典型案例，刘胜的案例位列其中。

地方部会商认为，开头这个故事不典型，叙述也粗线条，不够具体。东北地区营商环境差，社会上对此有个生动的说法："投资不过山海关。"营商环境是好是坏，"投资"最直观，而初稿选取的故事偏重于"监督"方面，代表性不强，说服力不够。

此稿的背景是长期以来辽宁营商环境问题严重，政府近年来采取了一些实质性举措，如"2017年3月，不增一编、不进一人，通过对原省企业服务局转变职能，辽宁省营商环境建设监督局应运而生"。这是全国首家省级营商环境建设监督局，的确是个新闻亮点。

地方部遂要求记者盯住辽宁省营商局，深挖与投资有关的最有说服力的案例。刘洪超说：

> 辽宁省营商局最初给我们提供了三个案例，第一个涉及的是沈阳本地企业之间的纠纷；另一个案例中，政府偿还企业的费用只有10余万元，解决过程相对简单。这两个案例，虽也能一定程度地反映辽宁改善营商环境的成效，却不是最有说服力的那种。
>
> 我们最终选择的慈春兰的故事就不一样了。慈春兰作为一个来自安徽的民营企业家，公司负责2013年全运会亮化工程，手续完备且通过验收，政府却迟迟不予结清600余万元的费用。外地来沈投资兴业，时间跨度超5年，企业因为迟迟收不到欠款，陷入经营困难而要退出沈阳。
>
> 这样的故事太有典型意义了，能够实现"以小见大，以点带面"的目的。

故事找到了，仍只是成功了一半。好故事还要把它讲得好，就是要表达得具体、生动。"慈春兰的故事"开始是这样的：

> "原打算这个纠纷结束后，我们公司就全部撤出辽宁，可没想一个电话，困扰我5年的诉求就给解决了。"慈春兰，安徽蓝极光照明沈阳公司总经理，2013年全运会前夕，她与皇姑区住建局签订合同，负责全运会的亮化工程，并垫付了全部的665万元。不承想工程完工后，住建局却迟迟不予付款。"我每年也就1000万元左右的工程量，这么多钱欠着不给，公司也难以维系。"5年来，慈春兰几乎每个月都要去住

建局催款。无奈之下，2017年她将住建局告到了法院，"虽然皇姑区法院判决企业胜诉，却因种种原因迟迟未能执行"。

走投无路的情况下，3月份她通过新闻，拨通了辽宁省营商环境建设监督局的投诉电话。一小时后，营商局的工作人员就主动与她取得联系。一周后，皇姑区政府就制订了还款计划，5个月内欠款全部还清。

"这件事让我们企业看到了希望，看到了辽宁优化营商环境的决心和努力，现在我也现身说法当起宣传员，动员我身边的企业家来这里投资兴业。"而从始至终，慈春兰竟然没有与辽宁省营商局的工作人员见过一次面。

故事很好，但起笔过缓，平平叙来，不够抓人。虽然注意到了多用直接引语，但引语不简练，不生动。采编之间又频频互动修改。见报时这个故事是这样展现的：

一个电话，慈春兰要回了拖欠5年的工程款。"现在本金还清了，前天我们刚签了利息偿还协议。"11月1日，慈春兰告诉记者。

2013年全运会前夕，慈春兰任总经理的照明公司与辽宁省沈阳市皇姑区城市建设管理局签订合同，负责全运会亮化工程，垫付了665万元工程款。谁知项目完工后，城建局却迟迟不付款。

"公司一年工程款也就1000万元左右，这么多钱欠着不给，不是逼我们关门吗？"5年来，慈春兰几乎每个月都要去催一回款。

"那时想，这件事一了，我就撤出辽宁。"慈春兰说。

今年4月，慈春兰看新闻得知，辽宁正在开展清偿政府工程款专项行动。"死马当活马医。"她拨通了省营商环境建设监督局公布的投诉电话。一小时后，该局工作人员就主动联系了她。一周后，皇姑区政府就制订了还款计划。

刘洪超在回顾稿件修改过程时，有一点特别感慨：

经验类报道虽是对一个地区在一段时期内取得的成就进行报道，但选取的故事必须紧扣当前，具有时效性。在给地方部提供的第三稿中，我们采写的事例被否定，就是由于故事发生在2018年年初，时效性不强。同时，由于版面尤其是头版稿件刊发时间的不确定性，还要求我们随时做好准备，补充最新的素材。这篇稿件刊登于11月9日，就在刊登前三天，地方部费伟伟副主任还打来电话叮嘱，慈春兰的工程款虽然已于10月份全部偿还，但是还要盯紧后续利息偿还的进展，这样万一稿件不能及时刊出的话，仍有办法保障时效性。

为何要特别盯住时效性？

好故事，不仅在于新闻要素俱全，更在于故事内涵意义要明确清晰具体。为迎接2019年《人民日报》全新改版，报社编委会2018年10月就针对如何提升报道质量，明确强调要"增强新闻性，减少工作味"。"增强新闻性"就是要切实把握好新闻的"时、度、效"。

李宝善社长批示肯定这篇报道"慈春兰的故事有说服力"，这个"说服力"是有所指的。11月9日，国务院总理李克强主持召开国务院常务会议，清理解决政府部门和国有大企业拖欠民营企业账款问题，明确凡有此类问题的都要建台账，对欠款"限时清零"。

党报宣传的一项重要职责，就是要紧跟中央精神。如果能抓住国务院常务会议的精神，在"清理解决政府部门和国有大企业拖欠民营企业账款"这一中央的最新精神和地方生动实践的结合上发力，那么，稿件也就更具现实针对性，就能获得更好的传播价值。所以，稿件编辑在修改中一直要求记者"盯紧后续利息偿还的进展"，力求让故事"顶花带刺"保鲜。更重要的是，报社领导站位高，政治敏锐，新闻敏感，此稿最后一稿11月7日发回，11月9日就登上了《人民日报》头版头条。

习近平总书记在党的新闻舆论工作座谈会上指出:"政治家办报,首先要有大局意识。'不谋全局者,不足谋一域。'要自觉在大局下思考,在大局下行动,在围绕中心服务大局中找到坐标、找准定位,做到服从服务于党和国家大局不错位,党和人民需要时不缺位。"

把报道自觉地和中央精神相结合,时效上衔接得更紧,对实际工作的指导性也就更加具体。

此外,此稿记者做过6次大的修改,地方部编辑也反复推敲,很多功夫下在了语言的锤炼上,包括直接引语。多让新闻中的人物说话,可以增强新闻的真实感和现场感。记者采写中这个意识是相当强的。刘洪超说:"对于慈春兰的心理变化,我们采用直接引语,没有一味拔高,从普通人的感情和视角来拉近与读者的距离。"但初稿中直接引语虽然用得挺多,书面语色彩却相当重,读来不大自然。比如,"原打算这个纠纷结束后,我们公司就全部撤出辽宁",后改为"那时想,这件事一了,我就撤出辽宁";"这么多钱欠着不给,公司也难以维系",改为"不是逼我们关门吗"。修改后更口语化,也更贴近生活。

经过反复修改,全篇结构在形式上的美感也强化了。原来稿件开头部分讲了慈春兰的故事后,又落进工作性报道的套路。见报稿则将原来的第三段挪到了文章的结尾:

"你相信吗?营商局帮我要回这么大笔钱,可我连营商局干部的面都没见过。"慈春兰说,这件事让她看到了辽宁真正改善营商环境的决心,"我决定留下来,还要现身说法,动员我认识的企业家来这里投资兴业。"

这样的修改,不仅让整篇报道在形式上形成闭环,也让结尾多了些许余味。

附（见报稿）：

辽宁　出实招优化营商环境

前 10 个月全省新登记各类市场主体近 54 万户

王金海　刘洪超

一个电话，慈春兰要回了拖欠 5 年的工程款。"现在本金还清了，前天我们刚签了利息偿还协议。"11 月 1 日，慈春兰告诉记者。

2013 年全运会前夕，慈春兰任总经理的照明公司与辽宁省沈阳市皇姑区城市建设管理局签订合同，负责全运会亮化工程，垫付了 665 万元工程款。谁知项目完工后，城建局却迟迟不付款。

"公司一年工程款也就 1000 万元左右，这么多钱欠着不给，不是逼我们关门吗？" 5 年来，慈春兰几乎每个月都要去催一回款。

"那时想，这件事一了，我就撤出辽宁。"慈春兰说。

今年 4 月，慈春兰看新闻得知，辽宁正在开展清偿政府工程款专项行动。"死马当活马医。"她拨通了省营商环境建设监督局公布的投诉电话。一小时后，该局工作人员就主动联系了她。一周后，皇姑区政府制订还款计划。

从今年 1 月起，辽宁严厉整治政府失信行为，对政府拖欠工程款、未及时供地等"旧账"全面摸底调查，并按"一事一策"制订整改计划。为避免出现"新账"，省政府要求各地对 30% 以上新引进项目进行抽查。截至目前，全省共偿还政府欠款 111.5 亿元，抽查项目 2298 个，对发现的 142 个未履约项目持续跟踪督导。

事实上，这只是辽宁近年来出重拳、下猛药，痛下决心改善营商环境的系列举措之一。2016 年 12 月，辽宁颁布东北首部规范营商环境建设的省级地方法规——《辽宁省优化营商环境条例》，完成顶层设计。

2017 年 3 月，不增一编、不加一人，通过对原企业服务局转变职能，辽宁省成立全国首家省级营商环境建设监督局。接受投诉、暗访调查、公开曝光、问责处理,成为这个局的"四大利器"。今年以来,已公开曝光39个反面案例,对178名责任人问责处理。

辽宁省今年以来还明确提出打造发展环境最优省目标。对标最优,聚焦"痛点",开展纠"四风"和"办事难"专项整治;攻克"卡点",建设营商环境"一套标准、一个流程、一个窗口、一张网、一批项目"的"五个一"工程;疏通"堵点",建立健全通报、约谈、督办等长效机制;瞄准"关键点",设立营商环境评价体系。

辽宁还施行一系列利企便民举措,如公布统一的行政审批中介服务事项清单,取消调整253项涉及企业群众办事创业的证明,推行双休日无休窗口……

营商环境的逐步好转,使辽宁的投资吸引力也不断增强:今年前三季度,全省固定资产投资同比增长4.8%,实际利用外资同比增长10.9%;前10个月全省新登记各类市场主体近54万户,同比增长4.9%。

"你相信吗?营商局帮我要回这么大笔钱,可我连营商局干部的面都没见过。"慈春兰说,这件事让她看到了辽宁真正改善营商环境的决心,"我决定留下来,还要现身说法,动员我认识的企业家来这里投资兴业。"

(原载《人民日报》2018年11月9日)

附(原稿):

辽宁营商环境监督局打出组合拳

成立一年半　问责484人

"以前遇到困难,我们难以找到说理的地方,现如今一个电话,一周不到就给解决了。"锦州市古塔区经营五金机电的刘胜高兴地说。原来锦州市国土局古塔区分局违规向门市房征收所谓的"土地年租金",而市本级涉企行政事业性收费清单目录中没有该项收费,商户多次协商未果,只能求助于刚成立的辽宁省营商环境建设监督局。

2017年3月,不增一编、不进一人,通过对原省企业服务局转变职能,辽宁省营商环境建设监督局应运而生。成立仅3个月,首次曝光就选择了6起政府不讲诚信、为企业服务不积极的典型案例,刘胜的案例位列其中。

2017年,辽宁省营商环境监督局就对628个营商环境案例启动了问责机制,党纪政纪处理306人。今年以来,该局又公开曝光31个典型案例,内部通报112个典型案例,对178个责任人进行问责处理。

宫兆伟,本溪市平山区计经贸局党工委原书记,自2003年起,他就以拉赞助的名义违规向企业收费达23万元。今年4月份,在辽宁省营商环境监督局开展的整治"四风",解决"办事难"专项行动中,宫兆伟东窗事发,不仅违纪款项被收缴,同时还受到留党察看两年的处分。专项行动开展以来,辽宁省营商局受理投诉案件544件,办结169件。"这两个专项整治一脉相承,群众和企业关心什么,我们就在专项整治行动中回答什么,他们反映的问题就是我们要解决的问题。"辽宁省营商环境建设监督局党组书记、局长周轶赢告诉记者。借助专项整治的东风,辽宁省针对发现的典型问题,举一反三,进行了一系列体制机制和政策上的改革。仅全省各市在证照办理上,共对376个事项实现即办即给,对411个事项压缩了时限,61个事项降低了收费,423个事项实现网上办理,484个事项达到"最多跑一次";在行政审批上,共对961个事项压缩、减少了审批时限、环节和要件,545个事项实现网上审批,25个事项降低了收费。

严惩政府失信,兑现旧账,避免新账。"真是感谢营商局,让我们拿到了期盼已久的辛苦钱。"抚顺市某设计公司负责人卢新(化名)告诉记者。2017年,抚顺经济开发区管委会拖欠该企业设计费14万元,企业多次投诉无果,而当地政府以会解决为条件,要求企业在投诉办结单上签字。今年以来,辽宁省营商环境监督局制订了《关于推进政府失信行为的工作方案》,对政府供地、政府招商履约等问题进行整治,并按照"一事一策"的方法制订解决方案,从而达到减少问题存量、遏制增量目标,截至目前全省共偿还政府欠款111.5亿元。此外,辽宁省还抽查了2298项招商项目,对142个未履约项目进行跟踪督导,避免出现"新账"。

明确指标,探索营商环境评价体系。在大连,营商环境建设则被纳入领导干部工作实绩考核重要内容,强化绩效考核和目标管理,实行"营商环境建设一票否决制"。葫芦岛市则在全省率先引入营商环境第三方评估。同时率先成立集营商建设、政务督查、绩效考核"三位一体、有机整合、市县统一"的营商环境建设监督局。"我们借鉴先进地区的经验做法,对照国家试点内容,结合我省实际,将评价体系分为两部分,一是借鉴世界银行、国务院关于营商环境建设评价的成熟做法,确定我省营商环境评价的重点指标,初步确定了企业开办、不动产登记、电力获得、市场主体增加等10项评价指标;二是将营商环境工作情况纳入评价体系。通过评价,倒逼各单位、各市正视问题、瞄准先进开展工作。"周轶赢告诉记者。而确立了评价指标和体系后,辽宁将以县、区为主要对象,从而通过对辽宁省内100个县(市、区)的评价指标结果倒推各市情况,计算各市排名,从而促进基层营商环境的全面改善。

2016年,辽宁颁布东北首部省级《优化营商环境条例》,2017年成立全国首个省级"营商环境建设监督局",2018年,辽宁将其定位为深入开展营商环境建设年,并将优化营商环境工作列为辽宁省《政府工作报告》十大重点工作之一,明确提出打造发展环境最优省的目标。辽宁改善营商环境的脚步从未停止。

随着营商环境的逐步好转,辽宁省的各项经济指标也实现了从"企稳回升"到"稳中有进"的转变:今年上半年,辽宁全省新登记各类市场主体32.1万户,同比增长8.8%。而辽宁GDP增速达到5.6%,重回东北三省首位。其中,规模以上工业增加值累计同比增长10.3%,增速位列全国第三,固定资产投资同比增长12.1%,增幅居全国第5位。

开头既要生动活泼，又要直奔主题

（一）

2006年12月的几期《中国海洋石油报》不少稿件的开头比原来讲究、吸引人了。如13日一版湛江分公司应用条码的消息是这样开头的：

12月12日，早上6时，太阳还没跃出海面，中海石油（中国）有限公司湛江分公司文昌油田材料员刘斌又开始了一天的忙碌。在一排排整齐摆放着生产用物资的架子之间，刘斌手持一个巴掌大的条码系统终端，往各种配件前一伸。随着"嘀"声不断，物资的各种信息已尽在"掌"握。自从去年6月油田开始使用条码系统以来，湛江分公司生产一线的物资管理人员工作起来得心应手，感觉"把办公室装在了口袋里"。

13日出版的报纸，消息起笔于"昨日"，体现了记者很强的新闻意识。消息的第一段宛如一个特写镜头，画面颇具动感，有触摸感，有可视性，还有"嘀嘀"的声响传出。形象，生动，让人禁不住往下看。（这篇消息的主题为《把办公室装在口袋里》，也很生动）

尤其是一些短消息，虽短，但记者在开头上用的心思一点儿也不少。如20日一版《总公司ITIL系统修成"正果"》，是边栏里的消息。该稿这样开头：

12月15日上午，BSI（英国标准化委员会）中国区董事总经理刘墨渊西装革履走进中国海油大厦，为中国海油总公司信息技术中心颁发ISO2000认证证书。这一天对他来说非同寻常："作为一名中国人，我非常高兴地看到中国海油的ITIL系统通过ISO2000认证。这是我第一次给一家中国企业，也是唯一一家国资委下属的中央企业颁发该证书。"

"西装革履"，闲笔不闲，颇具深意。由颁证者对这一证书的重视，婉转道明这份证书非同寻常的价值，也与接下来的一席引语相互呼应。记者在此虽只是轻轻一点，但全篇便显得灵动起来。

二版上写洋浦电厂安全管理的《千个日夜 警钟长鸣》，也是一条四五百字的短消息，且看开头：

蛋糕上没有跳动的烛光，酒杯中盛的是可口可乐。12月7日零时，在洋浦电厂控制室，该公司总经理杨宝良和进行交接班的员工一同欢庆，共同迎来电厂安全生产1000天的最后时刻。

"蛋糕上没有跳动的烛光，酒杯中盛的是可口可乐。"用笔简练，寥寥数语如写意，喜庆的场面和气氛便烘托了出来。

再看31日二版中海沥青举行应急演习一稿的开头：

常压塔塔底不明黑烟冒出，常压塔进料突然发生"泄漏"！12月25日上午10时，中海沥青（四川）有限公司常减压装置区响起了一阵凌厉的警笛声，四川公司2006年安全生产联合应急学习拉开了序幕。

这样的开头打破了一般消息静态叙述的常规，语言极具可视性，节奏感强，营造出与报道内容吻合的紧张气氛。

一个好的开头，对于新闻报道来说尤为重要。这是由人们阅读新闻的特点所决定的：读报相比于读书，更随意，更仓促，扫一眼开头，如果不抓人，这篇新闻往往也就放弃了。新闻倒金字塔写作结构的风靡，也正是基于读者这样一种阅读心理。所以完全可以说，构思出一个好的开头，稿子就等于成功了一大半。

那么何为"好的开头"呢？有论者曰：好的开头，就是要叫人一见钟情。也就是说，并无定式，不论方法，只要能让人"一见钟情"。

上面提到的几篇稿件的开头，手法上有共同点：描写，区别只在于笔墨多少。此外，大家还比较喜欢另一种开头手法：用引语。

13日一版消息《傅成玉再登企业领袖榜》这样开头：

"他没有因去年收购优尼科的挫折而气馁，2006年，他开始在全世界寻找目标。这一次他把钻井架架到了辽阔的非洲海岸线上……"这是"2006年度最具影响力的25名企业领袖"评委会授予中国海油总经理傅成玉的颁奖词。

引语平实凝练，用他人的评价来报道本公司的一把手，显得客观、公正。13日四版写新任中层经理培训班一稿，这样开头：

"以前我在合作油田工作时，各种培训很多，但是就像'死扳手'，不好用。这次培训不同，原汁原味，就像'活扳手'，针对性、可操作性很强……"在12月8日总公司新任中层经理培训班上，总公司劳模靳权忆昔追今，颇有感触地说道。

引语自然真切，记者巧妙地抓取了一位学员打的比方，形象生动，别具匠心。

用引语开头，关键是选择的引语要生动。这种生动可以是比方打得好，也可以是问题提得好。13日一版研究中心首开儒学讲座一稿的开头是提问式的：

"请问周教授，儒学与科技有没有联系？中国近代的发展大大落后于西方，儒学是否起到了阻碍作用……"，12月8日，中国石油研究中心C级以上员工与北京师范大学周桂钿教授进行了一场别开生面的讨论，探讨如何让儒学为科技服务。

引语里提了两个问题，前一个问题问得过宽、过泛，不尖锐，便不大抓人。相对而言，第二个问题比较尖锐，但放在后面语势弱了。不妨就从后一个问题入笔。提问宜开门见山，落笔要实。"请问周教授"是礼节性的，虚了，因此不妨重新组织一下句式："中国近代的发展大大落后于西方，请问周教授，儒学是否起到了阻碍作用？"

这样提问，是不是比原先稍生动一些呢？

人民日报原总编辑范敬宜也写过一篇开头就提问的稿子，他是这样写的：

"我们能不能再给子孙后代五千年？"当全国人大常委会副委员长费孝通提出这个看似突兀的问题时，在场者始则愕然，继则沉思。

报道中介绍这是费孝通的一次发言。一次发言单独把这句话先拎出来，记者其实要的就是这种令人"突兀""愕然"的效果，而更加引人"沉思"。

总之，如果用提问题的方式入笔，那么，这个问题一定不要太大、太宽，而要尽量"尖"一些，"窄"一些，要咄咄逼人。春笋破土，利刀割肉，尖锐泼辣，引人注目。

6日四版《在心与心之间搭建美丽的鹊桥》一稿，选题很好，说的是南海东部地区的一些公司开展单身职工联谊活动的事，有很多生动的场景和对话。比如，男女青年找到自己喜欢的人后，双双对对戴上眼罩面对面共同捏橡皮泥，互相握着对方的手；姑娘变成"瘸子"，小伙子变成"瞎子"，小伙得背着姑娘、在姑娘的指挥下去"寻宝"……读下去还是挺有趣的。但稿件开头却实在不吸引人：

近几年，随着海洋石油事业的蓬勃发展，南海东部地区各单位涌现出几百名单身职工。因为地处偏僻、自身素质高等各种原因，许多单身职工找不到合适的对象。

接下来还有第二段讲单身职工联谊活动发起经过、单位和参加人数，等等。用两大段300字篇幅平铺直叙地交代活动发起的背景，如此"三尺帽"当砍之。不是说不要背景，而是应该把背景巧妙地融进文里。如果挑一个这次活动中最有趣的场景开头，然后再交代活动的由来，就会好看许多。

31日一版通讯《登高望远 江海作证》，开头用三段篇幅渲染庆典仪式：

深冬的古城南通阳光杲杲，朔风劲吹。
12月28日上午……工场内，彩旗飘飘，锣鼓喧天。
11时35分，中国海油总经理傅成玉和……一同启动模块滑移按钮，霎时礼花绽放、礼炮齐鸣。

这种开头有人称之为"编年体式"，或"史诗式"，即所谓"宏大叙事"（标题做得也够"宏大"）。

不少论者对新闻报道中的"宏大叙事"是否定的，我以为，新闻既然是历史的一部分，编年体式的存在便有一定的合理性，关键是看内容与形式是否吻合。一个本系统内比较重大但宏观考量却显微观的工程项目的庆典，其分量就不大适宜宏大叙事的形式（倘若是中海油成功并购优尼科这类世界级的项目，"宏大叙事"便是最佳选择了）。既然称这个项目达到了国际先进水平，作为一个读者倒是很想知道具体是在哪些方面达到国际先进水平的，而这一点却交代得很不够（既然放在全球背景里比较，世界上这一领域的情况宜略作交代）。

再饶舌一句,"阳光杲杲"之类的书面语,有悖新闻用语的要求。新闻当求朴实、简明。当然也不是完全排斥书面语,如果是写人物通讯,并且所采访的对象又是学界著名的权威人士,适当增加一些书面语,可以让读者穿过语言的书卷气息,更快地走近报道对象。

以上分析的开头,偏重于消息。通讯应该怎样开头?有一点大家是达成共识的,就是讲故事。

13日三版上的通讯《他们的世界静水流深》这样开头:

年初,一封来自甲方的表扬信,使张荣和他的同事——中海油服油田技术事业部泥浆服务中心的工程师们仿佛一夜之间被人认识了。他们在工作中总结提出的、以主要人员张荣命名的"张荣工作法",作为"抓三基"工作的典型,在中海油服内部得到大力宣扬。

看得出来,记者是在尝试用讲故事开头,但故事不精彩。什么原因呢?就在于里面虽然有人,但人物是静止的。

讲故事要怎么讲?要讲有人物活动情节的故事,要把人的活动放到矛盾冲突中去讲。

比如,此稿的第一个小插题叫"甲方点名要张荣"。文中提到,甲方一遇到问题井、困难井、复杂井,就点名要张荣去,因为他一去就"手到病除"。如果能够讲一个这方面的具体故事,可能就比较好看。说某年某月某日,某油田碰到一口复杂井,多么多么复杂,多少人多少天都解决不了,甲方急得抓耳挠腮,后来请来了张荣。张荣一来,就手到病除。

把张荣这个人物放在有矛盾冲突、有点悬念的情景中,绘声绘色地讲,这样的开头就吸引人了。

不少人在总结写作手法时都强调:开篇贵奇。

怎么让它奇呢?注意矛盾冲突。没有矛盾冲突就平,有了矛盾冲突自然就奇。清代的刘熙载在其著名的文艺批评著作《艺概》中说:"柳(柳宗元)文如奇峰异嶂,层见叠出。"大家不妨找出唐宋八大家之一柳宗元的文章好好揣摩一番,特别要把开头多读一读。

人物通讯的开头要写好也极不易。常言道,画鬼容易画人难。作为一份行业报,人物是读者身边的人,要写得既真实又生动确实很难,因为越为大家熟悉的人就越不好写。

但上述办法也同样适用:从矛盾冲突中展现人。

举个例子。美国的《华尔街日报》被誉为最会讲故事的报纸,我们来看一下记者皮尔斯汀是如何写福特公司的董事长——这个在美国妇孺皆知的人物的。

报道这样开头:

> 他的许多声名,在他自己的工业王国中,是既不新鲜也不实际。
>
> 据耶鲁大学的报纸记载,他一直没有毕业。据另一份小报称,他与帮他创业的妻子离婚,立即就娶了一位漂亮的国际航空小姐。他长年累月迟到,"其余的每一个人,都得8点钟准时上班。不过我是起不来的。"他理所当然地说。
>
> 他推行了几年的一项新产品,最后成为失败的同义词,每一提起,必引人捧腹大笑。这样的一位现代人,以铁腕统治一家工业公司,除选举外,无法换除他。其他的下属人员说:"他在闲聊中,随便提到一个什么建议,我们都要赴汤蹈火,不管他的建议有没有效。"除了他的兄弟之外,哪怕是公司的最高首长,都不敢直呼其名——亨利。
>
> 他姓福特。

这样的开头你会想到吗?写一个大名人还能用这样揭丑式的手法?

作为一个成功的企业家,一提起"福特"这个名字,人们首先想到的就是闪耀在成功人士头上的神奇光环。如果你打破神奇从平凡说起,故意与读者的习惯思维"冲突",也就自然而然地抓住了读者的好奇心。

(二)

2006年9月6日海油报一版《中国海油E—Learning学习平台上线》是篇写得不错的消息稿,尤其是开头,构思甚为精巧:

> 9月1日下午5点30分,原计划下班后去超市购物的总公司财务管理部员工王波没有离开办公室,而是怀着急切的心情点击Notes网上的"培训园地",进入了当天开业的中国海油的培训"超市"——E—Learning学习平台,将《企业融资》和《商务写作》两门课程放进了自己的学习"购物车"。

有了好的开头就成功了一半。这个开头如讲故事般娓娓道来,巧用"超市"作比("购物车"也便引申而出),把一个专业性较强的事件用通俗的语言讲得大家一目了然。

特别要指出的是,记者在讲这个生动的小故事的同时,带出了中国海油E—Learning学习平台上线这条新闻,点明时间:9月1日,当天开业。这样的开头不仅生动新颖,并且开门见山,明快、准确、到位。

头条《怎甘高产昙花现》的开头,记者也颇花了一番心血:

> 南海东部海域记载着一个中国最早开始对外合作的风雨历程。二十多年来,南海东部石油人在这片海域对外合作,开拓创新,成功树立起作业者形象,18个油田先后投入生产,创造了从1996年至2005年连续十年原油年产量超千万立方米的惊人业绩。从不懂海洋石油开发到年产量超过千万立方米,从恩平11-1-1井获得发现到第18个油田成功投产,从仅仅吸引外资到成为合作油田的作业者及自营油田的管

理者,从率先尝试雇员制改革到全面实施市场化的用工机制,从立足荒凉破旧的小渔村到今天与社区共同发展、与国际石油公司接轨……南海东部石油人走过了一段不平凡的岁月。

此稿语言相当流畅,一连用了五个排比句式,开头显得颇有气势。但此稿要传递给读者的最重要的信息是什么呢?是第二段中的"最初预测一千万立方米仅能维持两年,到今天实现了连续十年原油产量超千万立方米"。

而这个花了两百五六十字的开头,却并没说清楚这个最重要的消息。

这让我想起刚开始搞科学发展观报道时,有一篇不少人认为写得还不错的报道,有关部门却提出了批评。那篇文章开头是这样的:

伟大的理论催生伟大的实践。一年多来,全国各地进行着无数落实科学发展观的宝贵探索。这些探索生动而新鲜。观念的裂变、行动的果敢、断腕的痛苦、顿悟的欢快——这些都构成了一幅波澜壮阔的宏伟画卷。

批评指出,这不过是"靠形容词打动人心,表达方式陈旧"。

观念决定手法。陈旧的不仅是表达方式,还在于我们现在已进入了一个信息要"悦读""快读"的时代,而记者仍守着那种从容不迫的文风。

而事实上,新闻从来就不是一种从容不迫的文体。一个好的开头仅仅强调生动是不够的,还要快速切入新闻,直奔主题。如果精心推敲设计的开头,反而遮着挡着影响了主题,影响了重要新闻事实的表达,那么,无论多么生动,也要删掉。

再看一版上《模范的风采——郭太现参加央企模范人物先进事迹报告纪事》的开头:

8月30日一早,天空淅淅沥沥地下着小雨,中国海洋石油总公司、有限公司两个机关、京直各单位代表百余人,冒雨乘车前往航天科工集团第二研究院大礼堂。中央企业模范人物事迹第二场巡回报告在这里举行。中海石油(中国)有限公司天津分公司总经理助理郭太现、武汉钢铁(集团)公司计划账务部部长谭丽丽等6位模范的报告感人至深。

国务院国有资产监督管理委员会为了宣传中央企业模范人物先进事迹,鼓励中央企业广大员工向先进模范人物学习,专门组织中央企业涌现的8位先进模范代表,从8月30日起在全国中央企业做巡回报告。

天津分公司总经理助理、开发部经理、中央企业优秀共产党郭太现光荣地成为巡回报告团成员之一,他说自己感到压力山大……

此稿要说的是"郭太现参加央企模范人物先进事迹报告纪事",然而直到第三段,篇幅过了近半,才让人感觉渐渐接近正题。可谓是"酒过三巡话题亮,鼓响三通戏开场"。这样的开头,实在过于冗长,记者误把新闻背景作为最重要的新闻事实放到了最要紧的导语部分。

每篇新闻总要有自己的卖点。成功的写作是,无论你采用什么形式,要让读者尽快到达那个卖点。因此,简洁明快是新闻写作的不二法门。一定要让重要信息出现在报道的开头。导语中不应该充斥无关紧要的事实(《模范的风采》的第一段,即基本属于无关紧要的事实),语言应该紧凑并且平易。

因此,当我们开始写作一篇稿件时,一定要这样提醒自己:

新闻就是传递信息,没有信息内容的话,就是废话;

没有信息价值的词语,再华美也没有意义,当毫不犹豫地删之。

附:

再给后代五千年

本报讯(记者 范敬宜)"我们能不能再给子孙后代五千年?"当全国

人大常委会副委员长费孝通提出这个看似突兀的问题时，在场者始则愕然，继则沉思。

费孝通是在江苏省宜兴市政府最近于北京人民大会堂召开的一次新闻发布会上说这句话的。他在听完市长介绍宜兴发展环境保护产业的情况后做了简短精彩的即席发言。

这位著名社会学家说：世界在进步，科学在发展，但是应该看到，破坏性的科学比建设性的科学发展得快，环境恶化已成为全人类最担忧的问题。

他举例说，近十年来，我国乡镇企业有了迅速发展，这是件大好事情。但是也要十分注意防止对农村的工业污染，否则后果不堪设想。

几年前，费老访问美国时，看到一位名叫 King 的学者写的书：《五千年的奇迹》。书中说，中国农业的最大特点，是它的土地耕种了五千年，活力没有遭到破坏。这是人类的奇迹。费老由此发出感慨："这是我们祖先留下的福泽，现在的问题是，我们能不能再给子孙后代五千年这样的环境？"

费老讲完，全场肃然动容。即将赴巴西出席联合国环境与发展大会的国家环保局局长曲格平频频颔首说："改革开放在呼唤环保产业的发展。"

这使记者联想到，不久前在江苏农村采访时，经常见到墙上写着这样一条精警动人的标语："为子孙后代留下青山绿水蓝天白云"。如果在"留下"后面加上"五千年"，岂不更能深入人心？

（原载《经济日报》1992 年 6 月 1 日）

从"头"新起

"壮阔东方潮 奋进新时代——庆祝改革开放 40 年"是《人民日报》2018 年 5 月起开设的一个重点栏目，不少选题反映的是各地改革开放以来经历的大事。由于时间跨度较大，有的稿起笔就是"话说当年"。

2018 年 9 月 3 日刊出的《福建国企改革：挺立潮头再出发》便是如此：

> 1984 年，福建 55 位企业负责人联合署名的"松绑"放权呼吁信，吹响国有企业改革的号角，企业逐渐挣脱"束缚"，走上放权搞活、自主经营的改革发展之路。

稿子层次清晰、语言干净，因此编辑在处理时还曾给予好评。但起笔就是"1984 年"，总让人觉得，语言干净之外，还当有点其他追求。开头不精致，最影响文章的质感。

对这个问题，张忠主任此前在地方部的例会上已提出过批评。

2018 年 8 月 14 日一版刊出的《盐碱滩上接续创业》，初稿开篇为：

> 1984 年 12 月 6 日经国务院批准建立天津经济技术开发区，是首批国家级开发区之一。34 年过去，在一片 34 平方公里的盐碱荒滩上白手起家，天津经济技术开发区已成为中国经济规模最大、外向型程度最高、综合投资环境最优的国家级开发区之一。

"一看这个开头，就觉得这篇稿子不行。"张忠主任戏谑了一句。稿件被退回修改。

改稿不直接从"1984年"说起了，但起色不大：

> 天津经济技术开发区，英文缩写为TEDA，音译为"泰达"，1984年12月6日经国务院批准建立，是中国首批国家级开发区之一。两年后，邓小平同志视察泰达，欣然写下"开发区大有希望"。
>
> 34年过去，一片34平方公里的盐碱荒滩上白手起家的泰达，已成为中国经济规模最大、外向型程度最高、综合投资环境最优的国家级开发区之一。

这一次来不及再退回改，编辑做了点调整，见报稿开头为：

> 34年过去，当年的一片盐碱荒滩，生长出建成区已达34平方公里的泰达天津经济技术开发区。"泰达"1984年12月6日经国务院批准建立，是我国首批国家级开发区之一，今日"泰达"，已成为我国经济规模大、外向型程度高、综合投资环境优良的国家级开发区之一。

也不理想，只是相比第二稿开头，进得稍快了一些。

有篇报道宁波舟山港的稿子，第一稿开头也是从当年说起：

> 把时针拨到22年前。1985年，世界第一大港荷兰鹿特丹港，集装箱吞吐量265万标准箱，货物吞吐量2.5亿吨；这一年，中国宁波港集装箱吞吐量为零，货物吞吐量仅1000万吨。在财大气粗的鹿特丹眼里，宁波港仅是个不起眼的"小弟弟"。

编辑组按张忠主任指示请记者修改。后来这样开头：

6月中旬，2018海丝港口国际合作论坛在宁波举行。"宁波港口指数"首次面向全球发布，这是全面评价港口行业景气程度及港口企业经营情况的指标体系，彰显宁波的大港底气。

　　"全球最大集装箱企业马士基公司，早在2012年就跟我们达成合作，共建梅山港三个泊位。仅过了一年，对方就要求重新补充签约提升股份，足见对宁波港发展的信心！"宁波舟山港股份董事会秘书蒋伟介绍。

　　2017年，宁波舟山港成为全球首个年货物吞吐量超"10亿吨"大港，年货物吞吐量连续9年位居世界第一。

　　时针不再回拨，就从舟山港最近的新闻说起："在财大气粗的鹿特丹眼里，宁波港仅是个不起眼的'小弟弟'"，虽然生动，但只是虚写；而"全球最大集装箱企业马士基公司，早在2012年就跟我们达成合作，共建梅山港三个泊位"，则实实在在。修改后的开头，既新又实。

　　新闻贵"新"。此类经验性、成就性报道虽然新闻性不强，但其新闻属性没变，我们仍然应该拿出写新闻的劲头，从开头就要求"新"。

　　众所周知，新闻导语有个"最近点原理"。这个"点"，即是说导语中涉及的时间要素，一是应当为事件发展中的"某一时间点"，而不是从事件发生、发展直到结束的"时间段"；二是"最近"，即选择的那一个时间点，应尽可能是距离报道时间最近的"点"。从时间的内在特性来看，一个"时间点"比一个"时间段"更能确切地表现事件之"新"。

　　有些报道的"最近时间点"可能确实不好找，即便那样，也要尽量让报道中的时间点近一些，新一些。

　　《冷书记，暖了小南河》（2018年5月23日）一文这样开头：

　　"第一书记"两年任期到了，眼看着和冷书记同一批下来的其他村的"第一书记"纷纷"打道回府"，小南河村的村民着急了。

这天，冷菊贞书记正在屋里琢磨葵花籽油的销路，村里的贫困户杨俊华老太太进了门。杨俊华原本没收入，冷书记帮着她养起大鹅，现在光卖鹅蛋就有不少收入。"冷书记，我现在生活挺好了，这是700块钱，你收下。你能不能别走了？"听着杨老太的话，冷菊贞愣住了，她忍住泪水，一字一顿地说："大娘，钱你收回去，我不走，我带大伙儿搞的项目，还有旅游，都刚支起架子，我哪能撒手？我得让全村人富起来再走！"

值班主编施娟在《"新时代的奋斗者"专栏采编小结》中透露：这个原本湮没在文中的故事，字里行间都蕴含着小南河村"第一书记"冷菊贞对帮扶工作的倾情投入、村民对她的信任和不舍，让编辑眼前一亮，提拔到了文章开头。

那么，原本怎么开头的呢？

"冷书记留下啦！"去年冬天，得知第一书记冷菊贞留任的消息，小南河村沸腾了。村民们自发到村头迎接，大家争相挽起冷书记的手臂，"冷书记，你不走，我们有福咯！"

场景鲜活，有情有景，但时间点为"去年冬天"。这篇报道整体很生动，所以刊出后受到了社领导的表扬。但如果5月下旬发的稿从"去年冬天"开头，不免影响稿件的整体品质。所以，斟酌再三后，编辑把"原本湮没在文中的故事""提拔到了文章开头"。

这样的修改有"一石双鸟"之效。好故事既能让读者"眼前一亮"，也可以避免时间要素上的尴尬。

处理时间跨度大并且时间要素无法回避的稿件，开头先从故事说起也是个好办法。

同为"壮阔东方潮 奋进新时代——庆祝改革开放40年"专栏稿，《翱翔在改革开放春风里》（2018年8月9日）这样开头：

> 每次经过西安高新区街头，72岁的章东凡总喜欢摇下车窗，看道路两侧的大楼向车后掠去。"就像当初襁褓里的婴孩，转眼长成20多岁的小伙子，看在眼里，怎不欢喜！"
>
> 已从西安高新区管委会退休12年的章东凡，亲眼见证这个"小伙子"呱呱坠地——1991年3月，国务院批准设立西安高新技术产业开发区。从此，"高新区"这一新名词，悄声潜入古城人心里。

由事入笔，由人而起，过去和现在并行而至，让西安高新区的旧闻新事"悄声潜入"读者心里。

当然，事情总要一分为二，也不是所有报道都不能从几十年前说起。2015年7月，希腊就债权人救助方案举行全民公投，希腊总理齐普拉斯成为世界焦点，他40岁当总理，是希腊150年来最年轻的总理。"德国之声"的报道回顾了上述往事，这篇报道便从"话说当年"起笔：

> 那是1990年。
>
> 在雅典一个私营电视台，一名希腊著名女记者面对一个16岁学生，后者是当时震动全国的学运领袖之一。一小时的访谈节目名为"面对面"。节目结束时，女记者显然被对方打动了。
>
> "20年后当我们再见面时，你将是这个国家的总理。"她对他说。
>
> 她错了，事实上，24年后阿莱克西斯·齐普拉斯才走上总理位置。

40岁就当总理，是人物的一大看点，这个"包袱"是逐渐打开的，直到"她错了"，还在故作摇曳之姿，盘马弯弓，引而不发。

但是，特殊性和一般性总是有差别的。对一般性常规化的报道，我们还是要坚定一个理念：从"头"新起。

附（见报稿）：

任职两年来，搞乡村游，卖农产品，带领村民致富脱贫——

冷书记，暖了小南河

第一书记两年任期到了，眼看着和冷菊贞书记同一批来的其他村的第一书记纷纷"打道回府"，小南河村的村民着急了。

这天，冷书记正在屋里琢磨葵花籽油的销路问题，村里的贫困户杨俊华老人进了门。以前杨俊华家里困难，生活没有着落，冷书记帮着她养起大鹅，现在光卖鹅蛋就有不少收入。"冷书记，我现在生活挺好的，这是700块钱，你收下，能不能别走？"听着老人的话，冷菊贞愣住了，她忍住泪水，一字一顿地说："大娘，钱你收回去，我不走，我带大伙儿搞的项目，还有旅游，都刚支起架子，村子还没富，我不能撒手不管！"

"冷书记留下啦！"去年底，得知第一书记冷菊贞留任的消息，小南河村沸腾了。村民们争相挽起冷书记的手臂，"冷书记，你不走，我们有福了！"

小南河村位于黑龙江省双鸭山市饶河县，曾是有名的贫困村：200多户村民窝在贫瘠的岗子地，靠种玉米为生，几条泥土路，一片土坯房。村穷人心散，打牌、喝酒几乎就是全部的农闲生活。

2015年末，在双鸭山市市场监督管理局工作的冷菊贞，来到小南河村任第一书记。踏入这片古朴的村落，她看到了"穷"，但也发现了"美"：这里有巍巍大顶子山、清澈的山泉河，还有上世纪三四十年代风格的木刻楞老屋大院和传统"匠人"老豆腐匠等东北民俗、人文资源。

"我把小南河村淳朴的自然和民俗风貌图片发到摄影爱好者微信群里，很多人都说太美了，一定要去。"爱好摄影的冷菊贞说，"我就冒出一个想法，这些在农民眼里不值钱的东西，不正是摄影爱好者和城里人眼里的宝贝么？把这些资源利用好，把乡村旅游搞起来，乡亲们不就能富了吗？"说干就干，冷菊贞自掏腰包购置花布、窗花、灯笼等物品，成立农家旅游协会，打造传统工艺家庭作坊、民俗游玩项目……从前与世隔绝的小南河村从此敞开大门迎接八方来客。

起初,一些村民并不看好她的想法,觉得是"瞎折腾"。为此,冷菊贞挨家挨户做工作,谁家有活就到谁家去帮忙,连春节都在村民家里帮着拍照、包饺子,"我品出来一个理儿,就是大年三十那天,无论去谁家都会笑脸相迎,这是做群众工作的好机会!"

在大顶子山下种花吸引游客,一直是冷菊贞想做的事,"选来选去,最后选了向日葵,既能观赏,还能榨油,实在不行还有葵花籽!"去年夏天,百亩向日葵花竞相开放。冷菊贞拿起相机,拍下花海美景,在她的推广下,一拨拨摄影者慕名而来。"小南河村有种古朴的美,不虚此行!"来自哈尔滨的摄影爱好者韩健说。

冷菊贞镜头下的美景,成了小南河乡村旅游最响亮的代言。任职两年来,小南河村共接待省内外游客2.6万余人,营业收入160余万元;还注册了4件37类商标,推出辣椒酱、葵花籽油等农产品;村民们走出大山,参加全省的农产品展销,在哈尔滨的中央大街设立了农产品专柜,销售额达10万余元。现在村里农忙农闲已分不大清,打牌喝酒的少了,讲奋斗、追求好日子的多了。

上级批复了冷菊贞的申请,继续任小南河村第一书记。"小南河村已经是我生命中的一部分,我得好好干。"冷菊贞笑笑说。

(原载《人民日报》2018年5月23日)

附(原稿):

为了留下她,贫困户送来700元
——记黑龙江省双鸭山市饶河县小南河村第一书记冷菊贞

"冷书记留下啦!"去年冬天,得知第一书记冷菊贞留任的消息,小南河村沸腾了。村民们自发到村头迎接，大家争相挽起冷书记的手臂，"冷书记，你不走，我们有福咯！"

小南河村位于黑龙江省双鸭山市饶河县，村里226户村民，曾是有名的贫困村。贫瘠的岗子地改不了水田，泥土路，土坯房，村穷人心散。打牌、唠家常、喝酒几乎就是村民农闲生活的全部。更"糟"的是，小南河近两万亩土地种的全是玉米，市场行情变了，但村民们的传统观念没有变，村民的生活每况愈下。

2015年末，原本在双鸭山市市场监督管理局工作的冷菊贞来到小南河村任第一书记，踏入这片古朴的村落，她体会了"穷"，更发现了"美"：这里不仅有巍巍大顶子山、最东寺院、清澈山泉河等自然资源，还有三四十年代关东特征明显的木刻楞老屋大院、传统"匠人"老豆腐匠等展现东北民俗的人文资源。

"我当时就有一个想法，这些在农民眼里不值钱的东西，恰恰是摄影人和城里人眼里的宝贝，他们就是想要体验这种淳朴的乡村生活。把这些资源利用好，把乡村旅游搞起来，乡亲们不就能富起来了吗？"说干就干，冷菊贞自掏腰包购置花布、窗花、灯笼等物品，成立农家旅游协会，打造传统工艺家庭作坊、民俗游玩项目……这个第一书记的到来，让从前自给自足、如桃花源一般与世隔绝的小南河村敞开大门，迎来了八方客。

起初，一些保守的村民并不看好冷书记的想法，觉得她是在"瞎折腾"，为了和村民套近乎、拉关系，冷菊贞挨家挨户地做工作，谁家有活就到谁家去帮忙，趁着节假日给村民拍全家福。冷菊贞的家就在离村仅23公里的饶河县城，可她一年也回不去一次。每年春节，她都在村民家里忙着拍照、包饺子，"我品出来一个理儿，就是大年三十那天，无论去谁家都会笑脸相迎，群众工作最好做，我哪能放弃这个好机会！"冷菊贞说。

在大顶子山下种花吸引游客，一直是冷菊贞想做的事，"选来选去，最后选了向日葵，能观赏，还能榨油，实在不行还有葵花籽呢！"去年夏天，百亩向日葵花海终于向阳开放，短短半月便吸引了几百名摄影人和近五千名游客前来拍照游玩。如今,"五月赏花、八月品油"的向日葵项目已初见成效。

任职两年来,小南河村共接待省内外游客2.6万余人,营业收入160余万元,2016年,小南河村被国家旅游局列入乡村旅游扶贫村、能人带户扶持项目,被国家住建部列为国家规划设计示范村。在冷书记带领下,小南河注册了4件37类商标,推出了辣椒酱、豆腐坊、葵花籽油等农产品,村民们走出大山,参加全省第一书记年货大集,打开市场,在省内著名旅游景点中央大街成立了专柜,销售农产品10万余元。

2017年末,转眼两年任期已到,眼看着一批下来的第一书记们纷纷"打道回府",冷菊贞却舍不得走,"不论是搞项目还是搞旅游,这里的一切都是刚刚起步,架子才支起来,我哪能撒手不管?"

这天,冷菊贞正琢磨葵花籽油的销路,村里的贫困户杨俊华老太太进了门。杨俊华原本没有收入,在冷菊贞的帮助下养起大鹅,现在靠卖鹅蛋为生。"冷书记,我现在生活挺好了,这是700块钱,你收下,能不能别走了?"听着杨老太的话,冷菊贞愣住了,片刻,她忍住泪水,一字一顿地说:"大娘,钱你收回去,我绝不能要。我不走,我得让全村人都富起来!"

如今,冷菊贞已向上级提交留任申请,继续任小南河村第一书记。"小南河已经不仅是我工作的一部分,而是我生命中的一段组成。这一任期到2020年,正好赶上总书记'消除绝对贫困'的时间点,我得好好干,不能让村民们失望。"

"时间真如一把握住的流沙,两年已经过去,我依然站在桥头,每一次转身都是另一种刚刚起步。我和小南河,还有太多事要做,太多梦要圆……"冷菊贞在日记里这样写道。

拥抱"陌生"

正是瓜香果熟时。

本报地方部采编平台上也在热议一"果"。啥果？胡果。

　　路好，车比预计到得早。薄雾中，白墙灰瓦新砖房，不见一间权杈房。远处，绿松林、杜鹃花，不复往日石旯旮晃。

　　海雀的春，晚了一点，却格外浓郁。

　　这里是乌蒙山深处，海拔2300米，距县城89公里。

这是2014年6月9日头版头条《贵州"解"贫》的开头。

常规化的叙述，通常把叙事起点放在一个稳定的时间与空间坐标中，而该稿的叙述起点则显得有点突兀，但这种突兀之感，却与我们的生活经验是完全相符的。这种快速切入，一下子赋予读者一种特别的新鲜感。在《人民日报》新闻版，尤其是头版头条，读到这样别致的文字，真的给人耳目一新之感。大家热议感慨的，也正是这篇报道的文风，它烙着采写报道领衔执笔者胡果鲜明的个性语言印记。

语言风格是很难分优劣的，但具体到读者那里，还是有哪个更受欢迎之分。吃多了海鲜，便会想念辣子的豪放；吃多了甜品，或许会念叨来几根黄瓜爽爽口。写报道也是如此，有些词语或句式反复使用，多了，滥了，就会产生阅读疲劳，丧失表现力。

有一年"两会"，作家贾平凹在小组讨论中说了一句话，给人印象十分深刻:"报告很好,没有排比句。"排比,源于中国骈文,这种句式在文法上并没错,自然贴切饱含内容的排比句,工整对仗极富表现力,朗朗上口更能让人记住,并营造一种提振人心的氛围和气势,能产生很好的传播效果。可是一多,就会滥,便成了人们批评不良官场文风的靶子。

再举一例。

中宣部编写《实践中的马克思主义新闻观》案例教材,本报有数篇报道入选,其中一例是王斌来领衔采写的通讯《水活三江源》,是这样开篇的:

饮水思源。

对于长江、黄河、澜沧江中下游的人来说,江河之源头神秘而令人向往。

当我们从西宁出发,翻山越岭1000多公里,到黄河源头玛多县,站在清澈的鄂陵湖边时,心如云涌:感谢源头净水,润泽半个中国!

这种感激,一直伴随我们8天3000公里雪山、高原采访路。

我们通常强调记者要站在报道后面,不要在报道里站出来议论抒情。这篇通讯反其道而行之,记者开篇就直抒胸臆,字里行间流淌着炽烈而真挚的情感,让平实的文字生出一种张力,仿佛67度的衡水老白干,酒体清亮如水,但入口便有一团火往上蹿。

报道一出来,地方部及不少地方分社的同事纷纷"点赞"。同样,这样的文字在本报新闻报道中也是鲜见的,这样的表述也是"陌生化"的。

曾几何时,随着央视纪录片《舌尖上的中国》热播,"舌尖体"脍炙人口。"阳光以最明亮、最透彻的方式与鲜嫩的鱼肉交流。"说什么呢?晒鱼干。

"瓜子,无疑是太阳和向日葵的结晶,唇齿与手指的默契配合,让这温暖热情的果仁瞬间迸出又随即粉碎。"无非嗑了一颗瓜子,就好像作一首行为艺术诗一般。

太作秀了吧?也许。可是读者喜欢。

含蓄，耐咀嚼，有点矫情，但和美轮美奂的画面所创造的意境相吻合。正读北大的女儿给我看她的同学仿"舌尖体"写的吃方便面；微信里居然还流传着以"新华体"著称的新华社的同人，仿"舌尖体"写的新华社食堂。

为何一时争说"舌尖体"？因为"陌生"。新奇便感觉好玩，"陌生"而生出欢喜。

"陌生化"表述，是俄国形式主义文论的基本观点，强调文学语言形式的新颖性，反对话语模式的程式化。这一要求对新闻报道的语言运用也富于启示。如果我们在报道中强化这种意识，在遣词造句用语方面，有意识地与日常报道的"常规化表述"拉开一点距离，给人一点"陌生感"，读者同样也会欢喜，也会欢迎。

事实上，语言如魔方，具备千变万化的组合可能。正如专家所说：语言是复杂精细的人类财富，每一种语言都有结构独特的世界。每种语言都有无限的表达可能性，无限的搭配可能性，它们的词汇、发音系统和语法，以精妙的结构组合起来，比任何我们手建的建筑更伟大。

无限的表达可能性在向我们召唤。让我们拥抱"陌生"！

附：

贵州"解"贫

胡 果 万秀斌 肖潘潘 杨 彦

路好，车比预计到得早。薄雾中，白墙灰瓦新砖房，不见一间杈杈房。远处，绿松林、杜鹃花，不复往日石旮旯。

海雀的春，晚了一点，却格外浓郁。

这里是乌蒙山深处，海拔2300米，距县城89公里。

"苗族大娘安美珍一家4口，只有3个碗，断粮5天了。"29年前，一份内参，惊动北京。僻远小村，由此开启减贫脱贫的绝地反击。29年过去，安美珍 92 岁，亮亮堂堂三间房，锅瓢碗盏满当当。全村人均年收入，从 33 元增到 5460 元，森林覆盖率，由 5% 升至 70.4%。

海雀巨变，是扶贫攻坚贵州实践的生动样本。更多的变化，让人一路行走一路品咂。

以前爱喊穷，如今不叫穷。

88 个县市区，50 个国家扶贫开发工作重点县。

全省每 4.4 个农村人口，就有 1 个贫困户；全国每 9 个贫困人口，就有 1 个在贵州。

穷，是客观存在。

会哭的娃儿有奶吃。戴惯了贫困帽，冬暖夏凉，舍不得脱。

而今不叫穷，为啥？制度创新释放了干部，改革红利转变了群众，归根到底，激发了内生动力。

先转指挥棒。贫困县考核，主要看减贫成效。

"以前省里定项目，喊穷才能吃上口可能不对味的奶。现在审批权下放，甩开膀子，哪样对路干哪样。"改到深处是利益。扶贫项目管理机制一变，黔东南丹寨县扶贫办主任杨文健有了体会：目标、任务、资金、权责"四到县"，琢磨好事，钱自然就来了。

海雀所在的毕节市赫章县，人人争学"核技术"，热议"核基地"。产业扶贫，让小小核桃擦亮品牌，远销海外。而就在几年前，号召种树致富，有人张口就喊村干部，"帮我把坑先打好"。

改革携来新事物。梵净山下，江口县寨沙村杨元菊家，碰到金融扶贫这个新玩意，就闹过笑话。前年，县里推生态移民，整村迁到山外办起农家乐。杨元菊属"没钱户"，县上早有考虑：农户向银行申请贷款，县政府成立担保公司，省财政负责 3 年贴息。政策好归好，一算账又纠结：贷了款、盖了房，一下就欠 18 万。左思右想，转过街角贴了张大字报：这 18 万，政府帮我还！

现在回想，杨元菊直脸红："去年收入 40 多万，18 万贷款算个啥……"

新感觉来自新定位。

"扶贫是全省头号民生工程,我是贵州最大的扶贫办主任!"一见面,省委书记赵克志笑言。

既为新一轮扶贫攻坚主战场,贵州开始重新掂量扶贫。今天,扶贫之于贵州,不是一项工作,而是全局和战略;不是权宜之计,而是民生之首、发展之要、赶超之策。

跳出扶贫看扶贫,最大的扶贫是发展,最深的动力在改革。

贫困县考核机制、精准扶贫机制、扶贫项目管理机制、资金分配使用管理机制、金融扶贫机制、同步小康驻村帮扶机制,六大改革启动。一场攻坚战,在大西南的崇山间铺开——

七成专项资金用于产业扶贫,1000万亩蔬菜、600万亩茶叶、300万亩中药材,700万亩核桃,刷新大山面目。

依托100个示范小城镇,2013年转移贫困人口25万,新增就业55万。

压缩5%行政经费,120亿元投入教育扶贫,全省中职全免费⋯⋯

大格局,破困局。城乡互动,产业拉动,龙头带动。过去两年,贵州减少贫困人口404万。

发展的逻辑理顺了,干部被赋予了新的使命。

扶贫或许是永远差钱的事业,干部不再是只懂分钱的角色。毕节市委副书记胡吉宏定点帮扶海雀。全村213户,户户上门,一户一策。过去"二传手",上头给的转给下头;现在呢,六个到村到户,争当"前锋",冲在前头。

六个到村到户,是省上统一提出的。结对帮扶、产业扶持、教育培训、农村危房改造、扶贫生态移民、基础设施等到村到户,核心四个字:精准扶贫。

"精准扶贫好比滴灌,驻村干部就是滴灌的管道。"省长陈敏尔介绍,去年全省3万干部驻村,今年翻一番,5.5万多人,1.1万多个工作队,覆盖全省9000个贫困村,不脱贫,不脱钩。

看真贫、扶真贫、真扶贫,是感情也是能力。

"结对帮扶到村户,海雀走进好干部,真心实意来扶贫,屁股粘土坐得住……"山歌声中,告别海雀。

行走贵州,解码扶贫。扶出的是志气,夯实的是人心。

(原载《人民日报》2014年6月9日)

开头就讲故事，要有战略定力

2016年12月27日编前会上，评报表扬二版"新理念引领新实践"栏目报道，特别肯定了标题：

（肩题）居家出行、防洪防伪……军工技术应用于国民经济多领域

（主题）看！我们身边的神兵利器

评报指出："神兵利器"一词起到了吸引读者眼球、激发读者好奇心的作用。

评报也肯定了整篇报道"以鲜活事例，反映军民融合协调发展的显著成绩，文章内容写得活"。但如何"活"？没像对标题那样，具体点评一二。

我认为这篇报道的开头特别好，讲故事讲得活，传神到位：

"妈妈，这是啥？"3岁的儿子瞪大眼睛问。

"把开水倒进去，摇一摇就变成能喝的温水了！"司云雪下班回家，从单位带回了一只外形粗壮的水杯。"有那么神？"家里老人也好奇。

司云雪立马烧开一壶水倒进杯里，摇了30下说："可以喝了。"儿子踮起脚尖就想拿。

"你先来。"老人有些不放心。喝就喝呗，司云雪小心翼翼把嘴贴到杯口探了探，一点也不烫，咕咚几下就见底了。

这只"魔术水杯"填充了一种航天领域的相变材料，能释放热量，以前常用于飞行器热防护系统。司云雪则来自北京的中国航天科工三院306所，一个主攻特种材料及其工艺技术的研究机构。

这款之后在微博上引起热议的"神器",如今被安徽一家多年从事饮水器皿生产的民企相中了。高大上的军工技术,从天而降来到你我身边。

其实,不只是水杯,如今,军民融合协调发展,军工技术正向国民经济全要素、多领域、高效益转移,"神兵利器"就在每个人身边。

场景可视,对话口语化,人物表情、口吻鲜活生动。正像西方写作经典《风格的要素》中所说:"最能唤起读者兴趣、引发读者关注的是那些明确、具体、特定的细节。""儿子踮起脚尖就想拿""'你先来。'老人有些不放心""司云雪小心翼翼把嘴贴到杯口探了探",这些"明确、具体、特定"的细节,让孩子、老人、妈妈的形象如在目前,让读者把报道与现实生活联系起来。

这一天,有多篇报道的开头都写得挺生动。比如一版"微调查"《别让村里的"会荒"荒下去》:

"近些年,农业税不收了,计划生育不像过去那样抓了,村民一年到头很少开会。"在青海东部一些农村,村民们甚至记不清最近一次开会是什么时候。

农民的大实话简洁,接地气,透着乡土气息。上来就开门见山,把这篇报道的核心点了出来。

如十版头条《湄公河 复平安》:

2016年12月23日,巡逻编队鸣笛路过,"湄公河第一哨"的战士们列队敬礼,路过这里,就算真正回到祖国了。它意味着中老缅泰第五十三次湄公河流域联合巡逻执法行将结束。这次联合执法期间,湄公河上又是安全稳定的。

平实质朴，字里行间却渗透着一种张力。就像一条看上去平静的河流，透过河心那几个漩儿，你能感觉底下的汹涌。

还有，九版"故事·百姓影像"栏《拍剧，根本停不下来》，是这样开始讲故事的：

> 山西垣曲县的一户农家院子里，鸡鸣鸟叫，炊烟袅袅。但一声大喝打破了这份宁静，老汉颤颤巍巍，挂着的拐杖咚咚磕到地上，对着围坐在院子里的一家人一脸愤怒："难，就知道难，有了病不还是要花钱么！"
>
> "好，停！"卢付合话音刚落，院子里人紧绷的神情突然得到放松，笑意一下子堆积在脸上，"可算是通过了，这句话都拍了十多遍了！"

有人做过研究，众多吸引人的导语都有一个共同的特质：神秘。这个开头就具有这样的特质。从容的环境气氛描写里，丰满的细节描写里，有一种东西抓着你，吸引你往下看，听记者给你讲一个"老两口儿退休5年拍摄65部方言普法剧"的故事。

特别打动我的，是记者很年轻，下分社才一年多，新闻生涯也是刚刚开始。我从这样的开头里，看到了更多的东西。

这些年我们一直强调报道要讲故事，事实上最重要的，就是开头要讲好。读者扫一眼标题，能接下来溜一眼开头，就是烧高香了。开头如果还吸引不了他，恐怕就"拜拜"了。

有了好的开头就成功了一半，这句老话说的是做事，其实，作文又何尝不是这个道理呢？此前，我们反复强调、倡导讲故事，还更多停留在战术层面，把它作为写好报道的要求之一。随着新媒体的步步紧逼、步步惊心，恐怕要从更高层面来思考这个问题。

巴西里约热内卢奥运会期间，卢新宁副总编值班。一次编前会上，她听完介绍当天网上的人民日报稿件点击量排行后，分析了这样一个现象，榜上靠前的与奥运相关的本报报道主要为两类，一是评论，这个好理解，帮助读者透过赛场上的一些现象洞察本质，这一直就是我们以及其他纸媒的强项；二是新闻特写类。很多奥运新闻，读者其实早一天就从手机上知道了，我们真的是"慢三拍"，可为什么读者第二天还有兴趣来看报纸上的相关报道呢？因为新兴媒体、自媒体很多时候只能提供碎片化信息，而我们报纸在以讲故事的态度做报道，不仅还原现场，抓取细节，而且既关注"线上"的赛事，也关注"线下"的网友心态，是新闻加现象，事情加舆情。不仅会给他一个好看的新闻，还有新闻背后的新闻，有记者的情感互动，将热点深化、焦点延伸，帮助读者在事情之外打开另一个视野，因此远比新兴媒体、自媒体那些快餐"好吃"。慢是慢点，但是慢得有品质，慢里有从容。这个品质，就是讲故事。

卢总一言以蔽之：新闻竞争争的不仅是速度，还有深度和厚度。我们的评论，优势在深度；我们的新闻报道，就要在厚度上发力。她要求大家思考一个问题，奥运报道的成功经验，能否在我们日常报道中复制？奥运报道中我们纸媒能够不输新兴媒体、自媒体的成功经验，是不是启示我们，应该把讲故事提升到更重要的层面上认识，将"慢三拍"的劣势反转为报纸独特的优势而"高一头"？

卢总这一席话发人深思。

我对此的回答是肯定的。在当今新媒体咄咄逼人的凌厉攻势前，再不应该只是从报道技巧这样的战术层面上理解讲故事，更须从讲故事是张扬所长、彰显独到的制胜之道这个战略高度加以考量。和新闻评论一样，讲故事，正是今日纸媒迎接新媒体挑战的"神兵利器"、王道至宝。

如果只停留在战术层面，似乎便可以此一时彼一时，可以讲，也可以不讲。倘若定位于战略层面，那就要求我们时时刻刻绷紧讲故事这根弦，增强战略定力，文无故事不出手。

2016年12月27日这天，头版消息《合肥市包河区以品质聚人气》这样开头：

"包河集聚了很多战略性新兴产业,为创业创新提供了广阔空间。"周宇翔两年前从中科大毕业,带着梦想去了上海,如今他来到坐落于安徽合肥滨湖新区的中国银行软件中心。

也是用引语,清水煮白菜,这样的叙述不见一点涟漪。

再如,这一天六版的人物通讯《身退心不休 信念永不丢》,开头是这样的:

在浙江省宁波市,有这样一位老共产党员:退休28年,2013年5月因病去世,但他在世时的点点滴滴,如今依然为人们津津乐道。熟悉他的人说,他是一位纯粹的共产党员,一心为民、无私奉献、踏实做事、清白做人。

他叫颜志定,退休前是宁波市委组织部副部长兼市人事局局长。

中规中矩,静水一潭。是这个人物没故事吗?

"报到的第一天,我看到一个五十来岁的老同志,一身布衣,一双解放鞋,正在扫地、倒痰盂,以为是清洁工,后来部里座谈,才知道竟然是组织部的副部长!"

职工没有婚房,他把自己的宿舍腾出来给人家,在办公室睡了好几年。

2013年4月20日,四川雅安发生7级地震,病重中的颜志定嘱咐家人给灾区捐款。一个多星期后,颜志定辞世。生命的最后时光,他心里仍然装着他人,装着群众。

这篇通讯的第二部分,讲了这样三个小故事。每个故事都有动人心魄的内核。

缺乏的并不是故事，而是讲故事的意识。

缺乏的也不是讲故事的水平，而是把讲故事作为我们报纸立身之本的理念。上述两例，写报道的记者都是能讲故事的高手。

人物通讯《身退心不休 信念永不丢》，不到2000字。而地方部近年来全心打造、每周一期的"记者调查"，每次用整版近8000字的篇幅讲一个故事，无论是驾驭主题，还是谋篇布局讲故事，对每个记者都是极大的考验。这位记者曾发表过《"中国好声音" 收视率为正能量"转身"》，她深入节目录制现场，与参赛歌手、明星导师、制片人面对面，发掘第一手资料，深度解析"好声音"为什么成为一种文化现象。从一个引人入胜的角度，回答了文化产品如何引领风尚这个时代命题。李宝善总编辑[①]审读后欣然批示："写得很好！"

另一位记者先后写过两篇"记者调查"：《滁州两任市委书记落马之后》《黄梅戏 走在窄窄的田埂上》。两次，李总都表扬；两次，权威部门的阅评都刊文肯定。如后一篇曾如是评："文章文风质朴，娓娓道来，自始至终以民间社团的故事为主线贯穿全篇，中间穿插十数人的故事与观点，有现场有细节，内容厚实而感人。"

我们不妨读一段感受一下：

晚上的连台戏唱了近3个小时，结束已经到了晚上10点，台下的村民心满意足地散去，也有把板凳继续留在泥地上，准备第二天再来看的。

灯火通明的戏台熄了灯，融入无边的夜色。收拾完布景和音箱设备，王鹏和演员们一手捧着戏服和道具，一手握着茶杯，已是疲惫不堪，说着笑着打着手电筒，回到不远处的住处。

村里安排的住处是晏公庙简易的两间房，一间是食堂，一间是杂

---

① 李宝善，人民日报社社长，时任人民日报总编辑。

货间，每间房都不到 20 平方米，有的人直接睡在了灶台旁。

徐村离镇上比较远，村里也没有旅店。为了方便演出，剧团近 40 个人就挤在了这两间房里。大家用随身携带的床单作为屋帘，把房子隔成一个个相对的小空间，铺上辗转各地用的被褥和枕头。

"都习惯了！"唱完戏的演员们有说有笑，开始卸妆、洗漱。

一篇消息开头的讲故事，还能比这样一整版的讲故事更难吗？

战略上无视，才导致战术上轻视。无关水平，只在态度。

因此，强调一下讲故事要有战略定力，在当下尤为必要。当然，不仅是记者要有这份定力，编辑也得有这份定力，"一朵云推动另一朵云，一棵树摇动另一棵树，一个灵魂唤醒另一个灵魂"，编采互动，勠力同心。

2014 年 2 月 17 日头版头条《无锡再唱太湖美》，先后六易其稿。时任社长杨振武批示肯定了这篇稿："特别是'前 1'，先后改了六次，不但态度认真，而且尊重编辑，反复修改，从没故事到有故事，再到讲好一个好故事，越来越好。广华同志写稿能力是强的，能以这种态度来对待稿件，值得赞许。"

这篇好稿的背后，"尊重编辑"四个字里，正是记者、编辑的共同发力，共同坚守。

附：

居家出行、防洪防伪……军工技术应用于国民经济多领域

看！我们身边的神兵利器

蒋建科　余建斌

"妈妈，这是啥？" 3 岁的儿子瞪大眼睛问。

"把开水倒进去，摇一摇就变成能喝的温水了！"司云雪下班回家，从

单位带回了一只外形粗壮的水杯。"有那么神？"家里老人也好奇。

司云雪立马烧开一壶水倒进杯里，摇了 30 下说："可以喝了。"儿子踮起脚尖就想拿。

"你先来。"老人有些不放心。喝就喝呗，司云雪小心翼翼把嘴贴到杯口探了探，一点也不烫，咕咚几下就见底了。

这只"魔术水杯"填充了一种航天领域的相变材料，能释放热量，以前常用于飞行器热防护系统。司云雪则来自北京的中国航天科工三院 306 所，一个主攻特种材料及其工艺技术的研究机构。

这款之后在微博上引起热议的"神器"，如今被安徽一家多年从事饮水器皿生产的民企相中了。高大上的军工技术，从天而降来到你我身边。

其实，不只是水杯，如今，军民融合协调发展，军工技术正向国民经济全要素、多领域、高效益转移，"神兵利器"就在每个人身边。

智能居家，扫二维码打开门禁

早晨 7 点，周末第一缕阳光照上窗台，窗帘自动缓缓打开，家住在四川成都香木林小区的小张被叫醒了。他拿来床头的手机，启动家中电器。伸伸懒腰去厨房，咖啡早就煮好，面包也热透了。

这天，朋友雯雯要来做客。小张边吃早餐，边用手机 APP 录入雯雯的车牌号，把门禁二维码发给她，还通过社区 O2O 下单午餐食材。10 点多，雯雯的车来到小区门口，二维码一扫，道闸顺利开启。

这就是香木林业主的普通一天，小区采用的 A+ 智慧社区产品把智慧生活引入日常居家。这款强调住户交互体验的生活服务类产品，其信息系统是由中国电科 29 所嘉纳海威公司开发的。现实中，军用通信、远程感应探针、军用遥感等技术才是中国电科的看家本领。

对于这种"跨界"，公司总裁、产品运营总监童伟介绍，从智能窗帘到厨房家电，从门禁扫码到网购食材，这些硬件软件服务，都是发挥声光列阵等军工技术优势，通过核心芯片集成各职能传感器实现的。在成都多个社区,人脸识别门禁、智慧报警安防、家人关怀监控等功能,为居民带来了更优质便捷的居住体验。

"我国正加快培育发展战略性新兴产业,中国电科积极构建新型智慧城市顶层设计标准,智慧社区就是有机构成单元。"中国电科29所副所长陈鑫认为,发挥领先的技术优势,打造集成、开放的智慧社区,是要让军工技术更好地服务民生。

防灾减灾,点鼠标可看江湖水位

每天8点一上班,湖北武汉市东西湖水务局工作人员就坐在监控室里,紧紧盯着电脑屏幕。尽管汛期已过,但他们丝毫没放松警惕。

今年7月,全国部分地区遭遇洪灾,"千湖之省"湖北未能幸免。东西湖区虽连降暴雨、渍水严重,却没有一个堤防垸坝溃口,没有一个社区渍水超过1天,没有一条主干道因渍水断绝交通,没有一家企业停工停产。"四个没有"背后,原因何在?

早在3月,东西湖水务局就在某泵站安装了一套水雨情测报系统。操控者只要轻点鼠标,想看哪个江河的水位就可以随时观测,想了解哪个湖泊的水质也能轻松掌握,任何地方的现场图像也能实时调取。以此及早采取预防措施,就最大限度减少了天灾损失。

研制该系统的"东家",是中国航天科工四院险峰公司控股的楚航电子科技公司。整合自身在大容量数字微波通信、雷达液位计两个项目上的技术优势,楚航公司开发了这款智慧水利监测传输系统。

这套系统传输容量大、速率高、稳定性强,可同时采集水位、雨量、水质和水域图像信息,供相关权限单位远程共享查询,实现联动。出现异常时,指挥调度人员会收到系统自动发来的短信,实现实时监测、巡检及预警控制,最终达到无人自动化目的。专家表示,这能很好地解决目前各系统各自为政的局面,给建设中的海绵城市配上不可或缺的"智囊"。

票据证卡较"真",钱包里有大乾坤

"浑身是卡,满脑子密码"已是现代人生活的写照,安全问题也愈加凸显。打开钱包,除了身份证、银行卡,就是出租车、用餐发票等票据了。其实,这些重要的证卡票据,都是由中国航天科工旗下航天信息公司研制的。用行内人的话说:"航天高科技才是最安全的。"

早在20世纪90年代,我国开始实施以增值税为主体的流转税制,通过发票控制税收。然而,那时候伪造增值税发票现象十分猖獗,航天人临危受命接受了这一挑战。最后不负众望,航天高科技研制的融合数字密码、安全芯片、系统集成等关键技术,使增值税发票防伪税控系统得以诞生,彻底解决了假发票问题。历经数次大规模创新升级,这一系统顺应技术变革,有效遏制发票犯罪,被誉为"新税制的生命线和撒手锏"。

除了发票,身份证办理也有"天降神兵"。居民身份证异地受理挂失,可以让"信息多跑路,群众少跑腿"。据悉,最迟到明年7月1日,居民身份证异地补办、挂失、招领在全国各省市派出所都可办理。支撑这项工作的居民身份证异地受理、挂失申报和丢失招领三大系统,将涵盖14亿人口的身份证数据。承担系统研发、运维的也是航天信息公司。

(原载《人民日报》2016年12月27日)

讲故事要体现"人的维度"

正在陕西西安航天小区里散步的高大爷脚底突然一滑，只听"砰"一声，高大爷身上的小马甲变形了，下摆四周弹出个白色气囊，与地面形成缓冲，高大爷起身拍拍土，又散起步来。原来，小马甲里藏着颗"智能芯"，能在500毫秒内快速反应。这是军工企业航天科技集团四院研发的一款民用产品——穿戴式老年人跌倒防护气囊。

这是2017年3月22日头版《陕西 军民融合协同创新》一稿的导语，给读者绘声绘色讲了一个颇有看头的故事。

有看头，就在于篇幅虽不长，但见事见人见细节，记者捕捉到了人物的神态、动作等，形象具体，令人如临现场。

这个开头记者数易其稿。第一稿开头是这样的：

近日，在西安东郊的航天科技集团四院，技术人员刚刚完成为"天宫二号"提供设备保障任务，又开始对一批民用产品——新型人影作业火箭弹全程智能管理系统进行出厂前检测。大至人工影响天气作业系统，小到手机蓝光阻隔膜，在航天科技四院的展厅里，民用产品涉及范围之广令人惊叹。

一百来字说了好几种科技含量很高的民用产品，但即使再说上好几种，也断不会"令人惊叹"，因为不过是一堆概念、名词，读者基本"无感"。编辑组要求记者从一个具体的故事切入，并且提醒，故事不一定选最有科技含量的产品，但一定要是读者能感知、看得懂、有人情味的。

现在这样的开头很到位，既紧紧扣住了主题，故事也讲得很是生动传神。

报道里具有人的维度，才容易传播。这是众所周知的新闻传播学的基本常识，但这个常识在我们的报道中至今仍是时隐时现。

我在福建驻站时，一次有位当地的朋友来和我商量平潭岛和台湾开通直航的报道，聊起几年前一个相关报道。2008年底，两岸海运直航，福建也举办了直航仪式。朋友直率批评，你们那个报道一点意思也没有。

我问，你认为什么是有意思的？

当然是人的活动呀。我们为首发仪式组织了很热闹的活动，可是在你们的报道里一个字都看不见。朋友抱怨。

他的话像几片龙井茶叶片沉入杯底，在我心里一点点洇开。一送走客人我就忍不住上了网。

那次海峡两岸海上直航首航仪式，本报的报道规格很高，发了天津、上海、南京、厦门、福建五地的报道，加上图片，大半个版，却又实在称不上是"浓墨重彩"，重的无非只是篇幅而已。即使把五地的报道都看完，还是模模糊糊，不能给人留下什么印象。

比如福建的报道：

本报福州12月15日电 由福建省人民政府、国务院台湾事务办公室、交通运输部共同举办的海峡两岸海上直航福州港首航仪式，今天上午在福州港青州码头举行。福建沿海今天有10艘船舶，分别从福州港、厦门港、泉州港启航，开往高雄港、基隆港、台北港、台中港、安平港。

福建省副省长张志南表示，两岸实现"三通"，为闽、台港口迎来难得的发展机遇。福建将加大投资力度，加快建设进度，不断完善交通基础设施，以一流的港口，一流的设施，一流的服务，使福建成为大陆与台湾对接的中转枢纽。

能看到多少"人的活动"呢？其他几地的报道也大致如此，"人的活动"多一点的是上海篇：

> 交通运输部副部长翁孟勇分别向"远河"轮和"新非洲"轮颁发了编号为第001号和第002号的直航船舶出港许可证。上海市市长韩正宣布"上海至台湾首航启航"，并与中国国民党副主席蒋孝严、中台办常务副主任郑立中、交通运输部副部长翁孟勇、海协会副会长安民、上海台湾同胞投资企业协会会长李茂盛共同推动了首航启航车钟。

总算出现动词了，可以看到若干领导们"颁证""宣布""推动车钟"。

从网上还搜到一家企业报的相关报道，反而比我们的报道更有看头。中国海运（集团）总公司的新烟台轮参加了从天津到基隆的首航。《海运报》这样报道：

> 18日上午7时30分，船舶安全抵靠基隆港19号码头，码头上挂着欢迎横幅，锣鼓喧天，狮舞欢腾，进港时拖轮还喷出水幕为新烟台轮"洗尘"。因为挂靠时间不长，港口方还特地把庆典活动放在船上举行。"印象最深刻的是基隆教会牧师带领12人的唱诗班登船，为我们祈祷一路平安并传唱'我们都是一家人'，当时在场的人都不禁热泪盈眶。"孙声远（新烟台轮船长）说。
>
> 新烟台轮当天14时就解缆起航离开了基隆港，圆满完成了具有历史意义的两岸直航海运首航任务。

实事求是地说，写得也不够精致，但"具有人的维度"，还是比我们的报道好看不少。

新闻撰稿人告诉你一座桥塌了,告诉你有多少辆车掉入水中。特稿撰稿人则告诉你当时那里的情况是什么样的——当乔·史密斯刚开始过桥的时候,桥开始摇晃,他紧紧抓住栏杆——诸如此类的细节。

这是美联社写作指南里一位记者的实战心得,所说的特稿写作和新闻稿的区别,道理和今天陕西这篇稿的修改一样,你不要说"多少辆车掉入水中"——民用产品涉及范围之广,你要说"史密斯开始过桥的时候"——高大爷脚底突然一滑后的神态、动作。

"高大爷起身拍拍土,又散起步来。"密不透风,疏可跑马。瞧,同样是百十来字,贴着人去写,居然也可以运笔从容。

附:

这边"军转民" 那厢"民参军"

陕西 军民融合协同创新

本报西安 3 月 21 日电 (记者王乐文、龚仕建)正在陕西西安航天小区里散步的高大爷脚底突然一滑,只听"砰"一声,高大爷身上的小马甲变形了,下摆四周弹出个白色气囊,与地面形成缓冲,高大爷起身拍拍土,又散起步来。原来,小马甲里藏着颗"智能芯",能在 500 毫秒内快速反应。这是军工企业航天科技集团四院研发的一款民用产品——穿戴式老年人跌倒防护气囊。

军民融合让高新科技不"高冷",军工技术真正飞入寻常百姓家。在陕西,像航天科技四院这样的军民融合型企事业单位,已有 500 余家,涵盖航空、航天、兵器、电子、船舶、核工业六大军工领域,形成了厂、所、院、校相互配套,较为完整的科研、试验、生产体系。

遵循现代企业发展规律,走市场化、专业化道路,已成为国有军工单位"转民"的共识。"现代企业制度的建立,让人、财、物、产、供、销更灵活,摆脱了制度僵化,员工的干劲儿足了,企业'闯市场'的能力强了。"西京电气总公司企业发展部副部长陈伟表示。据了解,"十二五"期间,陕西省军工单位累计实现民品产值2735亿多元,年均增长15.55%。

这边"军转民",那厢"民参军"。截至目前,陕西民参军企业达60多家,15家上市。

"国际先进、国内空白、解决急需"——民营企业西部超导材料科技股份有限公司的产品定位,使其在军工领域掌握了一定话语权。"'国际热核聚变实验堆'是目前规模仅次于国际空间站项目的人类科技合作计划,其核心部位采用的尖端超导材料,近七成来自西部超导。"公司副总经理刘海明说,民企想在国防科技行业"分一杯羹",产品必须在国内甚至国际上始终处于技术领先。

据西安市工信委军民结合推进处处长安祥林介绍,为推动产业集聚,西安先后成立了4个国家级开发区,建成了三大产业基地和七大园区。目前,西飞公司、西航公司等5家军民融合龙头单位的营业收入均已超过百亿元。

(原载《人民日报》2017年3月22日)

让领导干部成为新闻当事人

我的书柜里，珍藏着朱镕基总理前些年出的几本书——他签名的书。这几本书是怎么来的呢？

改革开放后创办的报纸杂志中，《中国新包装》堪称"奇葩"，它大概是第一本或许也是唯一一本主要依托中央主流媒体力量办的行业杂志，编辑部仅总编一人来自行业，其他都由各大媒体的跑口记者兼任。

如此特殊，全因行业特殊。

改革开放初期，我国需要包装的出口商品产值约400亿美元，但因包装落后，每年由此造成的损失在100亿元以上。1984年，时任国务院副总理的李鹏亲自抓包装，在全国进行包装大检查。奉上级指示新创刊的《中国新包装》杂志，也由此成为"总理项目"。

2009年，《朱镕基答记者问》出版，《中国新包装》杂志总编辑白颖向朱总理索书，而且，还替我们一帮多年来给杂志打工的央媒记者讨，包括我。名单挺长，朱总理架不住白总一流缠功，答应挑几个熟悉的签了6本——"六六顺"。那是9月中旬的一天，朱总理还特地把时间写成"2009.9.9"。拳拳之意，令人感喟。

朱总理在副总理任上时，给杂志打工的十几个央媒记者还受邀进中南海和他座谈合影，代表人民日报去的，是时任工业组组长莫新元，后来出任《中国经济导报》总编辑。白总向朱总理讨书时呈给他的名单里，有多位其时已是新闻单位领导，而我当时只是人民日报一张子报的副总编。论资排辈，好像还不够进这6个。但是，这桩好事却实实在在就砸我头上了。

转赠我这本有朱总理亲笔签名的珍贵书籍时，白总道，听总理办公室同志说，总理知道你。

身处人民日报这样重要的岗位，20多年也发过不少稿，固然是一个原因，但我觉得最主要的，或许与我在1994年7月3日《人民日报》头版头条发的通讯《柳州人怎样解放思想》有关。

这篇通讯是我和同事王清宪（现任山东省委常委、青岛市委书记）一起采写的，有感于广大读者心目中这位铁面总理的形象，我们商量后写了这样一个开头：

  1993年初，朱镕基副总理考察广西，在柳州笑了。"柳州市的形势非常好。""我很受感动。"

第二年广西遭洪灾，朱镕基到柳州视察指导抗洪工作。朱总理说，人民日报的记者说朱镕基在柳州笑了。为什么笑了？你们的工作做得好呀。他就继续做好此次抗洪工作，又热情鼓励了柳州的干部群众一番。

柳州市委宣传部的同志到京出差光临报社，小聚时道，说个事，你们觉得好就干三杯。于是讲了这个小故事。我和王清宪大笑，连干三杯。

显然，这篇通讯的开头给总理留下了挺深的印象。

朱总理再出书时，还是签6本，对象略有变化，很高兴，我都有荣与焉。

不免琢磨一下其中的原因。

在主流媒体上，开头导语部分出现领导人时，往往只是一个名字，或者是个"干巴巴的发言者"，而不是"活脱脱的新闻当事人"，所以很多人呼吁：不要让高级干部游离于新闻之外。而我们这篇柳州的报道这样开头，让领导人也成了报道不可或缺的一部分，或许正因如此，才让朱总理眼前一亮吧。

所以我觉得，这几本珍贵的总理签名书，既拜白总的面子和一流缠功，在某种意义上，也是我们那个别致的报道开头挣来的。

如何让领导干部由"干巴巴的发言者",变成"活脱脱的新闻当事人"?我们的报道似对此还不够重视。2014年,配合十八届四中全会精神宣传,推出了一个《迈向法治中国》的栏目,各分社及时响应,当晚就来了好几篇稿,开栏之作选哪篇?李宝善总编辑亲自定夺,一眼就看上了山东分社的来稿。为什么?我们看一下开头:

日前,山东省政府举行"高端装备制造业转型升级座谈会",省长郭树清走进会议室,开口便问:"法律顾问来了没有?"当确认到场后,会议才开始。近三个月来,山东省政府每逢开会研究重大决策事项、重要合同审查、重大信访案件,必请法律顾问和法律专家到场,迄今已有50余人次参与。

好就好在见人。一个大省长成了新闻里的当事人。这就是让李总对稿件一见钟情的原因。

当月值夜班编辑何璐写了一篇周评《让高官不再游离于新闻之外》,对此及时做了分析,说得很到位,在此把主要观点摘一下,给大家再次提个醒:

领导通常都是以发表讲话和表明态度这样一种"高大上"的方式出现的,常常游离于新闻之外,是一个"锦上添花"、可有可无的配角。如果能巧选角度,寻找到不一样的切入点,把领导干部从干巴巴的发言人变成活脱脱的新闻当事人,使其成为文章不可或缺的一部分,往往能取得更好的传播效果。

目前,信息公开、政务公开已成常态。作为党中央机关报,领导干部既是本报的核心读者,其活动也是本报的新闻"富矿"。如何做好领导干部活动的报道,是一个值得关注的课题。创新领导干部的活动报道方式,使其符合新闻报道的传播规律,不仅能够提高报道的质量,同时也会对塑造和传播领导干部的新形象起到重要的推动作用。

附：

山东建立政府法律顾问制度

重大决策必请顾问到场

本报济南 10 月 27 日电 （记者徐锦庚、卞民德）日前，山东省政府举行"高端装备制造业转型升级座谈会"，省长郭树清走进会议室，开口便问："法律顾问来了没有？"当确认到场后，会议才开始。近三个月来，山东省政府每逢开会研究重大决策事项、重要合同审查、重大信访案件，必请法律顾问和法律专家到场，迄今已有 50 余人次参与。

"人民政府必须带头学法、用法、守法，要学会用法治思维发现和认识问题，用法治方式分析和解决问题。"郭树清说。

山东省委、省政府认识到，政府部门和领导干部法律意识还比较淡薄，与群众的期盼还有差距。为了更好地依法执政、依法行政，今年 4 月，山东省政府确定用政府购买服务的方式，建立政府法律顾问制度。7 月 29 日，这一决策变为现实，15 人被聘为省政府法律顾问。其中，7 人是专家学者，8 人来自律师事务所，都是全省乃至全国有一定影响的法律专业人士。

同时，为解决法律顾问来源单一、覆盖面不足的问题，山东省确定建立"山东省法律专家库"，自今年 5 月起向社会公开征集人选。经过层层筛选，共有 102 人入选专家库。政府需要时，根据业务专长请他们有偿提供服务。

"法律顾问+法律专家库"的工作模式为依法决策发挥了积极作用。10 月中旬，山东省政府口岸办在与新加坡签订《电子口岸平台建设协议书》之前，请省政府法律顾问王建平律师审查把关，其提出的 10 余条意见多数被采纳。

截至目前，山东省政府法律顾问和"山东省法律专家库"成员先后参与了"城市综合交通规划""钢铁产业结构调整""新型城镇化规划编制"等 10 余次省政府专题会议和重大事项的研究论证。各省直部门在办理本部门的业务工作时,也已经形成惯例,主动申请省政府法制办从省政府法律顾问或"省法律专家库"中选派相关领域的专家、律师参与有关法律事务。

据山东省政府法制办主任孟富强介绍,根据山东省政府要求,各市政府已在9月底前全部建立政府法律顾问制度,各县(市、区)政府也将在12月底前建成并组织开展活动。

(原载《人民日报》2014年10月28日)

在动态中展现

（一）

《中国海洋石油报》于 2007 年 8 月中旬起推出的《候选"十佳"班组长风采》系列人物通讯，每期不少于两个整版，浓墨重彩，很有声势，且不少人物形象鲜明生动。

比如，8 月 15 日《扳手上的泪水与微笑》一文中的周世祥：

> 运输公司最火的时候，共有 700 辆车。每天早上，等候修理的车就排起长队，单位催，司机急。军旅出身的周世祥一声令下，全班 15 个人紧急集合："按计划两人一组，开始修理。"七个小组噼里啪啦开始干活，不一会儿就修好开走一辆车。邻班班长李德生急了："快呀，周世祥他们班又修好一台车，不能落后他们呀！"但是无论怎么追赶，三班总是在全车间遥遥领先。

作者采用旁敲侧击的铺垫手法，用邻班班长李德生的着急，来衬写周世祥的组织有方，干练从容。就像古诗写美女罗敷出场，不直接去写美人有多美，而道那挑担者、行人都纷纷止步，痴痴傻看，足见其美。即所谓"烘云托月"。

再如，8 月 17 日《铁骨柔情 精彩人生》一文中的朱杰：

一次、两次、三次……几次三番的尝试也找不到症结。安装人员身心疲惫无可奈何,日本EBARA公司技术专家佐藤焦头烂额一筹莫展。

　　"师傅,我来试试。"在一旁看了很久的朱杰站了出来。

　　"你?"安装师傅看着这个"新手",半信半疑地将扳手交给了他。

　　拆外壳、摸轴承温度、看叶轮的异常……

　　"叶轮和壳体间隙处有焊渣!清除就没事了!"一边说着,朱杰一边麻利地将焊渣去除。

　　工艺人员按下启动开关。"动了,动了!"现场人员都兴奋地叫了起来。

　　安装师傅握着朱杰的手:"厉害!我折腾了好几天都没有注意到这个小问题。"

　　读这样的文字,你好像面对面地在听作者讲当时的情景,如置身现场,亲临其境。每句话都切合人物的身份,每句话都能让你感觉到说话人的神情笑貌。

　　可以这样说,8月份已刊出的近30篇《候选"十佳"班组长风采》人物通讯,但凡写得好的,都如上述的例子一样,语言往往很口语化,写作中很注意用引语。

　　美国著名记者唐·怀特黑特认为:

　　一篇好的报道并不是写出来的,而是讲出来的。我这样说的意思,是指写作要具有对话的特征——仿佛记者正和读者交谈。记者采用这种方法,可避免使用呆板的句式和令人费解的措辞……如果一篇报道朗朗上口,那么它读起来就会流畅、自然。你要是不相信这一点,那么你就试着大声朗读写得好的新闻报道。你会感到这篇报道在经过你的舌头和眼睛时如何的流畅。(《美国名记者谈采访工作经验》,新华出版社1981年版)

这是一位名记者的切身感受，也确实道出了写好报道的真谛——把报道"讲出来"。

那么，用什么办法把报道"讲出来"呢？怀特黑特给我们支了一着：写作要具有对话的特征。

所以，一个最简单的办法，就是让你的报道中多点对话、多些引语。

有位学者做过一个调查，美国三大报纸《纽约时报》《华盛顿邮报》《华尔街日报》中，新闻作品用直接引语的占全部新闻作品的93%，使用3条以上的占76%。（刘其中《诤语良言》，新华出版社1981年版）

为何美国三大报纸在用引语这个问题上认识如此一致？

不妨简单分析一下引语的作用。

所谓报道，无非就是记一件或几件事。再精彩的事，你老是用一种叙述方式表达时，就会让人读久而生厌，用现在流行的说法叫"审美疲劳"。因此，在报道中适时增加引语，可以拉大叙述距离，使文势随引语的变化而不断变化，文本节奏不断改变。变则新意无穷，便抓人。此其一。

其二，多用引语，能增强报道的真实感和客观性。正如美国哥伦比亚大学《新闻报道与写作》教材中所说："如果新闻中使用了直接引语，读者就可以这样推断：既然新闻事件的参与者在直接说话，那么这件事必定真实无疑。"

其三，多用引语，能使报道更生动，使人物的音容笑貌、性格情趣跃然纸上。引语通常是口语，它会使你的报道以"写—读"的传播方式产生"说—听"的传播效果，使读者阅读时听到"同期声"，获得现场感。

8月29日《开拓不言缅路难》一文，多用引语处，便生动流畅；反之，一叙到底，缺少变化，便显得节奏呆滞。试比较这样两个段落：

他带领项目组认真分析了前期取得的研究成果，多项工作梯次展开。面对中国海油勘探研究中首次接触的缅甸挤压推覆构造，朱光辉先后邀请了多位专家来项目组交流讲学，引进了断层相关褶皱理论、平衡剖面理论和大量的推覆挤压样式实例，结合缅甸区块构造位置、丰富的露头资料，建立了构造解释模式。

同样是比较专业的勘探方面的事，"CI区块构造"一事则是这样讲出来的：

CI区块进行构造解释时，一天，地质工程师兴冲冲地把朱光辉叫到工作站的显示器前，兴奋地说："我们捞到了一个大家伙。"项目组的人全都笑逐颜开。等大家冷静下来后，朱光辉立即打电话与缅甸前方的技术人员和负责地震资料处理的四川物探局有关人员进行了交流，详细询问了地震资料的采集及后期的处理工作，最终发现外方提供的导航数据有误，导致解释人员发现了一个假构造。

"煮熟的鸭子飞了。"解释人员遗憾地说。"可那是只假鸭子。"朱光辉纠正道。

"讲出来"不是做陈述，而是做展示。上面引的两个段落，前者只是陈述，后者才是展示。后者在讲述中注意插入引语，叙述的差异性突出了，行文节奏也就有了显著的变化。

其实前面那一处里也是完全可以插入引语的，引进断层相关褶皱理论等新学说、新观点毕竟不同于引进硬件设备，会没一点观念方面的碰撞？不可能。如果加入一点争议之声——引语，这段文字就会生动许多。

还应该提醒的一点是，一朵鲜花放在桌上的瓶里固然是展示，而与让它在旷野中随风而舞相比，后者更为自然生动。展示也是这样，应当力求于动态中展示。

举例来说。

他，矢志不渝，26年如一日守护检修大型化工生产设备，无怨无悔；他，不负重任，52次担任大型压缩机组检修项目负责人，52次出色完成任务；

　　他，临危受命，在化学公司工作5年来，8次组织紧急抢修化工生产装置核心设备，100%交出满意答案；

　　他，身怀绝技，练就了一身"带压堵漏"的绝活，5年来6次成功避免生产装置停产重大事故，挽回直接经济损失700多万元；

　　他，就是化学公司装置保运部检修二班班长朱杰。

这是8月17日《铁骨柔情　精彩人生》一文的开头。先粗笔勾勒一个人的主要成绩或特点，再点明其身份，用倒叙的手法使开头形成一个小小的悬念，这是不少作者比较喜欢的开头方法之一。

8月15日《扳手上的泪水与微笑》一文的开头也是如此：

　　铁塔似的个头，黑红的面庞，五十开外的年纪，无论跟谁说话，他总显得木讷、腼腆；无论进谁的办公室，他都显得手足无措。

　　而一旦进了修理车间，打开他心爱的"宝盒"，拿起码放得整整齐齐、擦得锃光瓦亮的扳手、钳子、榔头等修理工具，他立马换了个人，精神十足，测量、矫正、打磨、清洗、安装……目如电、手如风，轻松娴熟，游刃有余。

　　他，就是中海石油基地集团物流公司运输修理班班长周世祥。

同样是倒叙，这个开头就比前面一例生动，其原因不仅在于运用对比手法，更重要的在于，前例是完全静态的叙述，而在这个开头中，作者是在做动态的讲述。

还是这样的开头方法，讲得最生动的要数8月24日的《唉，男人嘛》一稿：

　　"一定要去吗？""是啊，老婆，不是解释过好多次了嘛。"

"你明知道我身体不好,再说咱们不是计划今年要小孩的吗?"望着妻子略显苍白的脸,他有些爱怜地搂着她的腰说:"没事儿,咱们再过两年二人世界嘛。"

"什么二人世界,明明是两地分居。再说了,天时、地利、人和,一样你都不占,你一个东北人,南方的气候你就适应不了。"

"唉,男人嘛!"认识他的人都知道,这是他的口头禅。

他,就是中海石油基地集团有限责任公司采油技术服务公司绥中36—1项目组的项目经理姜涛。

如果说,《扳手上的泪水与微笑》的开头体现的还是讲述方式上的一种动态追求,那么,《唉,男人嘛》的开头则是完全把人物放在一个动态的环境中去展示。通过一连串人物对话,使人物的音容笑貌如在眼前,性格特点跃然纸上。

三个开头,同一种写作手法,第一个采用了排比的修辞手法,第二个采用了对比的修辞手法,第三个呢?谈不上什么修辞手法,就是用了引语——朴素的对话。但显而易见,第三个最生动,正如美联社著名撰稿人卡蓬说的:

> 一个报道精彩的故事,即使是用很平常的手法写出来,也要比只讲究文法与用词的东西有趣得多。遣词造句其实是没有什么作用的,真正使作品生辉的,是报道的内容。

(二)

"晓丽,这是新进的餐具,你可别再打碎了。"望着刚到的新餐具,同事好心地提醒她。"放心,肯定不会的。"话音刚落,只听"砰"一声响,八十多元的新餐具"顺利"被这个叫王晓丽的年轻服务员"送"

到了地上,出师未用身先碎。"哪天她要是不摔些东西,我们还有些不适应呢。"谈起刚参加工作的王晓丽,一位同事开玩笑说。

近一个时期,《中国海洋石油报》连续刊登了不少反映在各类大赛中拿大奖的高级技能人才的通讯。但这些通讯展现的人物,能给人留下深刻印象的却不多。2007年3月14日《她的世界春意盎然》一稿,王晓丽一亮相,一个毛手毛脚的小丫头的生动形象顿时跃入人们的眼帘。

这个开头为什么让人印象深刻呢?无非是记者通过扎实的采访,去发现人物的个性特征,并通过婉曲生动的文笔,在冲突中展现出来。

文如看山不喜平。人们看山,喜群峰错落、蜿蜒起伏之曲;观水,喜乱石崩云、惊涛裂岸、卷起千堆雪之曲。为何?因为"曲",体现了美的精髓。

而在对立冲突中婉曲而写,相反相成、相依相生,这正体现了"曲"的极致——从对立中求统一,通过对比,强烈并更鲜明地表现事物的特征。比如我们熟悉的古诗:"蝉噪林逾静,鸟鸣山更幽。"便是这样的笔法,以动写静,动中求静。在看似不协调的对立中给人以强烈的感染。这正是艺术的辩证法。

《她的世界春意盎然》的作者是颇懂艺术辩证法的,不仅开头,通篇都注意抓矛盾,注意在冲突中展现人物的个性。当然,这里说的冲突对立,不是完全意义上的矛盾冲突(如正与反)的概念,而只是用来表达写有一定冲突性的故事情节的意思。

看报先看题。《她的世界春意盎然——记全国青工职业技能大赛中式服务冠军王晓丽》,我们看过这个标题,就已经知道王晓丽是全国青工职业技能大赛中式服务的冠军了。然而,通讯开篇却出人意料地从王晓丽当初出了名的"毛手毛脚"写起。

一个"全国级"的服务冠军,一个哪天不摔些东西同事们就"有些不适应"的小丫头,似是截然相反,却又竟为一人。这一形象的反差越大,也就越能挑起人们往下阅读的欲望。

再看接下来写比赛：

　　在西安参加全国青工职业技能大赛的她当时第一个完成插花摆台，可评委点评时却泼了盆凉水，一个评委说没必要在桌子上挥动白色口布花。"当时我心想：'完了'，"晓丽给我们说起当时比赛时那戏剧化的一幕，"回来后，觉得很失望，毕竟能有机会参加这样的比赛很不容易，实在是有负领导期望。结果出来了，没想到自己得了冠军。当时不光别人不相信，我自己也不敢相信。"直到看到证书，小姑娘的心才放了下来。

此前已经交代王晓丽得了冠军，但说起这桩事，记者却扣着比赛中出现的戏剧性一幕，欲扬先抑，故意宕开一笔，横生枝节，纡徐曲折，而使下文栩栩欲动。

写罢比赛，再来追溯王晓丽的成长过程。说起在业务上给她颇多帮助的好朋友，作者也是"盘马弯弓惜不发"，平地起波澜，非要插进一段两人吵架的故事。

　　有一次，因为一些小事，两个小姑娘打起了冷战，平时说说笑笑的姐妹俩谁也不理谁。眼看着快下班了，她们再也忍不住了，拉着对方就进了储存室并随手就把门反锁上了。这两个丫头要干什么？外面的人不由得倒吸一口气。"说，你对我有什么意见？"于是两个人又较上劲了。不一会儿，刚才还杀气重重的两个人又说又笑地走了出来，给外面的人留下大大的问号和感叹号。

这个插曲写得摇曳生姿，看似闲笔，实质上通过叙说两人的冲突，给读者生动真实地展现了"冠军"直爽率性的一面，令人物形象丰满了许多。

冲突只是手法，文中一而再地出现冲突，吞吐往复，参差离合，便使文章显出了波澜，同时也就在冲突中完成了一个充满青春朝气的青年冠军形象的塑造。当我们读完"看到我们目瞪口呆的样子，晓丽不干了，嘴巴一噘，两个大眼睛一闪一闪地试图说服我们"的结尾时，这位心直口快、"两个大眼睛一闪一闪"的青年冠军的形象也便具体而清晰地印在了我们心里。

3月7日《高级技能人才写真》栏的人物通讯《踏实脚步丈量辉煌》，也是同一位记者写的，但不如写王晓丽这篇生动。通讯是这样开头的：

> 消瘦的脸上布满了皱纹，鼻梁上架了一副眼镜，如果不是脸上的灰尘和身上油腻的工作服，许巍看上去更像是一名工程师或者管理人员。第一次见许巍的时候，他正在工作岗位上，当时他无论如何也不肯跟我们握手，落座的时候特意把自己的椅子往远处挪了挪，很腼腆地对我笑笑："太脏了，都是油。"

两相比较，这个开头要逊色得多。戴副眼镜，像个知识分子，此类描写俗滥了些，个性特征不鲜明。开篇从人物外貌说起，文势过缓。如果说王晓丽的出场如两股不同向的波浪相激，水花四溅，那么，后者虽然也有主人公挪椅子、腼腆地笑的场景，但人物形象基本上是静止的，只似小风掠过，漾出一丝涟漪。

写人物通讯，尤其是短通讯，开篇即宜开门见山——让人物闪亮登场。"闪亮"者，动感十足、说话出彩、情节生动也。那样，就必须化静为动。而最理想的，就是把人物的活动放到矛盾冲突中去展开。

通讯《踏实脚步丈量辉煌》的结尾是这样的：

> "……因为是我修好的。"说完，他又操起了工具，利落地跃上了正在建造的吊机。

读到这里，我似乎觉出，记者对这篇通讯的首尾也是精心构思了的，同样采用的是对比的手法,工作之外很低调——"无论如何也不肯跟我们握手,落座的时候特意把自己的椅子往远处挪了挪,很腼腆地对我笑笑:'太脏了,都是油。'"

但干起工作来,就像换了个人——"操起了工具,利落地跃上了正在建造的吊机。"

这样的首尾对比,确实有助于我们对这个人物的理解。遥对也是种技法,不少长篇小说中,甚至有隔十几章遥对的,所谓"隔年下种,先时伏着"。清朝毛纶、毛宗岗父子归纳《三国演义》的写作特点时便说:"善圃者投种于地,待时而发。善弈者下一闲着于数十着之前。文章叙事之法亦犹是也。"

但既是"对",无论远近,都要对得有劲,奇峰对插,锦屏对峙。况且又是开头,开篇是文章的重中之重,起篇势要雄,要似高山坠石,"贵突兀"。现在这般淡入的开头,起势过缓,加之所对比者一在头一在尾相隔太远,客观上就大大冲淡了表现力。

宋朝的汪洙写过一首《四喜诗》:

久旱逢甘雨,
他乡遇故知。
洞房花烛夜,
金榜题名时。

此诗流传甚广,历史上好此诗者多爱在诗上添添改改。如明朝有人在四句前分别加上"十年""万里""和尚""教官"等字,令人捧腹。评者或以为"极尽人世可喜之状"。有人道既不能胜喜,就给它做反面文章吧。将《四喜诗》每句各加两字改成《四悲诗》:

久旱逢甘雨,一滴;
他乡遇故知,债主;

洞房花烛夜，隔壁；

金榜题名时，重名。

读大学时，教写作的老师聊起这段趣话，对改写者之技巧表示激赏。认为改作者通过运用对立对比，手法奇崛，让矛盾集中碰撞，由喜及悲，因喜更悲，从而使情感喜极悲极最大化。

从这番改写中，我们大致也可以得出这样一个启示：运用对立、对比手法，要凝神聚焦，宜紧不宜散。

附：

她的世界春意盎然

——记全国青工职业技能大赛中式服务冠军王晓丽

孙晓辉

"晓丽，这是新进的餐具，你可别再打碎了。"望着刚到的新餐具，同事好心地提醒着她。"放心，肯定不会的。"话音刚落，只听"砰"的一声响，八十多元的新餐具"顺利"被这个叫王晓丽的年轻服务员送到了地上，出师未用身先碎。"哪天她要是不摔些东西，我们还有些不适应呢。"谈起刚参加工作的王晓丽，一位同事开玩笑说。

小丫头不简单

提起王晓丽，在基地集团实业公司可是小有名气。王晓丽出名不是因为她获得了全国青工职业技能大赛冠军，而是餐厅新到餐具，她必是第一个打碎的。"她呀，毛手毛脚的，怎么可能得冠军？"奖状都到晓丽手里了还有人不相信呢。可事实是，基地集团实业公司的一个内部酒店真出了个冠军，这个毛手毛脚的女孩子获得全国青工职业技能大赛中式服务冠军。

说起冠军，晓丽灿烂地笑了。"比赛时我摆的台面叫'春意盎然'。"在西安参加全国青工职业技能大赛的她当时第一个完成插花摆台，可评委点评时却泼了盆凉水，一个评委说没必要在桌子上摆白色口布花。"当时我心想：'完了'，"晓丽给我们说起当时比赛时那戏剧化的一幕，"回来后，觉得很失望，毕竟能有机会参加这样的比赛很不容易，实在是有负领导期望。结果出来了，没想到自己得了冠军。当时不光别人不相信，我自己也不敢相信。"直到看到证书，小姑娘的心才放了下来。

从一个普通的服务员到全国冠军，晓丽的经历颇有些传奇。"2002年刚进迎宾馆时我表现可差了，老挨训，感觉自己怎么就这么笨。"晓丽给我们说起她刚进迎宾馆时的一些事时有些害羞。干不好就得练，别人能学会我也能做到，小姑娘暗自下决心。铺台布、插花……一遍又一遍，晓丽的手磨出了血泡。功夫不负有心人，她终于练就了一手绝活，成为迎宾馆唯一一位参加全国青工职业技能大赛的服务员，并且一去就捧回来一个金奖，不简单。

冠军是个直性子

说起得奖，晓丽说除了感谢领导给机会外，还特别提到了自己的同事兼好友刘彩莲。刘彩莲在2005年的全国青工职业技能大赛中得了个银奖，"她有比赛经验，平时督促我、鼓励我、指导我，很多经验都是她传授给我的。"晓丽流露出感激的目光。

"我们俩关系可好了，可你不知道，有时候我们也生气。"有一次，因为一些小事，两个小姑娘打起了冷战，平时说说笑笑的姐妹俩谁也不理谁，眼看着快下班了，她们再也忍不住了，拉着对方就进了储存室并随手就把门反锁上了。这两个小丫头要干什么？外面的人不由得倒吸了一口气。"说，你对我有什么意见？"于是两个人较上劲了，不一会儿，刚才还杀气重重的两个人又说又笑地走了出来，给外面的人留下了大大的问号和感叹号。

现在，晓丽成了老员工，也开始带徒弟了。"在帮助别人的时候自己也得到了提高。""师傅"王晓丽显得很谦虚。不过有时候也有生气的时候,那时候就一个无影脚——当然不是踢人,是旁边一盆可怜的花的一片叶子。

晓丽现在在迎宾馆负责 VIP 客人招待,"傅总、曹总这些总公司大领导都认识我。"晓丽自豪地向我们"炫耀","你不信呀?不信你去问他们。"看到我们目瞪口呆的样子,晓丽不干了,嘴巴一噘,两个大眼睛一闪一闪地试图说服我们。

(原载《中国海洋石油报》2007 年 3 月 14 日)

冲突，让稿子变得生动

李宝善总编辑表扬分社的两个头条"写得好"，一是《守护好青藏高原这方净土》（2017年8月23日），二是《南宁：抓发展巧借梯》（2017年8月25日）。

好不好，看一眼开头就了然。

位于喜马拉雅山脉北麓的隆子河谷，视野所及，绿色绵延。近年来这里种植了6.78万亩、长40多公里的沙棘林带，让肆虐了数个世纪的风沙低下了头。"以前江边都是鹅卵石和沙子，寸草不生。如今树木成片，连空气都变甜了。"西藏隆子县加玉乡共拉村61岁的护林员次仁旺布说。

这是西藏一稿的开头。记者一落笔，就用抒情的笔调把读者带入一幅明丽的画卷。"'连空气都变甜了'既直观又形象，如同欣赏风景纪录片时耳边响起旁白一般，思绪徜徉其中，读罢仍有余味。"地方部编辑张腾扬在一周来稿述评中曾这样点赞。

古人把精彩的开头称为"凤头"，文笔俊健的描写，最容易让人想到梳裹"凤头"的手法。南宁稿的开头则别开生面：

打理成千上万亩农场要多少人？答案是：一人。因为这个人拥有一款"种田神器"：登录系统，轻触按钮，滴灌、喷雾、施肥自动开启，就像玩"开心农场"一般轻松。水量肥量怎么把握？不同土质不同作物不同生长周期怎么整？没事，系统大数据会给你绝对"靠谱"的解决方案。广西金穗集团数万亩香蕉用上它，年节水四成、省肥三成。

李总表扬这篇稿"好在具体、实在，同时又生动"，当然也指这个开头。是什么原因让这个"凤头"具体又生动呢？

就在于有冲突。

冲突是叙事的重要元素，是构成情节的基础，是让文章增强戏剧性的重要手段。有人说，戏剧是文学的最高形式。而搞戏剧的人会这样告诉你：没冲突，不成戏。

所以，做事件性报道的话，突出事件的冲突性，堪称让报道抓人眼球的不二法门。

昨晚我们睡在了敌人的营地里。
——《孟斐斯每日呼声报》一位驻外记者写于南北战争夏洛战役第一天后

百万富翁哈罗德·F.麦考密克今天买下了一个穷人的青春。
——合众社记者写于1920年初麦考密克进行雄腺移植手术之后

这是梅尔文·门彻的《新闻报道与写作》中举例谈到的两篇报道的开头。短短一句话，就显示出强烈的戏剧性、矛盾冲突，把读者的目光牢牢按在报道里。

这两篇都是事件性报道。可是，我们一版上的重点报道，大多为反映地方成就、经验的主题性报道，只有两股力量互相对立，才会产生某种碰撞，主题性报道没啥故事性，或者说故事性很弱，没碰撞，又哪来冲突呢？

事实上，碰撞自然易产生冲突，而情况反常，同样也能构成冲突。

打理成千上万亩地，总得有个百儿八十人吧？这是一般人认为的常识，可"答案是：一人"，这就反常了，和公众"常识"产生了冲突。"水量肥量怎么控？不同土质不同作物不同生长周期怎么整？"这类很专业的事，每一桩总得有专业背景的人来做吧，"一人"怎么可能解决？和公众"常识"的冲突还在继续。就在这种种冲突中，《南宁：抓发展巧借梯》把南宁作为经济后发地区，近两年引进北京中关村的团队及其理念、资源，在创新发展方面获得明显成效的经验，生动地展示给了读者。

主题性报道确实很难找到冲突性事件作报道切口，但还是可以找到冲突性元素的，因为选什么故事来反映主题，讲故事时由哪个角度切进去，主动权还在记者手里。

2016年中，我带队采访江西绿色发展成就，这是上级部署的一次指令性报道。武宁县是省里推荐的绿色发展典型，我们实地采访后商定，通过武宁这个点切入，带出江西省绿色发展全景。成就性报道通常总是例子加数字，能不能说成就也令人眼前一亮呢？

《江西 当美丽中国的领跑者》一稿我们尝试了这样开头：

这里，不缺树，森林覆盖率达72.1%，却不准砍一棵树，甚至明令："禁伐二十年，呵护原生态。"

这里，不差水，水面达34万亩，然而，每个汊湾都不许人工养殖，甚至投入10亿多元，疏通水系，建成江西省唯一的县城内4A级景区——湿地公园。

这里，不沿长江，不通铁路，僻在万山中，经济欠发达，但是，2011年以来却主动关停了47家环保不达标企业。

"绿水青山就是金山银山！"江西省武宁县委负责人这样坚定地回答。空气质量，国家一级；地表水质，国家二类以上；库区水质，全省之首。去年，武宁游客达309万人次。今年上半年，仅养生房产就销出 2335 套，吸引来的在建旅游项目有 25 个，总投资达 420 亿元。

每一个方面，都力图对比着讲述，突出"冲突性元素"。当天的评报认为，这个报道"反映成绩和效果实，同时，写法生动有文采"。

实事求是地说，这样的"以点带面"，毕竟"面"是一个省，记者选"点"的空间较大。如果是写某地、某县的指令稿呢？

老话说"看热闹不嫌事儿大"，就"冲突"的本义言，自然越对立、越强烈碰撞，才越"热闹"。指令越具体，题材范围越小，越整不出"事儿大"。不过，"事儿小"你也别嫌弃。"文如看山不喜平"，没有崇山峻岭，丘陵蜿蜒也行，有一点起伏，便胜过平川一望。

所以，即便不可能找到有冲突性的故事，哪怕语言里突出一点"冲突性元素"，也会让你的工作性报道胜出一筹。

"说是沙地，却到处是灌木黄柳；不是湿地，却随处见水洼清流。想象中一望无际的大沙漠在哪儿呢？"

这是 2017 年 8 月 5 日一版消息《内蒙古 大美生态做文章》的开头。这次"守望相助七十载 壮美亮丽内蒙古"大型集体采访活动，线路都是事先定的，某个采访点留多少时间也都早就确定，留给记者的腾挪空间实在不大。

然而记者挖掘"冲突性元素"的意识很强。沙地里满眼青翠、遍地清流，这样的情景和此前的印象完全相反，让人顿生"想象中一望无际的大沙漠在哪儿呢"之慨。记者敏锐地抓住了这一反常。

这个开头很短，显然每个字都经过精心打磨了，蕴含其中的"冲突性元素"，让语言生出了韧劲，耐人咀嚼。

责任编辑在值班手记里对此稿由衷夸赞："好看！"

附:

科技创新对经济增长贡献率超 50%

南宁　抓发展巧借梯

本报南宁 8 月 24 日电（记者刘华新、谢振华）打理成千上万亩农场要多少人？答案是：一人。因为这个人拥有一款"种田神器"：登录系统，轻触按钮，滴灌、喷雾、施肥自动开启，就像玩"开心农场"一般轻松。水量肥量怎么把握？不同土质不同作物不同生长周期怎么整？没事，系统大数据会给你绝对"靠谱"的解决方案。广西金穗集团数万亩香蕉用上它，年节水四成、省肥三成。

以色列的"管"、广西南宁的"芯"，"80 后"小伙温标堂领着本土企业"捷佳润"，短短数年就走出广西，走进东盟，服务土地 40 多万亩。前阵子，捷佳润在新三板挂牌上市。

由过去从以色列进口设备，到现在让以色列为其代工，捷佳润的精彩跨越，可以透视南宁实施创新驱动战略的坚实步伐。

经济后发，如何追赶？南宁认准一点发力：借创新缩短差距、弯道超车。但创新又是一项系统工程，怎么办？

从"高处"借。南宁"借"来中关村，2016 年 7 月，南宁·中关村创新示范基地正式运营。协同创新、国际孵化、创融 E 家……要的不只是中关村的品牌，还要其平台、理念、资源等，中关村的专业化团队"带土移植"至南宁；南宁则全力深化本土产学研合作、拓展基地企业与本土企业合作等，借势借力高位嫁接中关村"基因"。

"基地运营一年，已入驻哈工大机器人、中软国际等重点企业 23 家，孵化创新团队 26 个。"南宁高新区管委会负责同志介绍。

用"长处"引。南宁铝加工、机械装备制造等传统产业家底厚实，转型升级需求迫切，南宁做大需求"引"创新。南南铝，著名铝加工企业，上海明匠为其注入工业互联网和工业机器人等智能化新技术。哈工大机器人进驻南宁后，已为近50家企业提供技改方案。

区位，更是南宁之长，南宁是中国面向东盟开放合作区域性国际城市，可经"南宁渠道"进入东盟及"一带一路"国家（地区）。上海明匠立足南宁，揽获泰国TTC公司1.2亿元订单；捷佳润迈入老挝市场，为7万多亩香蕉提供智能水肥一体化服务。

向"实处"育。以中关村为龙头的创新企业纷至沓来，南宁不是坐等摘桃，而是苦练内功，"让适宜的种子在适宜的环境中开花结果"。市本级29个部门189项行政许可事项，统一由市行政审批局承担，推进"一枚公章管审批"；2016年，落实25项降本减负政策，累计为企业减负39亿元。

以创新思维抓创新，南宁渐入佳境：实现"南宁公交南宁造""南宁地铁南宁造"；南南铝全铝人行天桥，可以"给我2小时，给您一座桥"；科技进步对经济增长贡献率达55%；实现"全国科技进步先进市"七连冠；与东盟、以色列、德国、美国等18个国家和地区开展技术合作交流，正融入全球创新高端体系。

"抓创新就是抓发展，谋创新就是谋未来。"南宁市主要负责同志表示，将以高效的政府服务、有机的产业配套、更富吸引力的创新生态系统，进一步发挥南宁·中关村创新示范基地的辐射、溢出效应，让创新真正成为引领后发发展的第一动力。

（原载《人民日报》2017年8月25日）

附：

生态环境质量居全国前列

江西　当美丽中国的领跑者

费伟伟　吴齐强　施　娟　朱　磊

这里，不缺树，森林覆盖率达72.1%，却不准砍一棵树，甚至明令："禁伐二十年，呵护原生态。"

这里，不差水，水面达34万亩，然而，每个汊湾都不许人工养殖，甚至投入10亿多元，疏通水系，建成江西省唯一的县城内4A级景区——湿地公园。

这里，不沿长江，不通铁路，僻在万山中，经济欠发达，但是，2011年以来却主动关停了47家环保不达标企业。

"绿水青山就是金山银山！"江西省武宁县委负责人这样坚定地回答。空气质量，国家一级；地表水质，国家二类以上；库区水质，全省之首。去年，武宁游客达309万人次。今年上半年，仅养生房产就销出2335套，吸引来的在建旅游项目有25个，总投资达420亿元。

骄阳似火，车子一进武宁县罗坪镇长水村，就如同扑进了氧气的海洋，凉风习习，吹拂着山林。孙功娇就在青山的臂弯里办起了"悦山客栈"，客房已预订到9月。老支书余锦冰是长水村转型的见证者。"以前靠砍树，辛辛苦苦一年入手也就万把块，砍得山岭都透光。现在卖风景，卖山货，办农家乐，轻轻松松就入手10来万。我们村去年全都脱贫了。"

从南昌向北到九江，再一路往南到赣州，一路好山好水相伴。靖安，有长江中游城市群"绿心"之称，野生植物品种占全省50%以上，它和相邻的宜丰、铜鼓两县同时成为江西省首批生态文明先行示范县。不久前，这3个县又通过国家生态县审批。

地处赣、粤、闽三省交界的安远，横亘一座大山——三百山，是长江水系贡江与珠江水系东江的分水岭，半个多世纪了，安远一直牢牢守护着这片供香港同胞饮用水的"东江源"。

2014年，江西列入全国首批生态文明先行示范区，中央要求打造生态文明建设"江西样板"。江西一直埋头苦干。拥有全国最大淡水湖以及3700多条流域面积10平方公里以上的河流，江西把水生态建设放到突出战略位置，在全国率先实行全境流域生态补偿——守住东江源的安远，一年获补偿就超1亿元；出台了规模最大的河湖管理与保护制度——省、市、县、乡、村五级"河长制"。治水必治山，治山必治林，在全国率先启动以促进林地流转为主线的改革，去年 11 个县试点，今年又新增 20 个县……

如今，江西省设区市的城区空气质量优良率达 90.1%，地表水质断面达标率达 81%，森林覆盖率稳定在 63.1%，生态环境质量居全国前列，一个美丽中国的领跑者形象跃然眼前。

（原载《人民日报》2016 年 8 月 18 日）

好开头是"剪出来"的

2017 年,有一篇文章爆屏,据说朋友圈转发在七成以上,这便是一位在京打工者范雨素写的《我是范雨素》:

> 我的生命是一本不忍卒读的书,命运把我装订得极为拙劣。

文章内容引发了不少立场、观点之争,权且不论,仅看这样的一个开头,是不是就对你很有一些吸引力?据说,这个文章开头,也是转发者喜欢引用的内容。

有博览群书的读者爆料,开头这一颇为精警的句子非范雨素原创,而是从席慕荣的诗《青春》里"剪出来"的:

> 而你微笑的面容极浅极浅
> 逐渐隐没在日落后的群岚
> 遂翻开那发黄的扉页
> 命运将它装订得极为拙劣
> 含着泪 我一读再读
> 却不得不承认
> 青春是一本太仓促的书

不错,细细品读比较,范雨素的确"致敬"了席慕蓉。然而,却不是简单"山寨",而是巧妙化用,因为范雨素对席诗做了进一步剪裁、提炼,文字更加密实,更有张力。

有一句很经典的话:开头一半文!极言开头于文章之重要。笔者在此"歪批"一下:它或许还有一层意思,就是你最好把一半的文章压缩到你文章的开头里。换句话说,开头的语言一定要精练。

2017年5月3日头版消息《宁夏干部下基层 身到心到做到》,记者原先这样开头:

> "来啦?""来了,聊聊天。""行,等会儿我带你们去村民家。"3月1日,彭阳县古城镇挂马沟村,杨彩霞刚坐定,村干部看着她乐呵呵地笑,村里多了多少牛,哪几户又脱贫了,几位吃低保的老人进了养老院安度晚年,说不完的话,交不完的心。
>
> 2012年,宁夏在全区范围内开展机关干部下基层活动,自治区发改委以工代赈办公室杨彩霞,自此与挂马沟村结下了不解之缘。5年的时间,杨彩霞走遍了挂马沟村,访遍了每一户人家。下基层就要办实事,5年里,杨彩霞协调资金慰问贫困党员、农户;争取各项资金380万元,修路打井,为村里新增水浇地2000亩;协助制定发展规划,解决特色产业发展瓶颈……挂马沟人均纯收入从3981元增长到5980元。
>
> "更接地气,更纯粹,让我们能够把心扑到基层,了解工作之外的基层面貌。"杨彩霞谈及"下基层"感受时如是说。

2012年到2016年,宁夏3.9万名党政机关干部深入基层,这篇报道从一个党政干部下基层的故事说起。但是,起笔行文略显松散。

"来啦?""来了,聊聊天。""行,等会儿我带你们去村民家。"是日常稿件中很少见的对白,值得表扬。

对白这种手法,真实,接地气,可以让行文更加生动。好的对白,好比将平面的生活聚沙成堡,堆砌成比现实更立体、更清晰的"真实"。因此,对白务求精练、简洁。

但是,此稿开头这样的对白,只不过仅得对白之形。对白不是聊天,因为日常表达经常是词不达意的,不加剪裁提炼,便把日常聊天当对白文本,势必仅浮泛于真实生活的表象。真正的对白应该让它看起来既像日常对话一样,又有目的地指向一些行为。如果不能,便无须拘泥于对白形式。

见报稿的开头是这样的:

"杨姐来啦?"杨彩霞刚走进宁夏回族自治区彭阳县古城镇挂马沟村,村干部就跑过来。村里多了几头牛,哪户脱贫了,哪位吃低保的老人进了养老院,杨彩霞都一清二楚,"来了,等会儿带我去村民家看看。"与村民在一起,她有聊不完的话,交不完的心。

2012年,宁夏在全区开展机关干部下基层活动,自治区发改委以工代赈办公室的杨彩霞,自此与挂马沟村结下了不解之缘。5年里,她访遍每户人家,为村民办实事:协调资金慰问贫困党员、农户;争取各项资金380万元,修路打井,为村里新增水浇地2000亩;协助制定发展规划,解决特色产业发展瓶颈……挂马沟村人均纯收入从3981元增长到5980元。

修改后村民和扶贫干部的对话被隔开了,然而无效信息被剪裁,行文紧凑精练,故事节奏加快,可读性增强。

现在,大家"开头就要讲故事"的意识越来越强,但如何才能把故事讲得抓人呢?应该说琢磨得还不够。

2016年12月16日头版消息《江西 "老赖"寸步难行》,一开头就讲了一个很有趣的故事,但原稿的篇幅比刊出稿多一倍,读来却不如少一半篇幅的见报稿精彩。不妨比较一下。

原稿:

江西银行副行长徐继红没想到，最近几天，南昌某公司的熊董事长三番五次主动约请自己。

"算我求您啦，赶紧把我从黑名单上弄掉，太不方便了！"

一见面，因债务纠纷，长期躲着不见的熊董事长就急迫地请求，"4680万元借款及利息，一分不少，全部归还。"

号称"很牛"的熊某是一起金融借款纠纷案的被执行人，判决生效后，他跟法院玩起了"躲猫猫"，拒不执行判决。2016年6月，法院依法将他纳入了失信被执行人黑名单，熊也就成了通常所说的"老赖"。

如今，熊董事长感到后悔，"没信用，真难受。自从被'法媒银'平台曝光后，不能乘坐飞机和高铁。"更尴尬的是，因为这个黑名单，不少项目他根本无法参与。于是，他主动找到江西银行，要求尽快执行和解。

见报稿：

"算我求您啦，赶紧把我从黑名单上去掉吧。"江西银行副行长徐继红最近被南昌某公司的熊董事长缠上了，熊某一见面就表示："4680万元借款和利息一分不少，全部归还。"熊某是一起金融借款纠纷案的被执行人，判决后却玩起了"躲猫猫"。今年6月，法院将他依法纳入失信被执行人黑名单。

"没信用，真难受。自从被'法媒银'平台曝光后，不能乘飞机、坐高铁。"熊某更后悔的是，因为上了黑名单，不少项目无法参与，无奈之下只好主动找银行要求"尽快执行"。

问题出在哪里？就在于前者由于语言提炼不够，行文松散，故事节奏变慢了。

电影是讲故事的艺术，主旋律影片怎么讲好故事对我们的启示或许更

大。重大革命题材影片《建党伟业》票房取得极大成功,导演黄建新在接受《三联生活周刊》专访时说了这样一段话:

> 我们的电影镜头数2400,2400是什么概念呢?《变形金刚》是2200,我们比它多200个镜头。国内这样的电影大概是1200个镜头。这都是为了适应现代青年观众对视觉的习惯。他们从小的视觉要求已经是这么快的节奏了,再给他慢吞吞的他不看。

黄建新认为,电影是剪出来的,除了内容之外,很多时候是节奏对观众的影响。他们会说电影节奏很快,目不暇接,扑面而来,信息量极大,盯着看。

电影是剪出来的,多剪,镜头多,信息量大,节奏快,就抓人。好故事、好开头同理,也是"剪出来"的,一定要把能省的每句话都省了——剪!能删的每个字都删了——剪!

剪精,剪短,加快节奏,"目不暇接,扑面而来",自然就好看。

附(见报稿):

法院媒体银行携手优化信用环境

江西 "老赖" 寸步难行

本报南昌12月15日电 "算我求您啦,赶紧把我从黑名单上去掉吧。"江西银行副行长徐继红最近被南昌某公司的熊董事长缠上了,熊某一见面就表示:"4680万元借款和利息一分不少,全部归还。"熊某是一起金融借款纠纷案的被执行人,判决后却玩起了"躲猫猫"。今年6月,法院将他依法纳入失信被执行人黑名单。

"没信用,真难受。自从被'法媒银'平台曝光后,不能乘飞机、坐高铁。"熊某更后悔的是,因为上了黑名单,不少项目无法参与,无奈之下只好主动找银行要求"尽快执行"。

让违约背信者寸步难行。去年12月4日,"江西失信被执行人曝光台"在南昌启动,曝光台由省高法、江西日报社主管,中农工建交各大行省分行、江西银行等18家金融机构协建,实现银行自主推送、法院监督管理、网站信息发布。"法(院)媒(体)银(行)"联手打击"老赖",构建了"一处失信、处处受限"的信用惩戒格局。

审核全省18家金融机构、118个三级法院上报的"老赖"信息,是省高院执行局指挥中心的龚羽最主要的工作,审核通过信息便在中国江西网、手机报及省高院的微信、微博公开,并向银行、保险、公安等部门推送。江西日报社社长王晖介绍,"法媒银"平台数据库通过网站、手机客户端等方式免费向公众开放查询,并通过最高法失信惩戒系统、江西省公共信用信息平台向中央和省级执行联动单位推送。

与此同时,南昌地铁沿线、闹市区大屏幕及报纸电视台同步设立了"诚信红黑榜"。联合各部门、各行业限制被执行人乘坐飞机、高铁等,使其在融资授信、行业准入、投资置业等多方面受限制,最大限度压缩失信者生存空间。

(原载《人民日报》2016年12月16日)

附(原稿):

"法媒银"携手 打造"诚信江西"

这里的"老赖"为何寸步难行

本报南昌电 江西银行副行长徐继红没想到,最近几天,南昌某公司的熊董事长三番五次主动约请自己。

"算我求您啦,赶紧把我从黑名单上弄掉,太不方便了!"

一见面,因债务纠纷,长期躲着不见的熊董事长就急迫地请求,"4680

万元借款及利息，一分不少，全部归还。"

号称"很牛"的熊某是一起金融借款纠纷案的被执行人，判决生效后，他跟法院玩起了"躲猫猫"，拒不执行判决。2016年6月，法院依法将他纳入了失信被执行人黑名单，熊也就成了通常所说的"老赖"。

如今，熊董事长感到后悔，"没信用，真难受。自从被'法媒银'平台曝光后，不能乘坐飞机和高铁。"更尴尬的是，因为这个黑名单，不少项目他根本无法参与。于是，他主动找到江西银行，要求尽快执行和解。

违约背信无处逃，最大限度压缩失信者生存空间！这正是江西的决策者想要达到的效果。

2015年12月4日，"江西失信被执行人曝光台"在南昌上线启动，该曝光台由江西省高级人民法院、江西日报社主管，由江西省高级人民法院执行局、中国江西网组建，中农工建交的省分行、江西银行等18家金融机构协建，通过不同的权限设置，分别实现银行自主推送、法院监督管理、网站信息发布的功能。

强化数据共享，探索多部门合作，"法（院）媒（体）银（行）"联手打击"老赖"，是江西全面推进依法治国，加强社会诚信建设的创新改革举措。

法媒银平台为何能够对老赖产生如此强大的震慑？

"构建'一处失信、处处受限'的信用惩戒格局，让失信者寸步难行。"江西高院执行局副局长罗志坚认为，有了"法媒银"平台，曝光"老赖"这项工作形成了规范化的常态机制，执行联动机制也从联而不动变成了共同惩戒、共同发力，打击老赖从法院单打独斗变成了社会综合治理。

江西高院执行局指挥中心的龚羽最主要的工作就是审核全省18家金融机构、118个三级法院上报平台的"老赖"信息，一旦后台审核通过，该条信息将会自动地向中国江西网、手机报以及江西高院的微信、微博予以公开并向银行、保险、公安等部门推送。打开后台页面，龚羽说，曝光的老赖信息除案件基本信息外，还可根据需要曝光照片、身份证号码、住址等信息，有利于公众锁定老赖身份，增强曝光措施的威慑作用。

"平台数据自动生成，实时更新，及时反映案件的动态变化，被执行人履行义务后，将自动在平台上屏蔽，从而保障曝光信息的准确性和时效性。"江西日报社社长王晖介绍，法媒银平台数据库通过网站、手机端等方式免费向公众开放查询，并通过最高人民法院失信惩戒系统、江西省公共信用信息平台，分别向中央和省级执行联动单位推送。

记者注意到，在南昌地铁沿线、闹市区大屏幕以及报纸电视台上，也同步设立"诚信红黑榜"，江西通过联合各部门、各行业力量，限制被执行人乘坐飞机、高铁等高消费及有关消费行为，使其在融资授信、行业准入、投资置业、担任重要职务、享受优惠政策等多方面受到限制，从而压缩失信者生存空间。

徐继红竖起拇指点赞，"优化信用环境，法媒银平台立了大功！"江西省政法委提供的一组数据更让人欣喜，截至 2016 年 10 月初，共有 260 万余人次通过江西法媒银平台查询失信被执行人名单信息，平台曝光的 2.18 万名老赖中，有 3576 名被执行人履行了义务，自动履行率为 16%，标的额达2.1 亿元。

此外，根据最高人民法院有关规定，江西省法院对老赖拒不执行可追究拒执罪。截至目前，江西省至少有超过 50 名"老赖"因拒不执行判决被判刑。

从具体到抽象

6月6日中午，37摄氏度，洛阳正热。

从洛阳师范学院走到商业最集中的西工区，海璐璐的背早湿了。

这条路，身高一米的海璐璐3年来走了至少100回。闭上眼睛，她心里就能画出商家的位置图。

一开始，这位洛阳师范学院美术系的本科生没有预料到，找工作会这么不易。一次次碰壁，让她觉得自己有点像古希腊神话里的西西弗斯，一遍遍的重复，仿佛只是证明命运的徒劳。

海璐璐不服。"记得看过一篇讲11次微笑的文章，你向人笑10次，人家可能还是冷冰冰对待你，但第十一次，微笑就会来了。"她说。

现在，命运的嘴角开始上扬了。

这是马金凤、王汉超写的《"一米大学生"海璐璐求职记》（2014年6月10日）的开头，颇似一个电影分镜头剧本，时间、地点、气氛，海璐璐的言语、神态，具体入微，人物跃然眼前。

此稿被评为中国残疾人事业好新闻一等奖。

2017年5月，李宝善总编辑接连表扬了几篇"记者调查"，包括对写作上的肯定。而这几篇稿写作上的共同特点，也是具体入微。

这里是印度。或是城市，或是农村的集市，街头卖茶叶的、广场售飞饼的、拉着牛车贩香料的，这些场景你或许有点陌生，但是，有一处细节你肯定非常熟悉——不少摊位上人手一个二维码:"支付宝"在印度迄今已有 2.2 亿用户,成了全球第三大电子钱包。

"印度版支付宝""泰国版阿里巴巴""菲律宾版微信""印尼版滴滴"……在"一带一路"沿线国家,尤其是在东南亚,当地不少创业公司热衷于做中国时下热门的移动应用本土版。

这是《"一带一路"上的追梦人》(2017 年 5 月 5 日)的开头。和大学生求职这样的题材不同,"一带一路"题材重大,响鼓配重槌,这类重大题材,很多记者开头往往力图"高举高打",会选择一些抽象的说法作概括——"大笔勾勒"。写好了当然能得先声夺人之势,写不好便往往流于空泛,甚至说教。事实上,大题材也可以小切口进入。

《"广东蓝"是怎么回来的》(2017 年 4 月 14 日)题材也不小,讲述广东从 21 世纪初以来如何持续不懈抓大气治理,也是小切口进入:

2002 年,深圳市民易红光准备买房子。南头半岛小南山下的一个楼盘,"背山面海,毗邻香港……"售楼小姐连珠炮般,说得动听。可易红光爬上山往下一看,黑麻麻一片到处是烟囱,淡蓝色的烟雾在山下打转,到了傍晚又变成淡红色。

仔细一打听,南头半岛承载了深圳市 80% 的氮硫排放源!煤电厂、燃油电厂、木材厂、印染厂连成片。尽管当时不到 20 万元就能买套上百平方米的商品房,但易红光扭头就走。

这个地方,现在叫广东自贸区前海片区。

易红光看到的情景,正是 2000 年前后珠三角各地普遍存在的情形。

李总表扬此稿写得好:"文笔流畅,情节清晰,颇具可读性。"
再看受表扬的《不让爱受伤害》(2017 年 4 月 21 日)的开头:

"我真的很害怕,觉得他会把我打死。"说起几天前丈夫的那顿暴打,赵小月(化名)仍一脸惊恐。

鼻梁青紫,眼眶瘀青,垂在额前的几缕头发,遮住了未愈的伤疤。那次挨打,还让赵小月断了两根肋骨。

"他打起人来,就像失控的恶魔,拳头、巴掌,一个接一个。"比起身体的伤,更难消除的是内心的恐惧与煎熬,尽管湖南省妇联的工作人员和社工一直陪伴着,但赵小月仍如惊弓之鸟。

"结婚5年,挨打90多次。"先是忍耐,然后躲避,而终究逃无可逃。赵小月这回横下心来,要做个了断。

给赵小月撑腰的,是2016年3月1日起施行的《反家庭暴力法》。虽然对法律并不是太懂,但赵小月知道了,"老公打老婆,这事国家也管。"

"事件故事化,故事人物化,人物命运化","记者调查"创刊以来一直追求这样的写作风格,此篇堪称代表,开头就从一个小人物的命运落笔。事实上,无论题材大小,由微入宏、从小到大的写作手法,正契合文章之道。

毛泽东主席是文章大家,曾这样强调:"文章写得通俗、亲切,由小讲到大,由近讲到远,引人入胜,这就很好。"老一辈革命家胡耀邦著文、演说俱佳,也传授过一个重要经验:写文章的根本方法,要从个别到一般,从具体到抽象,从地上到天上,而不应从抽象到抽象、从概念到概念、从天上到地上。

《"一带一路"上的追梦人》的开头,第一段便是写"个别",第二段,就过渡到了"一般"。

而这"个别""具体"的写作,仍然需警惕"抽象",要十分重视细节描写,善于细腻讲述,也即李总强调的"情节清晰"。记者要将用眼睛捕捉到的细节、气氛、神态、动作等信息写活,在"具体"之中不断切换,让宏阔与细微、"大"与"小"有机融合,写出和读者的交流感,从而带着读者进入你要报道的内容——"引人入胜"。

作家西元的小说《死亡重奏》这样开头：

> 在一米的距离上凝视着一颗105毫米榴弹炮炮弹爆炸，你会看到比太阳还耀眼的光芒，听到巨大以至于无声的轰响。一瞬间里，密集的弹片和冲击波像轻风吹过柳枝一样打断你的脊梁骨，撕碎你的肉身，还有你的耳鼓、视网膜、舌头、手指等你与这个世界产生联系的感觉器官，却没有一丝疼痛。从此，没有时间、空间，周遭一片黑暗和寂静，这就是——死亡。

作家、评论家朱向前把这个开头称作"微观定格式的放大写法"，是"往微观层面探析、往深度里挖掘细腻感"，"文字如此锐利而有深度，挖掘出了战争蕴含的本质力量"。

如此写"个别"、写"具体"，是不是对我们也有所启示呢？

一次读到介绍台湾作家张大春的一篇文章，他笔下有先锋，有历史，有武侠，有诗词，20多岁就擒尽台湾文学大奖。莫言评价他"像是《西游记》里的孙悟空，是台湾最有天分、最不驯，好玩得不得了的一位作家"。而"最有天分"的张大春推崇的写作能力，则是最不需要天分的"白描"。他说至今还清晰记得30年前教高中生写作文时，一个学生写的"哭之过程"：

> 一滴泪从右眼眼帘下流出，流过脸颊，发出晶莹的光，到了下巴的地方。接着左眼的泪水也追了上来，在脸颊上停顿了一下。旁边伸来一只手，拿着手帕在脸上横着擦了过去。那是爸爸的手。

"过这么多年我依然记得，它没有落入俗套，也没有华丽的辞藻，但给人一种场景，很容易将读的人代入其中。"张大春说，"这种能力一旦获得，便终身受用。"

当然，新闻受制于篇幅，讲故事也往往只能是简洁故事，细节须十分节制。但简洁故事不是简单故事，核心层面还是要具体化的。"支付宝"在印度的故事很简洁，"不少摊位上人手一个二维码"，让核心层面具体化了，却稍欠丰满。

著名摄影记者罗伯特·卡帕有句名言："如果你的照片拍得不够好，那是因为你离得还不够近。"如果记者还能离得近一些，那么核心层面还可以讲得更具体、更精彩些。作者的困难在于只能在国内采访，而离得近一些，并非只是面对面采访，倘若心存此念，总是可以想出其他补救办法的。

附：

铆足劲儿努力是我最大的资源

"一米大学生"海璐璐求职记

马金凤　王汉超

6月6日中午，37摄氏度，洛阳正热。

从洛阳师范学院走到商业最集中的西工区，海璐璐的背早湿了。

这条路，身高一米的海璐璐3年来走了至少100回。闭上眼睛，她心里就能画出商家的位置图。

一开始，这位洛阳师范学院美术系的本科生没有预料到，找工作会这么不易。可一次次碰壁，让她觉得自己有点像古希腊神话里的西西弗斯，一遍遍的重复，仿佛只是证明命运的徒劳。

海璐璐不服。"记得看过一篇讲11次微笑的文章，你向人笑10次，人家可能还是冷冰冰对待你，但第十一次，微笑就会来了。"她说。

现在，命运的嘴角开始上扬了。

困难
"您伸手就能晾衣裳，我大不了踩个板凳呗"

海璐璐还记得自己第一次找实习的场景：特意画了眼线，蹬上了厚有三四厘米的"高跟鞋"，早上7点多钟，和父母打过招呼后出门。她甚至还记得那天的天气：阳光从云层后面射过来，仿佛镀了金边儿。似乎是一个不错的兆头。

那是2013年暑假。同学纷纷找到了实习单位，海璐璐坐不住了。

"我不能一辈子待在家，吃父母喝父母的。"为实现这个想法，她除了上好本专业的课，还专门去上设计培训的课。

到了西工区，她从包里掏出简历和自己的设计作品，从路边的平面设计店一家一家地找起。

"老板，你们这里招人吗？"看到一家复印店贴着招聘信息，海璐璐走进去。由于店里站着很多人，她有点不好意思。

"你是大人吗？够得着电脑桌吗？"一个男人乜斜着眼上下打量着，然后笑着揶揄，"你过来，给我们操作一下。"

海璐璐按照男子的要求，设计了一张名片。当名片呈现在电脑屏幕上时，男人打个哈哈："我们这里不招人。"

周围一阵哄笑。

海璐璐中午没回家，在路边扒拉了两口饭。一天内，从老城到西工，共问了4家店，全部都失败了。

"第一个月，我见到贴有招聘启事的平面设计店就去应聘，但是几乎所有的老板上下打量我后，就摆手让我离开了。"海璐璐眼里闪过一丝难过，"还有一次，老板根本不听我介绍就说'走、走、走'。"

有一段时间，海璐璐都不敢出门，很自卑。

"你说，搞设计又不是打篮球，跟个儿高矮有啥关系？"她说，"但你得接受现实。"

接受现实，并不意味着被现实击倒。海璐璐想出一个办法来给自己打气。每次面试失败后，她就去同学那里"找刺激"，听到别人兴奋地说起自己公司的事儿时，她就会再次鼓起勇气。

"我不觉得我比谁差。您伸手就能晾衣裳，我大不了踩个板凳呗！"靠着"踩板凳"心态，海璐璐终于找到了实习工作——被一家培训机构录用为文员，后来她又应聘到一家公司做电话销售。

实习
从半个月没有一个订单，到和老员工比不逊色

作为一个侏儒症患者，海璐璐早就习惯了各种目光的围观，不管是好奇还是鄙夷。

"我不能有颗'玻璃心'，我要'玻璃心'就没法活了。看也把我看死了。"她找出了许多办法。

坐公交，踮起脚把钱塞进投币箱后，直奔最后一排靠窗位置，塞上耳机。这是海璐璐保持了很久的习惯，"当别人议论我时，我就听不见了。"

有时候她选择幽默对待。在一次招聘会现场，一位求职者因为盯着海璐璐看，忘记了看路。她还提醒："当心，撞着树了！"

不服输，是海璐璐的另一件武器。"在校期间，有一次她参加学校举办的话剧比赛，因为排练时间有两个月，大家慢慢地就没有了热情，'反正也拿不到名次'，平时排练也不去了。眼看就要黄了，她就一个个找大家说，鼓励大家继续排练，最终在比赛中我们还拿到了名次。"她的同学赵甜说。

海璐璐在实习公司做电话销售时，"刚开始，不懂销售技巧，半个月一个订单也没接到。"海璐璐下了笨功夫，在同事和客户打电话的时候，她把同事怎样开场，怎样与客户展开话题等都一一记录下来，然后再试着模仿、学习。实习期的最后一个月，她的销售额达到了 1.9 万元，与公司的老员工相比也不落下风。

这段实习经历对海璐璐影响很大。"这资源，那条件，我没有。对我来说,铆足劲儿努力就是最大的资源。改变命运关键在自己。"

求职
工作还没尘埃落定,机会还是挺多

5、6月份,论文答辩结束后,海璐璐和很多大学毕业生一样,进入求职期。

不过,这次她比之前更谨慎了。她说,为了减少尴尬和浪费时间,先把身高跟公司说明,人家不介意,再去面试。

5月28日,海璐璐来到一家收藏品公司面试。

"我们公司现在招电话销售。我在网上看了你的简历,觉得你很坚强、阳光,所以我们很欢迎你。"人事部负责人开门见山地说。

"那我需要见客户吗?"

"有时会的。但是销售行业的业绩是靠能力而不是靠身高说话,你之前在别家做得很好,在这里一定也可以,你可以尝试一下。"

公司对海璐璐挺满意,但由于要上夜班,她犹豫了。好在,选择还有。"有了之前的工作经验,求职比以前顺利多了。"陆陆续续,半个月内,又有一些公司伸出了橄榄枝。综合考虑工资、离家远近等因素后,海璐璐对一家酒品销售公司比较满意,公司也比较中意她,连打了3次电话让她来面试。

6月3日下午,公司负责人面试了海璐璐,还让她模拟了一段电话客服服务。她当时的感觉不错,"这份工作是板上钉钉的事了。"晚上还给父母打电话,和家人讨论签不签合同的事。

遗憾的是,6月5日,海璐璐收到了一条短信:"并不是你不够优秀,考虑到公司的整体素质拓展,综合能力考验还不太适合。"复试未能通过。

为什么不试试就业帮扶呢?

6月6日,海璐璐来到洛阳市残疾人就业服务中心,询问有没有销售类工作。工作人员说,她想要找的电话销售工作目前还没有。

"因为你是大学生,素质比较高,所以体力要求高的工作,我们暂时先不给你推荐，你也可以去河南省残疾人就业信息网开设的'残疾人大学生招聘会'板块，看看招聘信息，参加一下'全省残疾人大学生网络招聘会'活动。"工作人员说，"如果你感兴趣，也可以申请免费参加职业技术培训，包含服装裁剪、插花、美容美发美甲、网上创业、手工制作等项目。"

"那我男朋友是外地的，我可以在这里填表，给他找份工作吗？"海璐璐问。

"可以啊，目前有家公司正在招聘录排员，很适合你男朋友。只要是残疾人，不管是不是外地人，洛阳市残疾人就业服务中心都可以帮忙联系，推荐。"

从残疾人就业服务中心出来后，已是中午。正在这时，洛阳师范学院院长办公室主任曾涛给海璐璐打来电话，询问她找工作的情况："咱们学校正在创建一个陶瓷工作室，如果你想创业的话，学校可以给你投资，注册电子商务公司，支持你做电商方面的创业。"

知了嘶鸣声中，海璐璐挂了手机，她笑了笑说："虽然还没尘埃落定，机会还是挺多的。我再下劲儿呗。"

（原载《人民日报》2014年6月10日，本篇获中国残疾人事业好新闻一等奖）

开头试试写意手法如何？

天津分社社长胡果领衔写的《十年长出一座绿色新城》（2018年6月19日），获报社好新闻奖。在全面回顾改革开放40周年成果的当下，这个题材本身并不亮，但稿子一到地方部，编辑平台就多有称赞，或称构思巧，或赞语言美，比如开头：

1/3盐碱荒滩，1/3废弃盐田，1/3污染水面。

这样的地方，能生长什么？

2007年底，中国和新加坡两国政府决定共同建设一座"资源节约、环境友好、经济蓬勃、社会和谐"的新型城市，最终落子天津滨海新区一处30平方公里的不毛之地。

生存尚难，何谈宜居？2008年，中新天津生态城正式开工。10年过去，环境欠账深重的荒地，长出一座绿色新城。

记者视野很宽，胸胆开张，心中勾勒出对中新天津生态城的总体印象，然后提如椽巨笔泼墨写来。

这种手法，可借用中国画的一个术语，就是"写意"。

报道一个地区、一个省市改革开放成就的通讯，用写意的笔法开头，似乎也是本报的传统之一。最突出的是在范敬宜总编辑任上，那几年每年都组织策划年度特稿，如《来自东西南北中的报告》《大江东去》《五区新气象》等。那些大通讯的开头往往都采用写意手法，起笔就给读者勾勒这个地区或省市的大印象，立意高远，境界开阔，气势宏大。

范总在本报扮演的是"羽扇纶巾""运筹帷幄"，在经济日报当总编时，还常"挂帅亲征"，比如他写的《真正的秘密武器——齐鲁纪行之一》，报道这样开头：

> 站在从威海驰往刘公岛的轮船甲板上，披襟当风，遥望甲午鏖战的海面，回首碧树红瓦的新城，心旷神怡，不禁轻轻吟出杜甫的诗句："江流大自在，坐稳兴悠哉！"
>
> 一个"稳"字，惹出无数联想。
>
> 从2月下旬到3月上旬，记者在山东进行了半个月的采访，行程三千里，涉足九市地，深深被这里经济繁荣、社会安定的景象所激动。所见所闻，印证了一句过去不甚相信的评价：山东在悄悄地崛起。

对照《十年长出一座绿色新城》的开头，可以明显感觉，范总的写意里又有工笔。所以说，写意也只是个笼统说法，写意也有多种笔法，但正如中国画大师李可染所说："中国画不强调光，并非不科学，而是注重表现长期观察的结果。拿画松树来说，如果没有特殊的时间要求（如朝霞、暮霭）早上8点还是中午12点都是不重要的，重要的是松树的精神、实质。"

具体何种笔法无须太在意，写意的实质，关键就看是不是写出了"松树的精神、实质"。

把这个意思再扩展一点，用于通讯开头，还是用于消息开头，也没什么关系，只要能写出"松树的精神、实质"。那么，消息稿开头是否也可试试写意手法呢？

当下的消息稿开头写实、讲故事的多，好比"特写镜头"，事实上，完全可以根据报道实际，尝试一下写意——用一用"广角镜头"。

> 所有的河流都梦想歌唱。

> 黑龙江，这条长近 3000 公里的中俄界河，静水深流已全然激活。近年来，黑龙江省与俄罗斯贸易额以年均近 30% 的速度递增，2013 年对俄贸易实现 223.6 亿美元，占全国对俄贸易总额 1/4 强。今年 1—9 月，对俄进出口总值增长 9.2%，较上世纪 90 年代初增长 28 倍。

这是 2014 年 11 月 6 日一版头条《黑龙江沿边开放升级提挡》的开头，我做了这样的尝试。

改革开放后，特别是加入 WTO 之后，中国经济高速发展，周边的界河几乎都"商潮"汹涌、"物流"激荡。但因为众所周知的原因，唯独黑龙江这条中俄界河一直比较平静。

这样的开头，在历史和现实的比较中，勾勒一种总体印象，真实且切题，又显得别致。

当天编前会评报认为：开头新颖，富有历史纵深感。

再如 2017 年 2 月 27 日一版消息《井冈山：革命老区脱贫了》。井冈山的光辉历史众所周知，中国工农武装夺取政权的艰辛历程就是从井冈山出发的。步入新时代，中国告别贫困的决战，再次选择从这里出发，其深刻寓意一目了然。在构思这篇消息的导语时，我尝试了抒情写意的手法。

> 所有壮美的名山都有故事，而最壮美的故事无疑属于井冈山。
> 八角楼里灯火明，黄洋界上炮声隆。90 年过去，今天，一场气壮山河、战胜贫困的大决战，再次从这里出发。鸡年伊始，江西省井冈山市庄严宣告：率先脱贫摘帽。
> 经第三方评估确认，井冈山贫困发生率实现 1.6%。

江西分社社长吴齐强后来告诉我，如今井冈山革命博物馆门口的电子屏上，每天滚动闪现着的就是这句话："所有壮美的名山都有故事，而最壮美的故事无疑属于井冈山。"

井冈山脱贫是个大新闻，报道刊出当天，不少微信公众号转发本报这篇报道，有多家的标题也直接用了这句话。

心存写意之念，各种手法都不妨一试。

2018年5月6日一版头条《广西：开放发展迈出新步伐》，原稿导语部分是这样的：

"这批椰丝从印度运到重庆，最短只要16天，比原来经上海转运要缩短20天！"4月23日，随着又一列"南向通道班列"从广西钦州港驶往重庆，广西北港物流有限公司副总经理蒋伟对记者说。

南向通道是中国与新加坡政府间互联互通合作项目的一部分，从2017年开始运营，它以铁海联运等形式，建成一条全新的国际贸易物流大通道。

开头就讲故事，或者说用了一个"特写镜头"。但故事比较单薄，内涵也不够厚实，"镜头"语言不丰满，不能彰显"开放发展迈出新步伐"这个主题。

编辑请分社补充材料后作了修改，见报稿这样开头：

"一湾相挽十一国"，素以面向东盟著称的广西，正加快开放步伐。踏浪而南，斯里兰卡受邀成为中国—东盟博览会特邀合作伙伴；逶迤北去，中亚的哈萨克斯坦，副总理带着130多人的商务团队也走进东博会。5月11日，一趟中欧班列将从广西钦州港火车东站发出，继波兰之后，首次将"南向通道"延伸至德国。从2017年开始，北接我国广袤内地并联通中亚，南下东盟及南亚等地，一条全新的国际贸易物流大通道——"南向通道"开始商业运行。广西的开放大门越敞越开。

斯里兰卡、哈萨克斯坦、德国，还是"特写镜头"，但时空不停地变，三个镜头组合在一起快速叠放，就有了写意的韵味和气势。

分社反馈，原稿曾送自治区负责人审看，该负责同志看过见报稿后认为，改稿格局大、立意高、文笔美。

从来稿中也发现这样一种情况。写意，或叫大写意，大笔勾勒，气势大只是其表，本质上是要以大写大，适合反映较为宏观、内涵较深的题材。题材太小，以雄健之笔泼墨大书，或反而显得矫情。有一篇写塞上发展葡萄产业的，这样开头：

> 巍巍贺兰，如屏西立；滔滔黄河，奔腾东去。
>
> 老蔡的酿酒葡萄园就耕作在这片好山水间的一方水土上。整形修剪、控制灌水……"肥虽好，也不敢可劲儿喂，不然葡萄能长多，却长不好。"老蔡大名蔡立德，宁夏吴忠人，2002年从山大沟深的同心县扶贫移民到引黄灌溉的红寺堡区，起初种玉米刚够温饱，12年前在政府引导下改种酿酒葡萄尝到了甜头，精心呵护葡萄园到如今。

健笔纵横，豪气干云。但似与所报道对象天高云淡隔得远了。见报时改为：

> 贺兰似屏，黄河如奔，塞上阳光充足，这样的好水土是葡萄的理想家园，老蔡夸自己的酿酒葡萄园地缘优势得天独厚。整形修剪、控制灌水……"肥虽好，也不敢可劲儿喂，不然葡萄能长多，却长不好。"老蔡大名蔡立德，宁夏吴忠人，2002年从山大沟深的同心县扶贫移民到引黄灌溉的红寺堡区，起初种玉米刚够温饱，12年前在政府引导下改种酿酒葡萄，从此尝到了甜头，精心呵护葡萄园到如今。
>
> （《塞上江南，有了"紫色新名片"》，2018年9月13日）

版面修改，自然只能将就手里那点料。改稿尽量化大为小，让好山水与好葡萄内在黏合得更紧些。

大写意是好，有意境，有气势，但也要实事求是，因地制宜，知道"到哪座山，唱哪首歌"才是。

附：

构建陆海经济带　打造跨境产业链

黑龙江沿边开放升级提挡

费伟伟　郑少忠　袁泉　施娟　姜峰

所有的河流都梦想歌唱。

黑龙江，这条长近 3000 公里的中俄界河，静水深流已全然激活。近年来，黑龙江省与俄罗斯贸易额以年均近 30% 的速度递增，2013 年对俄贸易实现 223.6 亿美元，占全国对俄贸易总额 1/4 强。今年 1—9 月，对俄进出口总值增长 9.2%，较上世纪 90 年代初增长 28 倍。

黑龙江省委书记王宪魁说，我们正在谋划构建东部陆海丝绸之路经济带，成为横跨东中西、联结南北方对外经济走廊的重要组成部分，推动龙江对俄经贸合作不断升级。

务实应变。黑龙江对俄合作的新格局，来自对现实短板的清醒判断。

顶层设计迈开步子，政策沟通热度急升。2013 年，国务院正式批复《黑龙江和内蒙古东北部地区沿边开发开放规划》，"沿边开放新高地和重要经济增长区域"的定位上升为国家战略；同一年，俄《远东和贝加尔地区社会经济发展国家计划》正式生效。"去年赴俄滨海边疆区某市座谈，俄方市长开完会又坐到我们车上，滔滔不绝可着劲儿推介项目，直到我们的车离开该市才下车"，对岸的热情让绥芬河市委书记赵连钧连呼"超预期"。

口岸升级做大"容量"，通道建设拓宽"大门"。今年 2 月，黑龙江上首座跨境铁路桥在同江正式开工，它将连通我国东北铁路网与俄罗斯西伯利亚铁路网,形成一条新的国际铁路通道。同时,"借港出海",陆海联运,货物从绥芬河口岸出境,通过俄罗斯海参崴港运往全世界,今年10月实现准常态化运营,地处内陆的黑龙江由此打通物流出海通道。

经贸合作转型升级,创新模式打破框框。变商品输出为资本输出,由贸易合作上升为产业合作、打造跨境产业链,成为黑龙江省对俄经贸合作升级提挡的"主旋律"。目前,黑龙江已培育4个以对俄进出口加工为重点的国家级外贸转型升级示范基地,57个省级外贸转型升级示范基地。在俄罗斯建成15个境外园区,规划总投资41.8亿美元。

新通道,新基地,新平台,拉动中俄经贸合作走向深入。"我们正在实施包括沿边开发开放的'五大规划',俄方已经启动远东开发计划,两国东部毗邻地区的开发开放规划紧密衔接互动、同步升级为国家战略,为双方合作提供了政策支撑和外部条件,蕴藏着无限商机和巨大潜力。"王宪魁信心十足。

蜿蜒东流的黑龙江,必将飞起更激越的歌。

(原载《人民日报》2014年11月6日)

附(见报稿):

南向、北联、东融、西拓

广西:开放发展迈出新步伐

本报南宁5月5日电 "一湾相挽十一国",素以面向东盟著称的广西,正加快开放步伐。踏浪而南,斯里兰卡受邀成为中国—东盟博览会特邀合作伙伴;逶迤北去,中亚的哈萨克斯坦,副总理带着130多人的商务团队也走进东博会。5月11日,一趟中欧班列将从广西钦州港火车东站发出,继波兰之后,首次将"南向通道"延伸至德国。从2017年开始,北接我国广袤内地并联通中亚,南下东盟及南亚等地,一条全新的国际贸易物流大通道——"南向通道"开始商业运行。广西的开放大门越敞越开。

背靠大西南,毗邻粤港澳,通衢东南亚,如何才能将广西的区位优势"变现"为发展优势?2017年4月19日至21日,习近平总书记考察广西,要求"立足独特区位,释放'海'的潜力,激发'江'的活力,做足'边'的文章,全力实施开放带动战略"。

一年来,总书记的嘱托,成为壮乡儿女加快开放发展的行动指南。

突破理念,拓宽开放格局。广西大做"边"文章,开放重点由"向外"而主动"向内"拓展。随着中新互联互通南向通道的建设,广西联合重庆、贵州、甘肃3省市,率先签署《关于合作共建中新互联互通项目南向通道的框架协议》,并在今年4月邀请内蒙古、四川、云南、陕西、青海、新疆6省区加入共建。国际铁海联运集装箱班列班轮实现常态化运行,"蓉桂""渝桂"班列以及甘肃国际冷链班列纷纷开通,将内地产品源源不断运往广西并借此出海运往世界各地。

完善举措,整体合力推进,广西发力释放"海"与"江"的潜能。去年底推出中新互联互通南向通道建设工作方案,举全区之力推进南向通道建设。今年3—4月,广西成立南向通道建设工作领导小组办公室,加强统筹协调、推进运营管理,着力解决各开放平台间联动不够、合力不强问题。

钦州港火车东站集装箱办理站、中新南宁国际物流园、南宁东盟国际物流园、南宁铁路口岸等建设项目正加紧推进;与东盟国家的47个港口建立中国—东盟港口城市合作网络;通关一体化水平进一步提升,建成西部首个国际贸易"单一窗口",推进中越、中马、中新等"两国一检"通关模式,凭祥国检试验区成为全国首个国检试验区,集装箱货物通关时间缩短1至3天。

畅通瓶颈,打通"最后一公里",广西正成为"一带一路"有机衔接的重要门户。全力实施开放带动战略的思路,在让"南向通道通起来"的务实举措中愈发明晰。去年广西GDP首次突破2万亿元,比上年增长7.3%,今年一季度同比又增长7.1%。广西正以中新互联互通南向通道建设为重要载体和契机,内聚外合、纵横联动,在南向、北联、东融、西拓上下更大功夫,推动全方位开放发展。

（原载《人民日报》2018年5月6日）

附（原稿）：

广西：奋力拓宽开放路

本报南宁4月27日电 "这批椰丝从印度运到重庆，最短只要16天，比原来经上海转运要缩短20天！"4月23日，随着又一列"南向通道班列"从广西钦州港驶往重庆，广西北港物流有限公司副总经理蒋伟对记者说。

南向通道是中国与新加坡政府间互联互通合作项目的一部分，从2017年开始运营，它以铁海联运等形式，建成一条全新的国际贸易物流大通道。

长期以来，由于历史条件限制，广西沿海、沿边、沿江的区位优势并没有完全"变现"为发展优势。2017年4月19日至21日，习近平总书记视察广西，十分关心广西的开放发展，他勉励5600万壮乡干部群众"立足独特区位，释放'海'的潜力，激发'江'的活力，做足'边'的文章，全力实施开放带动战略"。

一年来，壮乡儿女牢记总书记的嘱托，开放发展蹄疾步稳——

更新思想观念，拓宽开放格局。广西的开放，过去重点"向外"，以中国—东盟博览会为主要载体，面向东盟等邻近国家；现在，随着中新互联互通南向通道建设，广西主动"向内"，联合重庆、贵州、甘肃3省市，合作共建中新互联互通项目南向通道，今年4月又邀请内蒙古、四川、云南、陕西、青海、新疆6省区加入共建。中国—东盟博览会的"朋友圈"也"跳出"东盟10国，特邀斯里兰卡、哈萨克斯坦等更多的"一带一路"沿线国家参会，广西已成为"一带一路"有机衔接的重要门户。

完善组织领导，整体合力推进。去年底，广西发布《广西加快推进中新互联互通南向通道建设工作方案（2018—2020）》，举全区之力推进南向通道建设，解决各开放平台间联动不够、合力不强的问题，产生更大效应。

加速畅通瓶颈，打通"最后一公里"。广西壮族自治区主席陈武认为："南向通道要通起来，关键在于完善基础设施、降低物流成本、推进多式联运、提高通关效率，打造高质量、国际化的一流营商环境。"钦州港火车东站集装箱办理站、中新南宁国际物流园、南宁东盟国际物流园、南宁铁路口岸等建设项目正加紧推进；通关一体化水平进一步提升，建成西部首个国际贸易"单一窗口"，凭祥国检试验区成为全国首个国检试验区。

"广西要以中新互联互通南向通道建设为重要载体和契机，内聚外合、纵横联动，在南向、北联、东融、西拓上下更大功夫、取得更大实效，推动全方位开放发展。"广西壮族自治区党委书记鹿心社表示。

"绝不要用天气来开头"?

（一）

绝不要用天气来开头。

一个叫埃尔默·伦纳德的作家谈写作时，把这个列为第一条规则。

近日读布拉特写的《纳博科夫最喜欢的词》，作者擅长用大数据对艺术题材做分析，其中也谈到文学作品的开头，倘若用统计数据来分析哪种开头最糟糕，排名第一的是：

> 这是一个黑暗的暴风雨之夜……

这本是一个著名文学作品《保罗·克利福德》的开头，但此后模仿者太多，以致成为嘲笑对象。甚至，有位作家在其小说的开头特别予以"致敬"：

> 这是一个黑暗的暴风雨之夜。
> 这是吸引读者的一种方法吗？
> 好吧，那么，这是一个暴风雨之夜，阴云密布，大雨滂沱，浸透了威尼斯……

于是，引出来那位叫伦纳德的作家的谆谆告诫：不要用天气开头。

读到这里，我心里不禁一沉。

用天气开头，不正是我们报道中一种常用手法吗？比如2019年4月新开栏的"壮丽70年 奋斗新时代·来自一线的蹲点调研"：

4月初的河北滦平，春寒还未褪尽，漫山遍野的山杏花，却已开始绽放。
(《河北滦平县于营村——赶上好时代 奔向好日子》4月5日第1版）

骤雨初歇，山间雾散，树叶绿得发亮，站在高处俯瞰，一条平坦的"红军路"，将村庄串成一幅水墨画——这里是长征路上"半条被子"故事发生地、湖南省汝城县文明瑶族乡沙洲村。
(《湖南省汝城县沙洲村传承"半条被子"精神——始终同人民想在一起干在一起》4月17日第1版）

黄土高坡，沟谷侵蚀，塬面破残。
春雨霏霏中走进山西长治市平顺县西沟村，山清秀，树苍翠，满坡的山桃、连翘争相怒放，透着勃勃生机。
(《山西长治市平顺县西沟村几十年持续植树造林——干石山变身"花果山"》4月25日第11版）

一个多星期的沙尘天气刚刚过去，新疆巴楚县阿克萨克马热勒乡陈老七村文化广场春光明媚，4月13日，26名村民披红挂彩满脸喜悦，走进"脱贫攻坚转移就业欢送会"会场。
(《新疆维吾尔自治区统计局驻村工作队——"给老百姓办的好事像星星一样多"》4月29日第11版）

自然，平实，或涵寓意，或寓对比，这几个从天气说起的开头，与报道内容都挺吻合。

把心态放平和，更加仔细、更加认真地跟着布拉特那支笔往下看，便不禁莞尔了。

"以描述天气来展开一部作品，确实是陈旧的手法。"可布拉特接下来又提供了两个迥然相异的统计数据，一个是美国畅销书作家丹尼尔·斯蒂尔，到2014年，已写了92部小说，其中有42部一开头就说天气。比如：

清晨的太阳缓缓从山头升起，鸟儿在亚历山大谷的静谧中呼唤着彼此，阳光如金色的手指伸入天空，那一瞬，天几乎是紫色的。

雪花紧贴在一起，一簇簇白色落下，如童话故事中的插画，就像莎拉曾给孩子们读过的书一样。

这是四月的一个完美、温暖的星期六下午，贴在脸颊上的空气如同丝绸，让你简直想永远待在室外。

还有一个数据："在86部普利策获奖作品中，有13部用天气来开头。"

为什么尽管饱受诟病，而陈旧、老套的天气开头"仍然是许多作者的备用手法"呢？布拉特没有答案，只有数据。

确实，文无定法，好开头也没啥定式。用天气作开头无所谓陈旧，关键在于它所营造的氛围、描写的情景，是不是和文章内容吻合。或者说瓶子虽旧，但里面装的是不是新酒。如上述作家丹尼尔·斯蒂尔的三个天气的开头，比喻生动新颖，自然吸引读者。

作家乔治·奥威尔《1984》拿天气做的开头，甚至被不少评论者认为是最伟大的小说开篇之一：

四月间，天气寒冷晴朗，钟敲了十三下。

简洁、平实，质朴的文字里似乎咝咝冒着悬念。

布拉特这样评论："用天气开篇不一定糟糕，尤其是乔治·奥威尔这样的开头，足以挑起读者的期待。"

"壮丽70年 奋斗新时代·来自一线的蹲点调研"已编未刊的几篇也是以天气开头的，颇有"新酒"之香，令人印象深刻：

> 太阳西斜，凌乱的农家小院，散发出苞谷酒的辛辣味儿。白瓷碗第三次见底的时候，贫困户杜玉明说想去县城看看房子。
>
> 四名搬迁动员干部有人眼睛一湿，苦口婆心劝了两年，记不清陪老汉喝下多少碗酒，从没动摇过他留守的决心。这一次，转机竟来得如此痛快。

这是贵州分社程焕报道晴隆县三宝彝族乡整乡易地扶贫搬迁的开头。

> 雨润山林，马尾松漫山遍野，苍翠依旧，无患子的新绿夹杂其间，漫向远方。站在长汀县河田镇露湖村的一处山头远眺，满目葱茏，绿色仿佛从未离开。
>
> 若把时间坐标拉长，你将看到另一个长汀：赤岭荒山，难见草木，雨水裹挟红土，在山岭间划出道道"伤痕"……上世纪80年代，长汀水土流失面积占比高达31.5%，是我国南方水土流失最为严重的区域之一。

这是福建分社颜珂写长汀持续推进水土流失治理报道的开头。

前者让我们从报道中看到了报道对象的喜怒哀乐、音容笑貌，后者让我们感受到报道主体——记者融进字里行间的涓涓情感细流。

两个开头都写出了真景、真情，景中寓情，这大概便是虽说以天气开头陈旧、老套，但"仍然是许多作者的备用手法"的根本原因吧。

形式总是服从于内容的。景自外得，情由中生。"有必不可解之情，而后有必不可朽之诗",感人心者,莫先乎情,至于这"诗"以何种形式呈现——是天气还是场面或对话,倒是次要的了。

(二)

《别拿做大"一俊遮百丑"》一文刊出后,听到几个挺有意思的说法。

一是听说中石化某位领导嘀咕,说那个费伟伟以前不是给我们写过不少报道吗?老朋友啦,怎么也跑出来说三道四?

这位领导的说法,折射出目前新闻界的某种生态。

常见这种情景,几个记者在一起议论某个热点话题,跑口记者总是头头是道,有事实,有见解。一个重要原因:他有"专业"优势,常采访,熟悉情况,知道人家的软肋在哪儿,知道问题的实质和要害。如果听的人说:呀,你说得太好了,把它写出来吧。这位记者往往赶紧摆手:别介别介,以后还得同他们打交道呢。立马高挂免战牌。

因此,写评论不只要理性,还得有点血性。有点血性,有点胆气,你才会敢于打破某些束缚手脚的陈规陋习,去深化这方面的思考,从而提炼出见识——不必太在意开始时的粗糙、浅显,总是会越来越深刻,乃至入木三分的。

还有一个说法也挺有意思。这篇评论是从天气说起的:

> 气象台说,北京最近的天气进入了桑拿发飙期。早上起来,一团热气就捂住你,让你汗出如浆,又汗出不爽。
>
> 中石化最近的日子大概与这天气有几分像。

报社的朋友跟我开玩笑,说发现你写评论一开头老是"今天天气哈哈哈"。

没错,我好多篇评论都是由天气说开来的。比如:

六月的天，娃娃的脸。

而国际资本市场的风云变幻，更甚于天气的诡秘。

（《"走出去"，绊了跟斗须思量》，《中国能源报》2009年6月29日）

一春芳菲千山绿，三月风和万点红。正是草长莺飞、万物生发的时节，今天，《市场报》却要跟您道别了。

（《〈市场报〉改〈中国能源报〉致读者》，《市场报》2009年3月30日）

是我对天气情有独钟？

"昔我往矣，杨柳依依，今我来思，雨雪霏霏。"脍炙人口的《诗经·采薇》，开头也从天气说起。巧么？个中自有道理。

这道理其实很简单。出门自然要看天，人们对天气现象都很熟悉，况且中华民族是由几千年农业文明发展而来的，关于天气、节气的说道也特别多，加上有切身感受，读来便倍感亲切。从普通读者最熟悉的话题入笔，很容易从一开始就构建一种亲切、自然、放松的语态。

评论是理性的，更需要用感性一些的方式来表达理性。所谓感性就是双方都能感知的东西。谈天说地，便是有效地增进交流、感性化的手法之一。

附：

别拿做大"一俊遮百丑"

气象台说，北京最近的天气进入了桑拿发飙期。早上起来，一团热气就捂住你，让你汗出如浆，又汗出不爽。

中石化最近的日子大概与这天气有几分像。

刚刚公布的《财富》世界500强排行榜，中石化由上年的第十六一跃为第九，成为头一个闯进前十的中国企业。多不容易呀，终于跨入世界级企业的第一梯队了，按说完全该好好宣传宣传，然而，媒体上却没见着多大声响。这等光彩的事，中石化为啥突然不爱声张了呢？原来，中石化最近有点烦，一不留神，掉进"吊灯门"了，被社会舆论的一团热气捂住了。

近来，"中石化大楼安装1200万元天价吊灯""中石化2.4亿元奢华装修惹众怒"的帖子在网上盛传，成了各大网站和论坛上的头条。"天价吊灯"一时在百姓中传得沸沸扬扬。

自然，中石化很快就出来辟谣了，反复澄清，舆论也基本相信"千万吊灯"之说不大可信，人家确实拿得出票据，证实吊灯价是156.16万元。

可156万的吊灯，便宜么？

且看网上那帖子："前不久，几位朋友到数十亿建造的中国石化大楼参观，十余层高的辉煌大堂已经让所有人惊讶了，可是负责接待的领导偏偏让大家猜猜悬挂在大堂中间的一个吊灯的价格……接待方领导小声地说：1200万。现场所有人彻底地晕了！"

其实，发帖者只是举吊灯的例子来说明这个"数十亿建造""十余层高的辉煌大堂"如何气派。结果，这盏灯太晃眼了，众人便在那灯价上争来吵去，岂不是"只见树木，不见森林"？发帖的那位，如果知道更多"吊灯"之类的细节，还不知要"彻底地晕"多少回呢。

一幢建筑，功能无非两个，一个用，一个看——文化观赏。像中石化这样的世界级大公司，楼的外观气派些，体量大一些，无可厚非。毕竟还美化了市容，也有点文化观赏功能。但你连个内堂也要搞到"十余层高"，让人观赏什么文化呢？

某教育家说过：大学者，大师之谓也，非大楼也。同样的道理，大公司者，大把赚钱也，非大楼也。但话说回来，毕竟中石化把家业置大了，都进世界500强前十了，兜里有了钱，烧包一下也没啥，楼盖得大一些，辉煌一些，算不上大是大非。只是令大伙儿不忿的是，他烧包的，并不全是自个儿一个大子儿一个大子儿挣来的，里头叮当作响的还有这些年每年向国家哭穷"赚"来的数百亿补贴。

说来也巧，这阵子和中石化相关的新闻挺多，比如中石化原董事长陈同海因受贿近2亿元，被一审判决死缓；连续两次上调成品油价后，消费者对国内油价"快涨慢跌"憋了一肚子问号，中石化的某位权威人士却跑出来力证国内裸油价目前仍低于美国。"中石化裸油价"遂又成网上高频词。

中石化做大了，功劳很大，这不假。但不能拿做大"一俊遮百丑"。做大还要做对，或者说做大更要做对。名人之过如日月之食。名企更甚名人，何况中石化这样的中国头号企业。

企业越大，责任越大。你不能对内放着明显的治理结构、管理结构漏洞不补，让陈同海这样的硕鼠想吃嘛就吃嘛。而对外呢，向上则哭穷要补贴，向下则口称与国际接轨动辄涨价。

国家把这么大个资源市场交给了你，没让洋巨头进来，也基本没民企啥戏，你当然就要挑起这副担子。国际炒家仗着钱多势众搞我们，生把国际油价炒高了，你不平抑，反而也涨，且涨的幅度还大于实际受影响的幅度。并且，还挺身而出自我辩护，文过饰非，怎么不在大众心里留"把柄"呢？怎么不有点事社会舆论就要捂住你，桑拿你呢？

既要做大，更要做对。既要知名度，更要美誉度。中石化当三思！

（原载《中国能源报》2009年7月27日）

写好开头贵在"坚持一下"

闻鸡起舞。

2017年,春节刚过,地处"鸡头"的黑龙江分社抢先起舞,正月初八,我们就读到了他们的头版头条《黑龙江 向创新要动能》。

这篇稿子1月20日到地方部,分社想争取放假前刊出。此稿采写比较扎实,条理清楚,"放行"具备条件。但编辑认为开头部分太平,欠火候:

"哈飞与长安福特重组,两厢新车即将下线,量产7万辆产值就是70亿;哈尔滨锅炉厂通过技术改造创新,二次再热节能等领域走到了世界前列,订单已排到2018年。"黑龙江工信委负责人说,科技创新为黑龙江产业升级、转型发展提供了新动能。

创新体制机制,激发市场活力,黑龙江促进科研成果尽快转化为现实生产力。2015年以来,全省累计注册成立科技型企业4980家,形成主营业务收入超500万元的科技型企业1039家。省委、省政府出台政策,让科技创新人才在创新成果运用中有份额、有股权,支持各类人才凭业绩贡献得到回报。高等学校、科研院所和国有企业转化职务科技成果的,所获股权或净收益的30%至90%用于奖励有关科技人员;由职务科技成果完成人依法创办企业或以技术入股进行转化的,完成人最高可享有该科技成果在企业中股权的70%。

编辑组让分社修改,回复有难度,因放假在即,不好采访。编辑坚持了一下，提出修改意见：

（第二段中）"由职务科技成果完成人依法创办企业或以技术入股进行转化的，完成人最高可享有该科技成果在企业中股权的70%。"这个改革力度大，新闻性强。如果能发现里面的故事，会更出彩。试一下。

刊出稿就是分社在这方面"试一下"的结果：

国家技术发明一等奖能否作价入股？哈尔滨工业大学航天学院谭立英教授团队的科研成果"星地激光链路系统技术"曾获2014年国家技术发明一等奖。令她没想到的是，去年3月，在学校和省里支持下，由她牵头成立了哈工大卫星激光通信技术股份有限公司，注册资金2亿元中，科研成果知识产权作价入股1.332亿元，占66.6%，并且，学校将其中85%的知识产权收益，奖励给了谭立英教授的科研团队。

让谭立英团队极大受益的，是黑龙江省近年来在创新科技体制机制、激发市场活力、促进科研成果尽快转化为现实生产力等方面出台的一系列政策，使科研人员转化成果、创办科技型企业的积极性极大提高。2015年以来，全省累计注册成立科技型企业5236家，形成主营业务收入超500万元的科技型企业1076家，吸引本科以上人才12447人，科技创新已成为黑龙江产业升级、转型发展的新动能。

"试一下"果然"更出彩"。刊出稿和初稿相比，开头部分不仅新闻性增强，故事化也增强，"向创新要动能"这一主题更加彰显。

京剧《沙家浜》里有一句经典台词：贵在于坚持一下的努力之中！

确实，很多时候，常常是"坚持一下"，百尺竿头，又上一步；"坚持一下"，就柳暗花明、局面大开。

那么，坚持什么呢？就是"即使工作性报道也要注重讲故事，并且一开头就要讲故事"这个原则。心里有这颗"定盘星",实际工作中直面艰难、反复时,你才会坚持,才能坚持得住。

当然,很多时候,坚持一下,面对的未必是大是大非,有时往往倒是模棱两可,"坚持一下"也尤显可贵。

2017年"新春走基层"活动最先推出的一稿《2分42秒的坚守》,写的是记者在西安铁路局条件最艰苦的工区的亲身经历,现场感很强,文笔也流畅。编辑组此前编这组稿件时,按照开栏要求,一口气编了四篇稿,看到这篇基础很好的稿件,似乎很有可以松口气的感觉。但部领导审阅后提出,还是要"坚持一下",再改得更好一些。

"献丑啦!"一串吉他的扫弦,倏地打破了黄土地入夜后的宁静。晚饭后工友一起哄,梁鹏辉扭捏一番,便冲大伙儿炫起他拿手的《蓝莲花》。窑洞外,列车时而呼啸而过的声响,仿佛伴奏。

刊出稿是这样开头的。而初稿在这前面还有两小段:

陕北的夜,来得静谧,冷得寂寥。
腊月中,月如盘,银白色洒上高家河村的沟沟坎坎。

文字简洁精练,然而这样的描写,对于表达"条件最艰苦的工区"有没有意义呢?写景是为写情,写景一定要紧扣主题,如果不能深化意义,那么再好的描写也是废话。况且,"新春走基层"这样的现场短新闻对篇幅有明确要求。编辑"坚持一下",又仔细加以推敲,将开始这两小段删掉了。

因此,"坚持一下"的精义,就是对精益求精的不懈追求。

2016年11月,刘波在《值班手记》里写了这样一段话:

昨晚基层宣讲的综合稿,拟了标题《贴近群众重实效 答疑解惑释民》,当时感觉"释"民心不太贴切,但"进"民心、"入"民心、"近"民心或勉强,或俗套,都不满意。报纸出来,版面改为"入"民心,虽贴切,但连续三篇标题都有"入心",俗套。闲下再想,是不是"润"民心更好一些?应该是。

"闲下再想",一个"闲"字,韵味尤长。稿件编罢刊出,好与不好,职责已经尽到。浮生偶得一点闲,闲来还在想标题,标题没有抵达最佳境界,内心便总闲不下来,这样的"坚持一下",岂不更加可贵?

为刘波点赞!新的一年闻鸡起舞,撸起袖子加油干,就需要刘波这种不抵最佳心不安的精神,更要呼唤"贵在于坚持一下的努力"!

附(见报稿):

为了黄土高原奔跑的动车

2分42秒的坚守

"献丑啦!"一串吉他的扫弦,倏地打破了黄土地入夜后的宁静。晚饭后工友一起哄,梁鹏辉扭捏一番,便冲大伙儿炫起他拿手的《蓝莲花》。窑洞外,列车时而呼啸而过的声响,仿佛伴奏。

"不好好干,调你去高家河!"采访中听来西安铁路局延安工务段流传的这句玩笑,记者决定实地探访一下这个条件最艰苦的工区。

从延安黄陵县城出发,车行在川峁交错、沟壑纵横的黄土高原,积雪频频为上下坡制造"险情",辗转颠簸50公里山路,抵达时已近傍晚。高家河已整村扶贫搬迁,工区职工因陋就简,6年来驻守在村民废弃的3孔土窑中,为的是维护老村旁连通革命圣地的唯一一条动车线路、每天14趟客流安全。

"初到土窑,'邻居'不少,老鼠遍地跑,臭虫见人咬。更愁人的是夏天整月断水，冬天烧炕不暖，还停电，买个菜要往二十里外集镇赶"，未及而立，已做了三年"窑洞工长"的梁鹏辉想方设法让工区更有"家"的味道。记者跟着他内外一转，可不是——几年光景，引山泉水，盘土锅炉，垦了菜地，圈起鸡笼，在洗澡最是奢侈的黄土腹地，他们还拿石棉瓦垒出个澡棚，装上太阳能，棚壁画着宝塔山，左右书一联："庭小有竹春常在，山静无人水自流"。

苦中作乐，来探望的亲人却实在乐不起来。工友林玉平告诉记者："去年梁工长老母亲来探亲，当天就回了老家，撂下一句，'娃，你咋不跟我说实话！'"

时针指向8点，每天上班前总想给大伙提神鼓劲的梁鹏辉停住吉他演奏喊了一嗓子："'天窗'快到了，点名！"

梁鹏辉介绍，"7座桥梁、5条隧道、9.6公里管内的线路维护、查除病害，只能在晚8点至10点、早晨6点至8点这两次'天窗期'作业。"夜渐深，气温已至零下8摄氏度，线路班长马晓兵带着工友监测轨距，七八盏手电筒在漆黑的铁路线上闪烁。

"小兵"有大志。作为名校本科毕业的准90后，在段里是个"宝"，马晓兵却主动请缨"下放最基层锻炼"，一下还下到条件最差的"窑洞工区"，也"连累"了他师傅。曾带出过5名工长的李鹏"一同下放"，"不放心娃，干脆跟过来，手把手教。"还添了毛病，"下来一年，烟瘾见长，夜出早归，睡不成囫囵觉，不抽真顶不住。"

春运在即，晓兵第一次过年回不成家，"媳妇寄来两盒老家的特产面条，跟大伙分了一盒，自己留一盒，除夕吃。"

22时28分，最后一趟奔赴老区的动车呼啸而过。暗夜里的光，将这位年轻人的青涩面孔，照得格外动人。

365天，他们天天这样守候。而延安动车通过"窑洞工区"维护区段的时间，仅2分42秒。

（原载《人民日报》2017年1月16日）

附（原稿）：

"窑洞工区"：2分42秒的坚守

陕北的夜，来得静谧，冷得寂寥。

腊月中，月如盘，银白色洒上高家河村的沟沟坎坎。

吉他声，倏地惊扰了黄土地的浅梦。"献丑！"晚饭后，工友起哄，梁鹏辉一番扭捏，便冲记者炫起了扫弦，《蓝莲花》回响在窑洞，屋外时而传来"哐其哐其"的"伴奏"——上班前，总得给大伙提神鼓劲。

"不好好干，调你去高家河！"采访听得西安铁路局延安工务段之前流传的一句玩笑，道不尽"窑洞工区"的艰辛：

从延安黄陵县城出发，车行在川峁交错、沟壑纵横的黄土高原，前日积雪频频为上下坡制造"险情"，辗转颠簸50公里山路，记者抵达时已近傍晚。沿途车马稀，高家河已整村扶贫搬迁，工区职工因陋就简，6年来驻守在3孔村民废弃的土窑中，为的是维护老村旁连通革命圣地的唯一一条动车线路、每天14趟客流安全。

"初到土窑，'邻居'不少，老鼠遍地跑，臭虫见人咬，比这更愁人的是，夏天整月断水，冬天烧炕不暖，刮风下雨停电，买个菜往二十里外集镇赶，每日三餐陕北'土豆宴'吃得人闻味儿就烦"，未及而立，已做了三年"窑洞工长"的梁鹏辉想方设法让工区更有"家"的味道，记者跟着他内外一转，可不是——几年光景，引山泉水，盘土锅炉，垦了菜地，圈起鸡笼，在洗澡最是奢侈品的黄土腹地，他们还拿石棉瓦垒出个澡棚，装上太阳能，棚壁画着宝塔山，左右书二联："庭小有竹春常在，山静无人水自流"。

苦中作乐，陋室何陋？

只是工友林玉平向记者"揭了短"，"去年他老母亲第一次来探亲，难受得当天就回了老家，撂下一句，'娃，你咋不跟我说实话！'"

"我早说住在山里么……"梁鹏辉眨巴眨巴泛红的眼圈，"'天窗'快到了，点名！"

时针指向 8 点，"窑洞工区"上工。"7 座桥梁、5 条隧道、9.6 公里管内的线路维护、查除病害，只能在晚 8 点至 10 点、清晨 6 点至 8 点这两次'天窗期'作业。"夜渐深，气温已至零下 8 摄氏度，线路班长马晓兵带着工友监测轨距，七八盏手电筒在漆黑的铁路线上闪烁。

"小兵"有大志。作为名校本科毕业的准"90 后"，在段里是个"宝"，他却主动请缨"下放最基层锻炼"，一下还是条件最差的"窑洞工区"，"连累"他的师傅、曾带出过 5 个工长的李鹏也"一同下放"，"不放心娃，干脆跟着过来，手把手教。"也添了毛病，"下来一年，烟瘾见长，夜出早归，睡不成囫囵觉，不抽真顶不住。"

春运在即，晓兵第一次过年回不成家，"媳妇寄来两盒老家的特产面条，跟大伙分了一盒，自己留一盒，除夕吃。"

22 时 28 分，最后一趟奔赴老区的动车呼啸而过。暗夜里的光，将记者眼前这位年轻人的青涩面孔，照得格外动人。

延安动车通过"窑洞工区"维护区段的时间，仅仅 2 分 42 秒，有人用 365 天去守候。

下篇 好结尾如撞钟

言虽止而意无尽

真个叫"三句话不离本行",2004年春节期间和家乡几个新闻界的朋友小聚,不知怎么话题一转就说到了报纸。朋友们对《人民日报》年终报道的几篇年度特稿甚为赞赏,认为第一党报就该常做些这样的大气文章,不仅立意高,视野宽,写作上也多可圈点。可说到写作时,却来了个"但是",何者?道是结尾似不大讲究,有些读来感觉雷同。回京后找出报纸一比较,发现确有这个问题。比如:

我们相信,经过宁夏人民和全国人民的艰苦奋斗和共同努力,"西部崛起,宁夏腾飞"的那一天一定会早日到来。
站在新的起点,宁夏蓄势待发。
(《塞上江南风景异》2004年12月13日)

我们相信,龙江人民在省委、省政府的带领下,抓住东北振兴的大好机遇,振作奋起,一定能在黑土地上绘出更新更美的图画。
黑龙江,好日子还在后头。
(《龙江奋起写新篇》2004年12月26日)

"沧海可填山可移,男儿立志当如斯。"在大连规模浩大的填海工程工地上,当我们看到这一巨幅标语的时候,我们坚信:辽宁振兴的目标一定能够实现!
(《辽宁昂首振雄风》2004年12月27日)

这几个结尾，高昂响亮，富有气势。犹如一曲雄浑的交响，在音乐达到强烈高潮时，突以千钧之力一下子收住，如截奔马，令人振奋。

但是，"好话三遍惹人烦"，再好的形式也架不住一而再、再而三地集中出现，特别是有些用词太近，或"我们相信"，或"我们坚信"；或"一定会"，或"一定能"，给人以似曾相识之感。

俗话说："编筐编篓，全在收口。"文章要结好尾确实不大容易。"凤头、猪肚、豹尾"的说法，无非就是强调文章要有个有力的结尾，也即元朝陶宗仪说的"起要美丽，中要浩荡，结要响亮"。

那么，结尾如何才能"结得响亮"呢？古人在这方面为我们总结了不少好方法。清朝沈祥龙在其《论词随笔》中道："结有数法：或拍合，或宕开，或醒明本旨，或转出别意，或就眼前指点，或于题外借形。"

这段话，着重说的是"拍合""宕开"之法。"醒明本旨"也即"拍合"；"转出别意""于题外借形"都属"宕开"。

我们先来说说"拍合"。

"拍合"者，在有的古代文论中称作"伏应归结"，指在行文中使用伏笔和应笔，或用在文章的一首一尾，或用在文中与文尾，遥相呼应，返本归原。

《人民日报》这组 2004 年度特稿中的《荆楚大地涌春潮》，就是用首尾呼应的手法"拍合"的。

> 奔腾东进的长江吟诵着气势恢弘的乐章，而纳百川千湖的湖北段是其中秀美的诗篇。江山多娇、文化灿烂，千百年来长江记录着白云黄鹤之乡的沧桑变迁，更见证着荆楚大地广大干部群众抓机遇求发展的光荣与梦想……

这是通讯的开头，扣住广大读者对湖北位于长江中游这一地理上最鲜明的特点入笔，全篇收尾时又回到长江结笔：

大江东流去，风正一帆悬。在求变中奋起的湖北，必将挺起脊梁，伴随着长江激昂澎湃的旋律，托起长江经济带的巨龙。

一首一尾或文中与文尾呼应结尾的"拍合"法最常见，也易理解，不再赘言。

"拍合"的另一手法"醒明本旨"，即在结尾时再次进一步点明文章主旨，尽管章句也许与前面不合，但在立意上必定是圆合的，是用精练的语言照应全篇，用思想的升华概括结尾。也就是白居易所说的"卒章显其志"。

本报此类年度特稿始于1994年的《来自东西南北中的报告》，其开篇之作《登泰山更知天下阔——从山东看改革发展稳定的关系》（1994年1月24日）一文的结尾，就是用的这种笔法：

泰山极顶处，有一座无字石碑直冲霄汉，相传立于秦汉。如今，8600万齐鲁儿女和全国各地人民正在进行的事业，是任何时代的事业所无法比拟的。生机勃勃的改革大业是亿万人民创造的。改革成功与否，在于亿万人民的参与，在于亿万人民的创造性精神，在于能否给亿万人民带来实实在在的利益。在以往的15年里，山东能够在改革、发展和稳定三个方面取得成果，这是内核所在。

本报记者吴长生在《人民日报海外版》上发表的《多元的宗教 多姿的"庙"》（2004年8月20日），用轻松的笔调介绍了弹丸之地的香港"宗教信仰的包容度异常广阔，远远超出了地域的局限"，也是在结尾用一笔"醒明本旨"：

香港是多元的，人的世界如此，神的世界也如此。

这样的结尾就像高明的画家描龙画凤，留待最后方饱蘸浓墨，提笔点睛。汇聚万钧力量——思想的力量，聚在眼睛这个焦点上，一笔画出，像一道闪电照亮夜空，以深刻的思想性给读者启迪和教益，从而使全篇为之生色增辉，精警传神。

再来说说"宕开"。

明朝沈德潜的《说诗晬语》中说到诗的结尾，道"收束或放开一步，或宕出远神"。意思是说，"宕开"一法还有宕得少些和远些之别。沈德潜接下去举例，杜甫的"何当击凡鸟，毛血洒平芜"，是"就画鹰说到真鹰，放开一步也"。王维的"君问穷通理，渔歌入浦深"，便是"解带弹琴宕出远神也"。

古人也称后者为"实下虚成"法。前面写实，结句突然以虚写来宕开，或以景截情，化情为景；或以物截情，化情为物（也即沈祥龙所说的"于题外借形"），引读者进入一个时空无限的境界，使人感到余韵不绝，徘徊不去。最经典的结句就是"曲终人不见，江上数峰青"。

本报《来自东西南北中的报告》之四《北国春光正露头——从东北看国有大中型企业的振兴》（1994年1月29日）一文的结尾，就是用的宕开一步的手法：

半个月的时间，匆匆地穿过黑、吉、辽。纵然冰雪覆盖，你也分明能感到它的深沉和它蕴含着的力量。一月的寒风，料峭依旧，但人们的渴望已涌出心头：东北，春天就要来了！

从自然气候写到人们对国企改革振兴的企盼，一语双关。

《华尔街日报》三大名笔之一的美国记者肯恩，以对越战与众不同的出色报道著名。肯恩喜欢从受害者角度报道战争，在写法上也不落俗套。比如他的《德克托战役的价值》一文，就是巧妙地用"宕开"笔法结尾的。

八七三高地之下，直升机忙着卸下装备、尸体与伤兵。钢盔、武器与装备堆积得犹如金字塔，塔顶上有一本血渍斑斑的平装书本——《如何预备上大学》。

杀戮的武器与考学的书本，战争与和平，结尾的描写构成强烈反差。一册《如何预备上大学》，如峰飞来，更入木三分地点明了反战主题。可谓是"宕出远神"，而又切题至深。

我手边保留着 2004 年 11 月 18 日《南方周末》上的一篇短文《至少她曾经活过》，让我留下此文的原因即是其结尾的别出心裁：

在 3 月份的第三个星期，一个晴朗的日子，爱尔米拉停止了呼吸（笔者注：活了 17 个月）。母亲从柜子里拿出了那件小小的白色裙子给她穿上，并按照宗教习惯，祈祷逝者的再生。

他们给孩子起名时不知道，爱尔米拉在经书上的含义，是"永不死亡"。

在一个晴朗的日子里，一个只有 17 个月的生命结束了。母亲给她穿上小小的白色裙子，是第一次，也是最后一次（前文有伏笔）。而这个已停止呼吸的小生命，名字的含义竟是"永不死亡"！

一连好几个强烈反差，用看似淡然的文字写来，末了宕开，出人意表，使人先前沉如九鼎、始终压抑的情感之窗訇然中开，感情涌向极致。真个是词尽意不尽，"言虽止而意无尽"（清·刘熙载《词概》），让读者在写尽的文字之外联想无穷，感慨万端。

文章结尾方法很多，这里自然不能尽说。但有一点还是应费点笔墨再强调一下的，就是对收结之法既要熟谙，又要勇于突破，大胆创新。

此文开头提到的 2004 年度特稿的结尾，多用急收式，此法通常是在感情最激越、最高昂处戛然而止。易卜生《玩偶之家》的结尾是："楼下砰的一响传来关大门的声音。"娜拉出走了，大幕拉拢了。

这样的急收，则是在最能逗引读者想象的地方凌空收住，让人在离开剧场以后，那个问题仍禁不住在心里萦绕缦回：娜拉出走以后会怎么样？她会开始一种什么样的生活？余韵无穷，溢于剧外。

在新闻业务上卓有建树的，也总是勇于创新者。

本报原总编辑范敬宜1982年在辽宁日报时，一次下乡采访，夜宿公社办公室，睡得很香。早上和县宣传部干事聊天，这个干事当过6年公社秘书，聊起这个话题很感慨："前几年，公社干部很少睡个安稳觉，一是上面靠电话指挥生产，晚上得守在电话机旁；二是社员要钱要粮的、告状报案的，经常半夜就来堵门。"

范总敏锐地意识到，这个变化深刻反映了农民安居乐业的新气象，于是写了篇消息《两家子公社：夜无电话声 早无堵门人》。消息最后赋诗一首结尾：

> 劫后灾痕何处寻？
> 月光如水照新村。
> 只因仓廪渐丰实，
> 夜半不闻犬吠声。

消息发表后，读者称写得新鲜好读，有的同行却不以为然："消息后面加首诗，不伦不类。"

范总不同意："没有这首诗，就不能把自己对三中全会路线的感情充分表达出来。文章没有感情，怎么能打动人？再说写新闻，文无定法，也应当不拘一格，难道按照一成不变的模式去套才行？"

写新闻文无定法，当不拘一格！是为至理。结尾如此，开头如此，谋篇布局造境立意莫不如此。吾辈后学者不可不记。

附：

至少她曾经活过

2004年新年午夜，法塔梅·哈卡米登上屋顶，她的女儿爱尔米拉今天就要死了。

她对着夜空高喊："我的女儿正在为她小小的生命斗争，起码让她和我一起度过新年吧！"第二天，脸色已经发青的婴儿竟然从死神中恢复过来了。法塔梅摩挲着孩子无力下垂的胳膊和腿，低声地喃喃自言自语道："爱尔米拉！我的宝宝，小爱尔米拉，漂亮的好孩子，你太小了，不会死的！"

经过两次流产的法塔梅2002年又一次怀孕，超声波检查时显示出是孪生儿！看着两颗小心脏的微弱跳动，法塔梅高兴得直流眼泪。

爱尔米拉是孪生儿中第一个来到世界的，安静而快活。可是突然有一天，爱尔米拉昏迷不醒，没人能够唤醒她。经医生诊断，艾尔米拉头部有肿瘤，并且有严重的脑水肿。医生在会诊中发现，这是一种非常少见的恶性肿瘤，也许孩子出生时就存在了，没有任何能对付它的诊治方案。

在汉堡两个月的化疗中，孩子真的有所恢复，可以开始爬两步了，但是爱尔米拉脑中的肿瘤没有变小，仍然没有任何治愈的希望。12月份的一天，母亲发现经历太多化疗的爱尔米拉失明了，面对黑暗时非常恐惧。主任医师看了孩子的病情，同样无能为力，抱着孩子和父母一起哭。

法塔梅去墓地给爱尔米拉选了一个墓址，买了一件小小的白色裙子，放在衣柜里。汉堡的医生说爱尔米拉的生命不会超过一个月，但是六个星期过去了。简直不可思议，这个小小身躯有多少力量在对抗病魔！

爱尔米拉的病情有一阵子好像有所恢复，脸色有些红润，可以洗澡，疼痛也消失了。法塔梅以为奇迹出现了。可是在3月份的第三个星期，一个晴朗的日子，爱尔米拉停止了呼吸。母亲从柜子里拿出了那件小小的白色裙子给她穿上，并按照宗教习惯，祈祷逝者的再生。

他们在给孩子起名时不知道，爱尔米拉在经书上的含义，是"永不死亡"。

（原载《南方周末》2004年11月18日　崔峤　译）

附：

两家子公社：夜无电话声　早无堵门人

本报讯（记者　范敬宜）3月3日、4日，记者夜宿康平县两家子公社秘书办公室，发现从就寝到次日早晨，没有来过一次电话，也没有一个社员来报案、告状或要钱要粮，公社干部睡得安安稳稳。

据当过六年秘书的公社干部赵富权说，前几年情况大不一样，经常刚刚睡下，电话铃又响了，不是下通播指示，就是追生产进度。冬天只好把电话机搬到枕头旁边。随着领导作风的转变，上面这种靠电话指挥工作和搞形式主义的现象大大减少了。

一年前，两家子还是全县最穷的公社之一，一年到头，生产队干部和社员来公社要农贷和救济粮、救济款的踏破门坎，往往天不亮就有人来堵公社党委书记的被窝。现在已经看不到这种情景了。去年他们实行了包干到户责任制，全社人均收入由历年六七十元增加到一百六十五元，有的老"三靠"队达到四五百元。社员生活好转了，不但不再向国家伸手，由于"穷泡、穷靠、穷打、穷闹"造成的民事纠纷和家庭纠纷也越来越少。

4日深夜，记者步出敞开的公社大门，遥望沐浴在银白色月光下的远近村庄，显得分外安谧，不禁遐想联翩，成诗一首：

劫后灾痕何处寻？
月光如水照新村，

只因仓廪渐丰实，

夜半不闻犬吠声。

（原载《辽宁日报》1982年8月15日）

附：

多元的宗教 多姿的"庙"

吴长生

近两个月中，两件宗教界的大事，轰动了全香港。一件是陕西法门寺的佛指舍利莅港供奉，10天中竟有上百万信众虔诚瞻礼；一件是刚刚结束的中国教会圣经事工展览，也吸引了成千上万基督、天主教徒前往参观。这两件事，是香港拥有宗教信仰充分自由的真实写照，而在这小小的弹丸之地，宗教信仰的包容度却异常广阔，远远超出了地域的局限。

100多年的特殊历史，使香港形成了中外人口杂居、东西文化交融的社会形态，宗教信仰多种多样，宗教场所也多姿多彩。1997年香港回归以后，这种状况不仅没有改变，而且有了新的发展，上述两项与内地宗教界交流的盛事，就是最好的例证。

目前居住在香港的近700万人中，有几十万外国人，光菲律宾、印度尼西亚的外佣就有20多万。而早年移居此地的欧洲、印度、尼泊尔等国的侨民，实际已经在这里生根、开花、结果。近年来香港发展事业的美、澳、日、韩等国的新人，则带来了各自的信仰和习惯。至于占绝大多数的中国人，更是完整地保留着五花八门的宗教信仰和祭拜习俗。因此，香港是中国传统节、外国西洋节都过，而这些节日一般都是与宗教相关的；一年到头，不同的场所，接连不断地举行着不同的宗教活动。这些活动不光有庄严的宗教意义，也成为当地民众聚会联欢的"由头"，其中不少还成为吸引游客的重要项目。

道教的黄大仙祠，不仅是当地信众参拜、祈福的圣地，更是外来游客的必到之所。这里常年香火旺盛，其中不少是慕名而来的游客。相比之下，佛教信徒更注重在家中日常的礼拜，除特别的佛教重大节日以外，一般佛寺平日都保持着如志莲静苑般的清静，这组仿唐建筑是近几年才重建的。香港的基督、天主教徒都分别有几十万，各式教堂遍布全香港，它们有的"挤"立在铜锣湾的商业闹市之中，有的高居于清幽的山坡之上；有的保持着原汁原味的西洋风格，有的已经被明显"汉化"。孔圣堂，是祭祀至圣先师孔老夫子的地方。天后庙，可谓比比皆是，供奉的是深受沿海人民爱戴的中国女神。在港岛中心区跑马地，印度庙与锡克庙只相隔两三百米，教徒各自平静地举行着宗教仪式，诵经之声隐约相闻。而在印度本土，这两个教派却经常发生激烈的冲突。尖沙咀的伊斯兰教清真寺，高大巍峨。街头随处可见的土地祠，低矮简陋，却也尽享香火与供品。

香港是多元的，人的世界如此，神的世界也如此。

（原载《人民日报海外版》2004年8月20日）

开放式结尾：更得"言外之味"

"外地人到湖北武汉，总想去看看汉正街。"

为啥？在改革开放初期，汉正街拉开了个体私营经济重返中国经济舞台的第一幕。但在商业形态早已天翻地覆的今天，汉正街的中落无可避免。《"对内搞活看汉正街"》（2018年8月31日）这篇报道会怎么结尾呢？

2008年，在北去汉正街20余公里的一片乱泥岗，一个名叫阎志的湖北青年企业家，认准中心城区传统批发市场转移大趋势，瞄准中国第四代批发市场的定位，押上全部身家，打造升级版"新汉正街"。

10年过去，当年的"天方夜谭"，如今被冠以"全国规模最大的消费品交易与物流平台"。与汉正街遥相呼应，"汉口北"，又一个全国性商业符号诞生了……

有形的汉正街市场变小了，无形的汉正街仍在长大。

有虚有实，虚实相生，记者最后的一句议论，让报道境界大开，令读者浮想联翩。

这是一种开放式的结尾方式。

"记者调查"一篇稿能写一整版，给记者讲故事留出了空间，不少记者在报道中开始学习采用这样的结尾方式，令报道言近旨远，词尽而意不尽。

《离监探亲的回家路》（2018年3月23日），说的是2018年春节安徽11所监狱的19名服刑人员离监探亲的故事，故事聚焦因受贿罪于2011年入监、6年多没回家的服刑人员田立业的回家路。这个故事怎么结尾？

原稿是这样的：

> 返监当晚，老田在自己床头的床位卡上写下新年的小目标："还剩一年半的刑期，还有一次减刑机会，好好表现，争取明年彻底回家过年！"他还给监友们带回一大袋子的糖果、巧克力，逢人就分享点儿新年的"喜气"，讲两句回家的故事。
>
> 其实，老田还带回了亲情的感化，社会的帮教。不自觉地，聊到高兴时大家相互间的笑容、憧憬，说到动情处彼此拍拍肩膀的安慰、鼓励，犹如一缕穿透高墙的暖阳，点亮了狱内每个人的心灯，温暖了平日厚重冰冷的监门。

由一人而众人，虚写一笔宕开，但语言稍显直白，余韵不足。"记者调查"编辑组对这个结尾做了一点调整（见报稿）：

> 老田给监友们带回一大袋子糖果、巧克力，逢人就分享点儿新年的"喜气"，讲两句回家的故事。
>
> 其实，老田还带回了亲情的感化、社会的帮教。不自觉地，聊到高兴时大家的笑容、憧憬，说到动情处彼此拍拍肩膀的安慰、鼓励，犹如一缕穿透高墙的暖阳，温暖狱内每个人的心……
>
> 返监当晚，老田在床头的床位卡上写下新年的小目标："还剩一年半的刑期，还有一次减刑机会，好好表现，争取明年彻底回家过年！"

故事紧扣老田身上，实中有虚。不仅首尾呼应得更紧，而且新的故事获得了生成的合理逻辑,一波方平,势必又一波将起——一个故事结束了,可它又标志着那些即将展开的故事正在开端。

让报道保持在这样一种开放的状态中,你的报道也就增添了不少言外之意。

应该指出的是,不只是"记者调查"版篇幅大,有讲故事的空间,才适合开放式结尾。事实上,这只涉理念,而无关篇幅。

2018年5月,我给《新时代的奋斗者》专栏写了一稿,报道我国中船重工702所研究员、载人潜水器"深海勇士"号总设计师胡震。在采访中了解到,我国深海载人潜水器三大类产品都是这个所研制的。最早是著名的"蛟龙"号——7000米级载人潜水器,徐芑南院士任总设计师,胡震任动力与设备副总设计师;接下来是4500米级载人潜水器"深海勇士"号,胡震任总设计师;再往后的一个大类——全海深载人潜水器,由胡震的助手、"深海勇士"号副总设计师叶聪任总设计师。三代人接力,后两代先任副总设计师,再担纲"主演",真正是"薪火相传",很有意义,也很有深意。所以,我构思了这样一个开放式的结尾:

> 如果说"蛟龙"好比"跨栏","深海勇士"便是"深蹲",下一步研制全海深载人作业潜水器就是"深蹲"后有力的"起跳",标志着我国这个领域在国际上已全面实现从跟跑到领跑的跨越。"不只是设计水平上台阶,还有人才队伍。"胡震说,项目起步时团队30人,现在60人,"研制全海深潜水器也是这个团队。"胡震开心地说,"国外来交流的专家都是白头发,我们团队平均年龄33岁。"
>
> 叶聪,现为全海深载人潜水器总设计师,记者一问,1979年出生的,今年才39岁。

胡震的故事结束到了叶聪身上,似是形散,而神不散,在最理想的传承中,胡震的故事获得新的延续。这个开放式的结尾可以让人涵咏不已。

然而十分遗憾，版面编辑把这个结尾给改了。见报稿结尾是这样的：

靠自己，就要甘愿委屈自己，舍得折腾自己。用胡震的话说："奋斗是科研人员的本分。""蛟龙"检测花了半年，"深海勇士"则用了整整一年。去年"深海勇士"海试下潜了28次，总结时胡震毫不讳言其中有两次不成功。"出问题不怕，我们连夜就把问题解决了，保证第二天能正常下潜。"胡震说，"搞科研不能图虚荣，我们这个潜水器是奔着商业应用的，高可靠性最要紧。"

为什么要这么改？

这篇报道的标题是《"奋斗是科研人员的本分"》，揣摩编辑的初衷，或觉得这样一改，结尾正好点明题旨——用主人公的话扣上标题。

这也不是不行，"首句标其目，卒章显其志"。结尾醒明本旨，不失为好方法之一。但，只是"之一"。

文无定法，需要根据报道灵活运用。循体而成势，随变而立功。

在这篇报道中，三大类深海载人作业潜水器的研制，分别由三代科学家领军挂帅，是隐在文中的一条副线，原稿收结于第三代年轻科学家，更能彰显"奋斗是科研人员的本分"这一主题，可以说，是将报道主题拓展了。放开一步，更能收词尽意不尽之效。

事实上，与西方美学精神重在写实不同，中华美学精神是重在写意的。"美在意象"是中华美学精神的真谛。国学大师王国维认为，第一流的艺术在于有意境，而意境就是要人感到"言外之味，弦外之响"。

因此，假设有几种结尾方式可供选择，我以为首当尝试"开放式"——结束的同时，又标志着新的开端，而尽得"言外之味，弦外之响"。

附（见报稿）：

胡震领衔研制"深海勇士"号载人作业潜水器，实现自主创新——

"奋斗是科研人员的本分"

没有光，没有氧气，也没有浪涛，对于人类来说，这里仍是神秘之境——千米以下的深海。胡震领衔研制的"深海勇士"号载人作业潜水器，就是要让中国人在4500多米的深海海底任意潜游。3月20日，"深海勇士"号潜水器从海南三亚出发，开始在南海执行应用航次任务。

胡震是中船重工702所研究员，"深海勇士"号总设计师。他的办公室里除了靠墙一排保密柜，最引人注目的，就是那个"蛟龙"号载人潜水器模型。

或许好多人还记得那次深海和深空的对话。2012年6月24日，我国"蛟龙"号载人作业潜水器成功坐底马里亚纳海沟7020米深度，3位潜航员向试验船报告，祝愿景海鹏等3位航天员与"天宫一号"对接顺利！消息传到太空，"天宫一号"手控交会对接成功后，3位航天员也向3位深潜员祝贺，"祝愿我国载人深潜事业取得辉煌成就！"

"蛟龙"是我国自主设计、自主集成的7000米级载人潜水器，胡震任动力与设备副总设计师。

"为什么7000米级都解决了，还做4500米级的载人潜水器呢？"

"海洋平均深3700米，深海考察热点地区主要在4500米以上。"胡震介绍说，用7000米级潜水器来干活是大马拉小车，不实用，"更重要的，'蛟龙'是对世界先进技术和装备的集成，而'深海勇士'从技术到装备都国产化，是真正的自主创新。"

20世纪以来，深海大洋先后出现了美国人、俄罗斯人、法国人和日本人的身影，我国起步还不到50年。2009年，"蛟龙"号刚完成研制，还没进行海上试验，科技部就启动了4500米载人潜水器关键技术攻关。"那段时间难题一个接一个,这幢办公楼天天晚上灯火通明。"胡震笑笑说。

受制于我国工业发展水平,从技术到装备还需跨越巨大鸿沟。比如,最关键的载人球壳,是个内径2.1米的钛合金球,分两个半球冲压,幅宽大于3米、厚达90毫米,试样竟多达几千次。从立项到成品,花了整整6年。"宁可慢点,也要把牢技术。"胡震自豪地说,"现在我们这项技术绝对国际领先。"

"蛟龙"号10年立项、10年研制。"深海勇士"从立项到去年完成全部海上试验,不到8年。"深海勇士"号副总设计师叶聪认为,胡震呕心沥血、事事亲力亲为,也是提速的重要原因,"一般总师主要管决策层面,而我们称胡总是'一直在线的总师'。"

采样篮用的吸铁石只需几块,技术含量却不低:铁会锈,海水有腐蚀性,这个吸铁石则必须抗腐蚀……胡震把国内60多个相关厂家全找出来,一家一家打电话。总算在上海找到了厂家,他亲自去谈。一年半里,为这个几千块钱的小部件,去了上海十来趟。

"您是总师,为什么这么个小部件也亲自出马?"

"因为产品概念和标准都在我脑袋里,其他人不一定有我这么清楚。"胡震微微一笑。

如果说"蛟龙"好比"跨栏","深海勇士"便是"深蹲",下一步研制全海深载人作业潜水器就是"深蹲"后有力的"起跳",标志着我国这个领域在国际上已全面实现从跟跑到领跑的跨越。"不只是设计水平上台阶,还有人才队伍。"胡震开心地说,项目起步时团队仅30人,现在达60人,"研制全海深潜水器也是这个团队。国外来交流的专家都是白头发,我们团队的平均年龄仅33岁。"

叶聪现为全海深载人潜水器总设计师,记者一问:1979年出生的,今年39岁。

胡震为这一局面不懈奋斗了十几年:1991年从中科院沈阳自动化所研究生毕业到702所后,他就跟随后来任"蛟龙"号总设计师的徐芑南院士研发无人潜水器。那时国家科研经费投入少，有时连工资都拖欠。一个亲戚"挖"他到自己公司当部门经理，负责计算机系统，年薪百万，并承诺5年后送他一个公司。胡震请假去试了一星期，就回到所里。"总感觉我们国家这方面迟早要发展，开发海洋肯定要靠自己，不可能总靠国外技术。"

靠自己，就要甘愿委屈自己，舍得折腾自己。用胡震的话说："奋斗是科研人员的本分。""蛟龙"检测花了半年，"深海勇士"则用了整整一年。去年"深海勇士"海试下潜了28次，总结时胡震毫不讳言其中有两次不成功。"出问题不怕，我们连夜就把问题解决了，保证第二天能正常下潜。"胡震说，"搞科研不能图虚荣，我们这个潜水器是奔着商业应用的，高可靠性最要紧。"

（原载《人民日报》2018 年 5 月 2 日）

附（原稿）：

胡震：奋斗是我们的本分

没有光，没有氧气，也没有浪涛，对于人类来说，这里仍是神秘之境——千米以下的深海。

胡震领衔研制的"深海勇士"号载人作业潜水器，就是要让中国人在4500米以上的深海海底任意潜游。3月20日，"深海勇士"号潜水器从海南三亚出发，已开始在南海执行应用航次任务。

胡震是中船重工702所研究员，"深海勇士"号总设计师。办公室里除了靠墙一排保密柜，最引人注目的，就是那个"蛟龙"号载人潜水器模型。

或许好多人还记得那次深海和深空的对话。

2012年6月24日，我国"蛟龙"号载人作业潜水器成功坐底马里亚纳海沟7020米深度，3位潜航员向试验船报告，祝愿景海鹏等3位航天员与"天宫一号"对接顺利！消息传到太空，"天宫一号"手控交会对接成功后，

3 位航天员也向 3 位深潜员祝贺，"祝愿我国载人深潜事业取得辉煌成就！"

"蛟龙"是我国自主设计、自主集成的 7000 米级载人潜水器，胡震任动力与设备副总设计师。

"为什么 7000 米级都解决了，还做 4500 米级的载人潜水器呢？"

"海洋平均深 3700 米，深海考察热点地区主要在 4500 米以上。"胡震介绍，用 7000 米级潜水器来干活大马拉小车，不实用，"更重要的，'蛟龙'是对世界先进技术和装备的集成，而'深海勇士'从技术到装备都国产化，是真正的自主创新。"

20 世纪以来，深海大洋先后出现了美国人、俄罗斯人、法国人和日本人的身影，我国起步还不到 50 年。2009 年，"蛟龙"号刚完成研制，还没进行海上试验，科技部就启动了 4500 米载人潜水器关键技术攻关。"那段时间难题一个接一个，这幢楼天天晚上灯火通明。"胡震笑笑说。

受制于我国工业水平，技术到装备之间存在巨大鸿沟。比如最关键的载人球壳，是个内径 2.1 米的钛合金球，分两个半球冲压，幅宽大于 3 米、厚达 90 毫米，试样竟多达几千次。从立项到成品，花了整整 6 年。"宁可慢点，也要把牢技术。"胡震自豪地说，"现在我们这项技术绝对国际领先。"

"蛟龙"号 10 年立项，10 年研制。"深海勇士"从立项到去年完成全部海上试验，不到 8 年。其中，前者可师自然最关键，"深海勇士"号副总设计师叶聪认为，胡震呕心沥血、事事亲历亲为，也是重要原因，"一般总师主要管决策层面，而我们称胡总是'一直在线的总师'。"

采样篮用的吸铁石，只需几块，技术含量却不低：铁会锈，海水有腐蚀性，这个吸铁石却必须抗腐蚀。胡震把国内相关 60 多个厂家全找出来，一家一家打电话。总算在上海找到了厂家，他亲自谈。一年半里，为这个几千块钱的小部件，去上海十来趟。

"您是总师，为什么这么个小部件也亲自出马？"

"因为产品概念和标准都在我脑袋里，其他人不一定有我这么清楚。"胡震微微一笑。

胡震盼这一天盼了十几年。他 1991 年从中科院沈阳自动化所研究生毕业到 702 所后，就跟随后来任"蛟龙"号总设计师的徐芑南院士研发无人潜水器。那时国家科研经费投入少，有时连工资都拖欠。他的一个亲戚"挖"他到自己公司当部门经理，负责计算机系统，年薪百万，并承诺 5 年后送他一个公司。胡震请假去试了一星期，就回到了所里。"总感觉我们国家这方面迟早要发展，开发海洋肯定要靠自己，不可能总靠国外技术。"

靠自己，就要甘愿委屈自己，舍得折腾自己。用胡震的话说："奋斗是科研人员的本分。""蛟龙"检测花半年，"深海勇士"则用了整整一年。去年"深海勇士"海试下潜了 28 次，总结时胡震毫不讳言其中有两次不成功。"出问题不怕，我们连夜就把问题解决了，保证第二天又正常下潜。"胡震说，"搞科研不能图好听，我们这个潜水器是奔着商业应用的，高可靠性最要紧。"

如果说"蛟龙"好比"跨栏"，"深海勇士"便是"深蹲"，下一步研制全海深载人作业潜水器就是"深蹲"后有力的"起跳"，标志着我国这个领域在国际上已全面实现从跟跑到领跑的跨越。"不只是设计水平上台阶，还有人才队伍。"胡震说，项目起步时团队 30 人，现在 60 人，"研制全海深潜水器也是这个团队。"胡震开心地说，"国外来交流的专家都是白头发，我们团队平均年龄 33 岁。"

叶聪，现为全海深载人潜水器总设计师，记者一问，1979 年出生的，今年才 39 岁。

"编筐编篓，全在收口"

> "尼玛，那里是生命的禁区"；
> "吃饭睡觉也是我们的工作任务"；
> "缺氧不缺精神，低氧不低标准"……

读一读这样的小插题，便大致知道《没有比海油人更高的高原》这篇通讯要向我们讲述的内容了。自 2002 年以来，中国海油受命对口支援地处藏北无人区的尼玛县，两批援藏干部深入这块平均海拔 4800 米——被视为生命禁区之地调研、工作、干项目……

通讯写得很实：陷车，有人被洪水夺去生命；一两个月洗回澡，一次洗掉一斤泥；调研，两年跑遍全县 15 万平方公里上的 15 个乡镇；打电话几十次拨不出，不得不把内地的家丢一边……故事一个接一个，感人的细节一个接一个，平实而黏稠，读者的感情也随着报道缓缓前推，一点一点层层累积，结尾便有水到渠成之感，援藏干部于永杰之子的一句话遂将那情感之窗猛地推开：

> 去年十一长假，考上了北京理工大学的孩子去西藏看望老于，非要去尼玛看看他工作的地方到底有多苦。老于劝阻无效，从那曲下了国道，车子开上去尼玛的土路才两个小时，孩子的眼泪就出来了："爸，我不去（尼玛）了，您真不容易，我理解……"

这样的结尾令人泪眼共鸣，令人执卷流连。

大学里上新闻课时，一定会专门讲新闻报道的开头——导语，但恐怕鲜有专门讲如何结尾的。在新闻实践中，大家也往往较为重视开头，而对结尾关注不够。

其实，"编筐编篓，全在收口"。文章的口怎么收，是相当紧要的。

作家林斤澜说过：

> 精彩的最后一句，有时候好比拳击中的最后一击。有时候好比画龙点睛。有时候带动全篇，竟有叫全篇改观的。有时候又一言发人深省，一言绕树三匝。

达到这样的境界自然很难，但准确、明晰，总是应该遵循的基本准则。

《锦江春色来天地——记2006年"全国巾帼建功标兵"、中海石油研究中心首席工程师朱江》（《中国海洋石油报》2007年3月28日），通讯的标题是在结尾中出现的。许多人喜欢引用古人的诗句作题，有气势，有意境。如果诗句浅显易懂，文中完全可以省略交代；倘是所引诗中有典故，或者作者又借以引申发挥，则一定要在文中做相应的说明，通常将其安排在结尾一段，以收画龙点睛之效。古人总结的结尾方法中称作"醒明题旨"。我们且看这篇通讯是如何在结尾"醒明题旨"的：

> "锦江春色来天地"，或许是因为初春的缘故，采访结束，走在如水的人流中，我的脑海里舒卷着一幅淡雅而明媚的春日图画——春色里，朱江微笑着送我走出办公室，旋即又投入到如约而至的工作中，一切，都似杨柳吐绿般清新而美好……

"锦江春色来天地"，语意浅白好解，但"锦江"是个很实的地名，即现今成都的府河，古称锦江。文中没说朱江是成都人，只提到朱江是西南石油大学毕业的。如果"锦江"特指的就是这个意思，那么，引了这一诗句后，记者应有一笔解释。否则，本来似乎是对题旨作解读的，只是点到，全无片语说明，便令人困惑不解了。

醒明题旨，只是在题旨还不明的情况下要点出，如果其意已明，就不必多费笔墨。2007年3月21日《中国海洋石油报》四版《出海人的爱情》，结尾部分是这样的：

就在我将要又一次上平台时，她拿出了一对玉石，将其中一块戴在我的脖子上，说："这是我随公司出去旅游时在一座庙里求的，你在海上工作危险，戴上它，会保佑你平安的。"我将另一块给她戴了上去，在心底默默地祝福，希望佛祖能保佑我们的爱情幸福甜蜜。

于是我知道，我们出海的人也能拥有甜蜜的爱情。

最后一句点明题旨。但事实上我们读过两人互戴情侣玉石一段，便明白丘比特的小箭已射中两个年轻人，最后的那句"醒明"也便成了蛇之足。正如毛主席说："许多新闻意义已明显，一看就明白，如插议论，就像画蛇添足。只有那些意义不明显的新闻，要插句把两句议论进去。"（《毛泽东新闻工作文选》）

3月21日四版上还有篇《回眸"睦宁"———一个女实习生的海上日志》，这样结尾：

我们登上飞机，系好安全带，戴上耳机，心情很矛盾，急切想回去，又特别的不舍。在飞机起飞的一刹那，淡淡的失落掠过心头。飞机起飞了，我的梦想起飞了吗？投入大海的怀抱，感受水天一色，未来还有这样的日子、这样的机会吗？

再见了，同船战友。再见了，睦宁！

两个问号，引人遐思，本来可求余音绕梁之效，可添上两个"再见"，这一意蕴便完全被破坏了。

简练是写作的至境。以简名世的小说大师契诃夫曾说："依我看来，写完小说，应当把开头和结尾删掉。"(《契诃夫论文学》)此说也许有失偏颇，但其为文须力求简洁、精粹之意，是我们应永远牢记的。

构思结尾时还有一个问题要注意，结尾是文章的有机组成部分，不能为结尾而结尾，上下文须浑然一体，要注意其内在逻辑的严密性。

《凯歌初奏北部湾》(《中国海洋石油报》2007年3月7日)这样结尾：

> 在浩瀚苍茫的北部湾，"COSL941"雄踞于蓝天和碧海间，那样雄壮，那样威严。马达轰鸣，钻头聚集的力量向着大海深处挺进。

遒劲有力，颇具气势，但这一结尾和前面内容在内在逻辑性方面却不够严。

此前一段是：

> 后勤人员掌握了每一个作业人员的作息时间，了解谁什么时间吃饭，谁还没有吃，保证"COSL941"上的所有人员随时都能吃上热饭热菜。

这是一个生活场景，转接到结尾的工作场景，应该有一两句必要的过渡，现在这样硬接显然过于突兀。

《"我们是后勤的后勤"》(《中国海洋石油报》2007年4月4日)，这样结尾：

> 说话间，记者不禁抬起头细细打量起她们来。三个女孩子，高挑的身材，发髻高高绾起，化着淡妆，脸上始终带着微笑。两位男士穿着一身笔挺的黑色西服套装，手里拿着对讲机，显得格外精神干练。眼

前的他们，青春、阳光、亮丽、鲜活，有一颗强烈的爱美之心。也许正因如此，他们才会像打扮自己那样去打扮大厦，他们已然把自己的形象当成了大厦的形象、公司的形象。

办公桌上，放着一本由他们团队主办的刊物——《远航》。记者的眼睛定格了杨涛的这样一段内心独白上："我们是平凡的，因为我们是千千万万服务人员中的一员；我们又是不平凡的，因为我们是中国海油的一分子……"

记者显然对末句有些偏爱，大概觉得员工自己的"内心独白"可以使报道显得更真实。但是，就内涵而言，"中国海油的一分子"显然不如前一段的"他们已然把自己的形象当成了大厦（中国海洋石油大厦）的形象、公司的形象"。"大厦的形象、公司的形象"较之"中国海油的一分子"境界高出何止一二。

"结句要出场（注：境界全出的意思），用意须高大深远沉着。"（清·方东树《昭昧詹言》）"尾声结束一篇之曲，须是愈著精神。"（明·王冀德《曲律》）。结尾的内容通常较前面是递进的，如果找不到那么"高大深远沉着"的语句，无法"愈著精神"递进，那至少也别后退。具体在上述《"我们是后勤的后勤"》这篇报道里，就不妨把最后一段删掉。

再看《云帆万里照重洋》（《中国海洋石油报》2007年4月11日）的结尾：

2007年2月9日晚，就在记者采访结束即将离开印尼前夕，南海二号平台特意举办了一场欢送会。平时一脸严肃的郝振山饱含深情地唱了一首《故乡的云》，展示了这个热血男儿的一腔柔情：

"天边飘过故乡的云/它不停地向我召唤/当身边的微风轻轻吹起/有个声音在对我呼唤……"久久地，这优美的旋律仍在记者耳边响起，眼前似乎又辉映出南海二号平台在异域他乡井架高耸、钻机轰鸣的壮丽场景……

开始的时空是印度尼西亚,但收笔却落在了北京。时空悄悄换了。其实记者或编辑稍改动几个字,这个问题就很容易解决。如将"久久地"改为"两个多月过去了"并另行,就文通句顺了。

修改并不难,难的是要有重视结尾如同重视导语那样的认真严谨劲头。

"文无定法",重视结尾,还应包括那种勇于求新、敢于立异的劲头。《中国海油再次牵手合作伙伴持续资助重庆石柱中学》(《中国海洋石油报》2007年4月18日)是一篇消息,结尾是这样的:

捐助现场,石柱中学5000多名师生共同唱起《感恩的心》,悠扬的歌声伴着师生和在场家长真挚的感情在群山环绕的长江古城缭绕。代表团一行很多人流下了感动的泪:"孩子们的歌声太令人感动了!"在回去的车上,许多人都在默默地低声清唱:感恩的心,感谢有你,伴我一生,让我有勇气做我自己,花开花落我一样珍惜……

爱具有强大的穿透力、影响力,它是会感染、会传递的。慈善点亮的不仅是被救济者心里的灯,也使施济者心中如沐春风,把他们心里的灯燃得更亮。作者最后一笔,一下子就把消息的内涵升华了,"玩之者无穷,味之者不厌"(南朝·刘勰《文心雕龙》),情韵无穷,发人深思。

这是一篇消息,而记者却大胆地用通讯的笔法结尾,可谓别具一格。《学着英语走印尼》(《中国海洋石油报》2007年4月18日),这样结尾:

现在,我离开了正在印尼进行钻井作业的渤海四号钻井船,离开了非常好的英语会话语境,但学习英语已经成了一种习惯,就像人每天需要吃饭一样自然。中国有句古话:"笨鸟先飞。"我知道自己是一只笨鸟,但我并没有先飞呀。所以,我要创造一个例证来颠覆人们的思维定式,来一个笨鸟"后"飞。

幽默、诙谐，以反求正。这一段议论既是对前文内容的强化，也是对文章内涵的深化和开拓。同时，议论风生的轻松文笔，进一步增强了文章的可读性，别有一番感染力。

《火热的场地》（《中国海洋石油报》2007年8月30日）一稿，结尾也很好：

  11点55分，笔者离开现场时，这帮小伙子还忙着呢。不知谁喊了一声：下班了——。可就是不见人下平台！

戛然而止，而又余韵颇长，令人回味。

附：

没有比海油人更高的高原

孙晓辉

"尼玛，那里是生命的禁区"

2005年4月，援藏项目组张欣持续高烧不退，被送到了西藏军区总医院，给他看病的是一位从边防哨卡下来的医生。得知张欣在海拔4700多米的尼玛工作，医生叹口气："太不容易了，海拔4000米以上，每再升高100米，对人身体的伤害就会增加一倍，尼玛，那里是生命的禁区。"

张欣回忆他刚去尼玛时的情景："出拉萨不一会儿就再没有了绿色，从拉萨往那曲走，越走心越凉。"从那曲到尼玛有近660公里的路程没有公路，往来的车辆只能沿着前面的车子留下的轨迹行进。车子跑起来非常颠簸，河沟、冰川、沙尘暴随时都会成为拦路虎跳到面前。在藏北无人区如果发生陷车连个做支撑点的石头都找不到，他们能做的就是坐在车里啃着方便面和风干肉，任窗外突如其来的沙尘暴把车窗"刷"成毛玻璃。

援藏项目组的一张照片清晰地记录了一次惊险的陷车经历。时值雨季，项目组的李明和几位同事去正在修建的定居点察看工程进展。"那条河沟去的时候明明能过去，回来的时候怎么就把车陷进去了呢？"李明指着照片告诉我，"车开到河中间就熄火了，水很快往上漫，不一会儿就到了腰部，我们只有打开天窗盖爬上来。"幸运的是尼玛县卓玛乡正在举行赛马节，一辆运送比赛物资的大卡车经过他们陷车的地方用绳子把车给拖了出来。

"吃饭睡觉也是我们的工作任务"

在藏北的内地人之间流传着"三个不知道"的说法：不知道睡着了没有，不知道吃好了没有，不知道是男是女。

高原环境干燥、高寒，含氧量只有内地的 50% 左右。援藏人员到达海拔 3000 多米的拉萨就全都出现了严重的高原反应：头痛、头晕、眼胀、胸闷、失眠、流鼻血，有的甚至出现呕吐现象，吸氧也无济于事。经过一段时间的调整，强烈的身体反应才慢慢缓解下来，但在平均海拔 4800 米被称为"绝对生命禁区"的尼玛县，援藏项目组经理吕明说："我都在那儿待了两年多了，可还是要经常吸氧。"

于永杰回忆起在西藏工作的两年很感慨："因为缺氧，我们一天不吃饭都不知道饿。"2004 年 8 月到尼玛的于永杰在短短的三个月时间体重从 138 斤降到了 108 斤，整整瘦了 30 斤，两年头发就脱落近一半。"我最怕的就是那个风干肉，一点味道都没有，上面还有寄生虫和干血丝。"项目组成员李明提起在西藏的饮食就浑身发抖。两年了，如果不吃安眠药吕明仍然整夜难以入眠。因为缺氧，援藏干部在电话里给总公司汇报工作时说几句话就得喘粗气，本来想好要汇报几项内容的，可说着说着就给忘了。"我们脑子不是进水了，是缺氧了。"项目组副经理杨青山笑笑。

对援藏人员来说，在尼玛想洗个澡太难了，他们基本上一两个月才能洗一次澡。有一次，回拉萨休息，张欣在洗澡之前在电子秤上称了一下体重显示有 87 公斤，等洗完澡出来再称变成了 86.5 公斤，"好嘛，搓出一斤泥来。"说到这儿，张欣无奈地笑了。

"吃不下我们也得硬往下咽，睡不着觉吃安眠药也得睡，不然哪来的力气和精力工作。"为了更好地工作，援藏干部和项目组成员把吃饭、睡觉这些大家平时当作休息和享受的事情也变成了工作。为了克服缺氧带来的记忆力下降，几位援藏干部每次汇报工作之前都要精心准备一下，把要汇报的工作在一张纸上列出来，以防到时候忘记或者漏报。

"缺氧不缺精神，低氧不低标准"

"缺氧不缺精神，低氧不低标准"，这句话挂在援藏项目组的每一个施工现场。

当地政府对援藏干部非常关心，从生活、工作各个方面给予帮助。"他们给我们配备了最好的司机，并且劝我们尽量减少外出以免发生意外。"项目组的同志告诉我，"可我们项目组一共才四个人，每年上千万投资，那么多工程，不在现场我们心里不踏实。"

两批援藏干部在西藏两年的时间跑遍了分布在尼玛县15万平方公里上的13个乡镇，调研、施工、慰问，他们把工作实实在在地做在了尼玛最需要的地方和藏族同胞的心上。"他们生活简单，工作认真，容易沟通，从他们身上我们认识并了解了海油。"在当地干部群众眼里，海油人"特别能吃苦、特别能战斗、特别能忍耐、特别能奉献"。

2004年，在结束在尼玛的工作之前的半年时间，崔立军和王跃挤出时间再次跑遍了尼玛的十几个乡镇，通过再次调研、分析和总结对比得到翔实的一手资料，写出了一万多字的《关于尼玛县今后建设项目的建议报告》，对后面的援藏扶贫工作提供了宝贵的参考资料。

王跃告诉我："我们提出拆除街边的那些老房、危房，可把尼玛县的领导和群众心疼坏了，他们担心拆了全县仅有的那几间破房子，县城就空了。"援藏干部和项目组同志拿出他们精心制定的"尼玛县长期发展规划"跟尼玛县的领导和群众耐心地做工作，说服他们接受，他们终于狠下心来，同意拆除部分老房、危房。县城初步改造完成后，定居点和干部周转房里既有卫生间和阳光棚，又有储存牛粪的门房，新建的建筑既具有现代气息又保留了西藏当地的民族特色，整个县城面貌焕然一新。县领导站在尼玛宾馆楼上感慨道："要是当初都听王县长的建议就好了，看，现在多漂亮。"

工程建好了，当给这些街道、宾馆、定居点起名字时，当地干部群众认为这些项目都是海油投资、援藏干部用心血建起来的，应该在名字里加上"海油"二字，这样能够让大家记住海油的大恩大德。"是什么村就是什么村，是什么路就是什么路，不能在尼玛这个藏族同胞居多的地方到处都是海油村、海油路，我们来是做事的，不是来签名的。"

"您真不容易，我理解……"

在同几位援藏干部聊天中，哪怕是已经结束在尼玛工作两年多的王跃和崔立军说到尼玛都是"咱们县，我们海油"，在他们眼里，尼玛和海油俨然已成一家。

一次出差途中路遇泥石流，当地司机多布杰（藏语意为大力士）让崔立军和其他单位的援藏干部一样到旁边的宾馆睡上一晚，自己留下来看车，可崔书记还是坚持留在了车里陪司机。后来有一次车子在沼泽地里抛锚，多布杰抢先一步走到刚打开车门的崔立军面前："崔书记，我背您，别把您鞋子弄湿了。"看着还不如自己高的"大力士"，崔立军的眼睛湿润了。

2002年11月，尼玛大地已是冰雪漫天，崔立军和王跃去县医院看望住院的病人，在简易病房遇到了刚生产过的牧民产妇。孕妇妊娠8个月早产，母子就睡在地上，地上铺一张牛皮，盖着一个被子，尽管有一个牛粪炉子，凉意还是挥之不去。她丈夫轻轻地将她头上的围巾披好的举动，让崔立军难以忘却。"孩子早产，大人身体弱，为什么不住有床的房子？"他们忍不住问。回答让他们震惊：这样的房子一间一天2元钱，有床的要贵一些，她可能住不起，不过，她能来医院已经比那些路太远不能来医院的人要好多了。看到这些，他们忍不住会想家，也会想到理解和支持自己的父母妻儿。

"我们的工作离不开家里的支持。"说到家里时，几位援藏干部显得很内疚。

刚去尼玛时才 24 岁的张欣和李明都是家里的独子，临走前两人的父母拉着吕明的手说："吕县长，孩子就交给你了。"吕明说："每天早上起来我都要点个数，他们出现场不管多晚我都得等他们回来了才能安心睡下。"吕明兄弟三个，两个在国外，临去西藏之前父亲过世，家里只有老母亲自己。2006 年，老母亲突发重病住院一个多月，吕明又不在身边，"当初她老人家不愿意我去的。"吕明满脸愧疚。

2006 年，于永杰的独子参加高考，这是关乎孩子一生的大事，可当时正是夏季，是西藏一年中最适宜工作的时间，"我只能在电话里沟通报考学校、专业。"老于叹口气，"有时候拨几十次都拨不出去，出了县城手机就没信号了。"

去年十一长假，考上了北京理工大学的孩子去西藏看望老于，非要去尼玛看看他工作的地方到底有多苦。老于劝阻无效，从那曲下了国道车子开上去尼玛的土路才两个小时，孩子的眼泪就出来了："爸，我不去（尼玛）了，您真不容易，我理解……"

（原载《中国海洋石油报》2007 年 4 月 25 日）

结尾，多一些意味深长

有一种情怀，矢志不移；有一种精神，穿越历史；有一种奋斗，辉映未来。

在新中国历史上，有一个"村"，与我们国家的历史与现实、精神与物质、梦想与奋斗紧紧联系在一起，成为一代又一代知识分子为国家富强而奋斗的精神符号，成为一个国家追求卓越、勇攀科学高峰的精神象征。

这个"村"，就是中关村。

《中关村 创新脚步从未停歇》（2019年4月13日）这样开篇，立意高远，气势恢宏。整个报道叙述精当，语言凝练。

原稿结尾是这样的：

数字为证：2018年，中关村示范区企业共申请专利86395件，同比增长17.0%，获得专利授权53982件，同比增长24.4%，拥有有效发明专利98624件。专利申请量过百件，企业的申请量占示范区近五成，示范区企业共申请PCT专利4596件，占北京市同期PCT专利申请量的70.4%。

相比通篇报道，这个结尾语言干硬，相形见绌。

而这样的结尾事实上常见诸我们的报道，硬笔实写，戛然而止。不是不可以，但通篇刚健、明快的文风所营造出的宏大开阔的意境，让如此突兀、干硬的收结损伤不小,殊为遗憾。

值班编辑宋飞编辑此稿时,末尾增加了这样一句:

中关村恰如当下中国的一扇窗口,在这块土地上,创新的脚步从未停歇!

虽只是简单一笔,全篇的文风、意境顿感和谐了,让人读来觉得意味深长。

中关村一稿结尾存在的问题,在我们日常报道中可谓司空见惯。从2018年10月以来,编委会再三要求我们创新表达、创新文风,我们再也不应该对此现象见惯不怪。

"写文章贵在创新,开头贵在新奇,贵在不落俗套,文无定法才是硬道理。希望有更多新奇抓人的开头,有更多意味深长的结尾。"李宝善社长曾提过这样的要求。

眼下,不少记者已按照这个高标准要求自己。如头条稿《白了滩羊 绿了草原 红了日子》(2019年4月4日),倒数第二段是这样的:

如今,盐池县林木覆盖率、植被覆盖率分别达到31%和70%,草原产草量由10年前的每亩48千克提高到147千克,境内100亩以上的明沙丘基本消除。盐池县委书记滑志敏坦言:"百姓致富与生态发展从过去的一对矛盾体,变成了共同体。绿水青山就是金山银山,是我们盐池实实在在实践出来的成果!"

这样结尾也不错。但见报稿结尾则为这样:

路况好,路上不颠,大家越聊兴致越高。同行的工作人员告诉我们,这回不只是摘掉贫困县的帽,继前几年捧回"全国防沙治沙先进集体"

荣誉后，盐池还被评为"全国绿化先进县"。正聊着，他突然手指天空："看，老鹰！好多过去消失的野生动物，这些年都回来了。"

鹰击长空这一幕，对"盐池县林木覆盖率、植被覆盖率分别达到31%和70%"做了生动有力的诠释，画面感很强，绘声绘色，意韵悠长。

这篇报道的作者朱磊可谓老手了。尤为可喜的是，一些年轻记者这方面的意识也越来越强。如头条稿《河湖连通，这里四季能赏景》（2019年2月14日），开头是这样的：

> 春节过后，查干湖上的渔工们又开捕了。冬捕冰上作业负责人张文和工友们越干越带劲。"这几年，查干湖水质好了，一网最多能打30万斤，鱼又大又肥，大的都有四十来斤。"
>
> 水好鱼多，是因为湖面大了。57岁的张文打小长在湖边，见证了查干湖的变迁。上世纪70年代以来，吉林西部"十年九旱"，湖泡、湿地面积缩减2700多平方公里，查干湖也一度由近500平方公里缩小到50多平方公里。

祝大伟交来的初稿中这样结尾：

> 近几年，每年持续40多天的查干湖冬捕及查干湖冰雪渔猎文化旅游节吸引大批游客。眼下，查干湖屯的渔民们正在为迎接"冬天的客人"忙碌着。张文确信，今冬的游客会更多。

开头就出现的冬捕冰上作业负责人张文，在报道的结尾处再度现身。显然颇有首尾呼应的意识，但还只是点到为止，着墨不细。编辑要求记者把张文的故事写得再丰满些，多一点"人情味"。

祝大伟改定的见报稿这样结尾：

让张文不曾料到的是，如今的查干湖，出名的可不只是鱼儿肥美，他所在的屯去年获评"中国最美渔村"，全村搞起了餐饮和住宿接待。张文也不甘落后，和老伴经营起260多平方米的"活鱼城"。"今年春节的游客一直没断，冬捕忙了一个月挣到好几万啊。"张文一家这个年过得更加"吉庆有余"。

"以鱼开篇，以鱼结尾，形成了很好的呼应，一条主线贯穿始终。吉庆有余，透着浓浓年味，也回应了总书记考察查干湖时对渔民的嘱托：希望乡亲们守护好查干湖这块'金字招牌'，让生活'年年有鱼'。"祝大伟在业务研讨中说。

从上述几例中可以看出，要让结尾显得意味深长，手法大致有两种，一是如中关村稿，最后再把文章主题拎出来点一点，铿锵之音，绕梁三匝，古人称作"醒明题旨"；二是如宁夏、吉林稿，或场景或话语，对主题敷彩渲染，如品香茗，唇齿留甘，堪再回味。

此外，还有一种手法：放开一步，转出别意，引人沉思。

乔栋的《相守太宽河》（2019年3月28日），报道前面都在说张晨光、李晓娜这对年轻夫妇如何在自然保护区以山为家，巡山、科考、管护……结尾落到"常年寄居山中的两口子还是觉得有些亏欠孩子"，李晓娜去县城问过英语早教班。

……但最终还是没有报名，因为高山阻隔，从管护站去县城的距离，要一个钟头左右。"等娃大一点再说吧。"李晓娜说。

"后悔吗？"这个问题问出后，记者自己倒有些后悔。

李晓娜双手捂住了脸，肩膀有些颤抖，张晨光在旁轻轻地拍着妻子的背。

快到中午，浓雾即将散去，太阳穿过密林，照在太宽河上。顿了顿，张晨光说："你看这风景多好，不是吗？"

报道就此打住。

王国维说过:"词以境界为最上……能写真景物、真感情者谓之有境界。"小两口儿对保护区的爱是真挚的,"27 岁的张晨光,2015 年进入太宽河国家级自然保护区柳仙洞管护站工作。妻子李晓娜和他是大学同学,一路追随爱情而来",整篇稿子对此报道已很充分,因此,末了这句话,看似平平淡淡,蕴含的感情却是真真切切,也就格外拨动人的心弦,使文章境界更显深邃开阔。

值得强调的是,"山不在高,有仙则名"。不只是篇幅较长的通讯可运用这样的手法——"有更多意味深长的结尾",短通讯甚至消息也同样可以。上述几例中,中关村稿和太宽河稿篇幅较长,宁夏稿和吉林稿都是千字左右的短通讯和消息。

显然,写好结尾无关文长文短,关键看你是不是"创新的脚步从未停歇"。

附:

西海固地区率先脱贫的盐池县这样诠释"绿水青山就是金山银山"——

白了滩羊 绿了草原 红了日子

李增辉 朱 磊

是什么点缀了宁夏盐池的春色?宽阔的花马湖,映照出蓝天白云,静静依偎在盐州大草原的盐池古城,正在被春风唤醒,周围山坡草原上、树梢上,看到草木吐绿,听到鸟儿欢歌,无不让人心情舒畅。

比春色更让盐池人欣喜的是,经国务院扶贫办组织第三方严格评估考核,盐池以综合贫困发生率 0.66%、群众认可度 97.71% 的优异成绩,正式退出了贫困县序列,成为宁夏西海固区域率先摘帽的县。

"增收靠的是饲养滩羊!贫困户收入 80% 以上来自以滩羊为主导的特色产业。"盐池县县长戴培吉说。

滩羊是盐池的传统产业，盐池农村 70% 左右的家庭以养羊为生，曾经高峰期养殖量近 70 万只。可为啥以前就贫困呢？原因就在于无序养殖，养多了草原逐渐荒芜，草没了，沙就来了。据统计，上世纪 80 年代 75% 的人口和耕地处在沙区。

"一年一场风，从春刮到冬；风沙满地跑，沙丘比房高。" 65 岁的冯记沟乡马儿庄村村民王占胜回忆道，"那时真被沙欺怕了。"

改变发生在 2002 年。这一年，盐池在全自治区率先实行封山禁牧。千百年来都自由放牧的羊群全部进舍入圈饲养，草原、林地等围封育林育草。

"养不成羊还咋活？" 养殖方式骤转，34 岁的冉生宝思路难转，那年他卖掉羊，带全家离开马儿庄村进城务工。9 年里，"每次回老家都能看到变化，村子变得越来越美。" 冉生宝心又动了。2013 年，卖掉务工几年挣出来的出租车，冉生宝又带全家回到了村里。"这回我看准了致富门道，圈养滩羊。" 贷款 19 万元，政府贴息；平整场地，盖 30 多栋棚，政府补贴 15 万元。冉生宝的滩羊事业，起步便顺风顺水，2014 年，他就挣了十来万元；2017 年羊价上涨，入账 30 万元。

仅一个马儿庄村，现在基础母羊就有 1.3 万多只，比封山禁牧前多出一倍多，村民人均收入达到了 10200 元，是 1995 年人均收入的近 20 倍。而整个盐池县的滩羊目前已达 300 多万只。这些年羊肉价格起伏，滩羊却始终被市场看好。戴培吉介绍："县里组建了滩羊产业发展集团和乡村滩羊协会，在标准体系、质量追溯、品牌营销等关键环节上有新招、出实招。"

和收入一样，草场面积也翻着跟斗地扩大。记者跟着王占胜四处艰难寻找当年黄沙肆虐的痕迹。近看，良田万顷，如今全部种上优良饲草；远眺，是树与草的世界，都是封山禁牧后补种的。"我们终于不再被沙欺负了！现在村民们不仅不再放牧，每年还会主动参与植树。" 王占胜感叹。

如今，盐池县林木覆盖率、植被覆盖率分别达到 31% 和 70%，草原产草量由 10 年前的每亩 48 千克提高到 147 千克，境内 100 亩以上的明沙丘基本消除。盐池县委书记滑志敏坦言："百姓致富与生态发展从过去的一对矛盾体，变成了共同体。绿水青山就是金山银山，是我们盐池实实在在实践出来的成果！"

路况好，路上不颠，大家越聊兴致越高。同行的工作人员告诉我们，这回不只是摘掉贫困县的帽，继前几年捧回"全国防沙治沙先进集体"荣誉后，盐池还被评为"全国绿化先进县"。正聊着，他突然手指天空："看，老鹰！好多过去消失的野生动物，这些年都回来了。"

（原载《人民日报》2019年4月4日）

附：

吉林西部不缺水，尴尬的是曾十年九旱。
一项工程，让2400平方公里土地变成了湿地——

河湖连通，这里四季能赏景

本报长春2月13日电 （记者岳富荣、祝大伟）春节过后，查干湖上的渔工们又开捕了。冬捕冰上作业负责人张文和工友们越干越带劲。"这几年，查干湖水质好了，一网最多能打30万斤，鱼又大又肥，大的都有四十来斤。"

水好鱼多，是因为湖面大了。57岁的张文打小长在湖边，见证了查干湖的变迁。上世纪70年代以来，吉林西部"十年九旱"，湖泡、湿地面积缩减2700多平方公里，查干湖也一度由近500平方公里缩小到50多平方公里。

查干湖水净如镜，它也像一面镜子，映照出吉林近年来治理西部生态的观念之变。

吉林西部不缺水，只是有些难以驯服：松花江、嫩江、洮儿河、霍林河从这里穿过，每年主汛期过境水量达300多亿立方米。然而，雨季抗洪好理解，可年年上演"四季抗旱"着实让人尴尬。

洪水不也是水么？能不能利用洪水抗旱？吉林转变生态理念，自2013年起，启动"河湖连通"工程，以西部现有大型水利工程为"主动脉"，疏通湖泡间的"毛细血管"，把洪水引入4.46万平方公里区域内的203个湖泡、湿地，形成河湖互济的大水网。目前，河湖连通工程量已完成80%以上，连通湖泡124个，引蓄洪水21亿立方米，恢复和改善湿地2400平方公里，恢复草地360平方公里。

查干湖不只是水大了，而且水也活了。"原来查干湖是只进不出的，'河湖连通'后，引入汛期松花江水，与周边16个湖泡连通，水可进可出，3年就能实现一次水质转换。"松原市水利局局长李树生说。湖水的碱性减弱，鱼的生长环境、食物有了改变，肉质更紧实、鲜美。去年，查干湖被评为全国有机农业（淡水鱼）示范基地。

河湖连通，还让吉林西部区域内地下水抬高1米左右，1.1万多眼农田井恢复原有灌溉能力，扩大农田灌溉面积55万亩，累计增产粮食5.6亿斤。镇赉县架其村农民张树权的21亩旱地，这几年连年增产，"雨水多了，地下水上来了，就连旱田也借力了。"

水一来，鸟儿们也来了。吉林西部小气候发生改变，年降雨量增加40至80毫米。2018年10月下旬，镇赉县内的莫莫格湿地迎来各类候鸟数十万只。河湖连通恢复和改善莫莫格湿地1090平方公里，栖息的白鹤由原来的500多只增加到3800多只，据有关方面介绍，这占到全球白鹤数量的95%。

水一来，游客们也来了。夏赏碧水绿草，冬观冰雪胜景，春秋两季看候鸟迁徙，生态改善让吉林西部的旅游业火了。2018年吉林西部松原和白城两地接待游客1300万人次，旅游总收入近252亿元，两地旅游总收入同比分别增长16.9%和15.4%。

让张文不曾料到的是，如今的查干湖，出名的可不只是鱼儿肥美，他所在的屯去年获评"中国最美渔村"，全村搞起了餐饮和住宿接待。张文也不甘落后，和老伴经营起260多平方米的"活鱼城"。"今年春节的游客一直没断，冬捕忙了一个月挣到好几万啊。"张文一家这个年过得更加"吉庆有余"。

（原载《人民日报》2019年2月14日）

写出"豹尾"并不难

文章之法，要首尾呼应，腰腹肥满。作文之初，老师大概就这样对我们谆谆教导。或者，更多的说法是要"凤头、猪肚、豹尾"。

但往往"多见人前面有余，后面不足；前面极工，后面草草"。

2015年4月，李亚楠写一周采编业务述评时，曾专门说了这个问题——《写精品，"豹尾"意识不能缺位》（评见本书324页）。

述评写道："眼下，大家对写好文章开头越来越重视，但是相比而言，大家对报道结尾的重视远不够，不少报道有点'虎头蛇尾'。其实写好'豹尾'并非难事，关键在于首先要树立这种意识。很多稿件，稍作改动，结构调整一下，就会成为首尾贯通的佳作。"

2015年7月17日"记者调查"版刊出的《南泥湾 何以又现"好江南"》的结尾，就是一个"稍作改动，结构调整一下，就会成为首尾贯通的佳作"的例子。

全稿四部分，一是回顾当年的"大生产"运动，二是写"以粮为纲"年代南泥湾"越垦越穷，越穷越垦"，三是写20世纪90年代中期后南泥湾开始退耕还林，四是写眼下南泥湾人开始走生态优先、多元发展之路。

原稿的结尾是这样的：

> 在修葺一新的南泥湾大生产展览馆前，记者偶遇了70多名80后、90后青年。他们正参加由共青团中央、全国青联主办的"重走抗战路·青春向延安"活动。

> "这里进行的徒步行军体验和开荒锄地比赛，让我们真切地感受到三五九旅官兵当年的不易。"站在厚重的历史门前，来自井冈山大学的学生代表王永超和同伴们手脚磨出了水泡、肩膀勒出了血印，脸上浮现着肃穆，"没有苦难，就没有辉煌的今天。"

记者的想法是把三五九旅官兵当年在南泥湾搞大生产运动提升到精神层面，用80后、90后的感悟反映这种精神在薪火相传，结尾体现升华、递进之意。

但第一部分虽提及了大生产，对此却只是作简要回顾，三五九旅官兵艰苦奋斗的事迹并没展开，后来写南泥湾人退耕还林，也没涉及"艰苦奋斗"这个层面，因为前面对此铺垫不够，猛地以此收结，便显得有点突兀，反而有"跑题"之嫌。

再三斟酌后，决定用原稿中这样一段来收结：

> 南泥湾，这个无数人前来寻根和表达崇敬之意的地方，如今在求解"要绿水青山还是金山银山"这一难题上，以自身的沧桑变迁，给出了"共生共赢"的答案。

什么道理呢？本期"记者调查"有一个主题词——聚焦"沧桑南泥湾"。"历经沧桑巨变的南泥湾，如今又是何许模样？"开头部分这句话一引，展开了后来四部分的叙述。结尾再次点到南泥湾的沧桑变迁，让整篇报道首尾前后呼应。

还有一个，是从文气方面考虑。豹尾者，有力也。清人沈德潜有言："至收结处，纡徐而来者，防其平衍，须作斗健语以止之。"

原稿结尾部分与偶遇的青年人交谈，"纡徐而来"。结句用引语收之，想法不错，但"没有苦难，就没有辉煌的今天"这样的说法，过大，大则空，空便不够有力。而"以自身的沧桑变迁，给出了'共生共赢'的答案"，这样的概括,来自报道自身,具体,逻辑周密,令人信服。与前者相比,显然更为"斗健"。

这一段在原稿中为倒数第五段,以此结尾,须对原先段落重新排序。见报稿对原稿最后8个自然段做了如下调整(数字为原稿的段落顺序):

(4)车行在延安壶口旅游专线南泥湾段,大量观光、观果、观叶树种正在栽植,正逢盛夏时节,南泥湾镇集休闲、度假、避暑为一体的生态农业观光园内,游人如织。

(7)在修葺一新的南泥湾大生产展览馆前,记者偶遇了70多名80后、90后青年。他们正参加由共青团中央、全国青联主办的"重走抗战路·青春向延安"活动。

(8)"这里进行的徒步行军体验和开荒锄地比赛,让我们真切地感受到三五九旅官兵当年的不易。"站在厚重的历史门前,来自井冈山大学的学生代表王永超和同伴们手脚磨出了水泡、肩膀勒出了血印,脸上浮现着肃穆,"没有苦难,就没有辉煌的今天。"

(6)从曾经的大生产"模范"到如今生态文明建设的良好"样板",时光荏苒,不变的是南泥湾笃定"走在前列"。

(1)听说"国家林业局在2014年末正式批复在南泥湾开展国家湿地公园试点工作"的消息,许多不了解南泥湾的人都大吃一惊。

(2)如今的南泥湾,真与往年不一般。把生态文明建设放在突出地位,南泥湾早已一改陕北当年给人的"黄土纵横"的刻板印象。南泥湾国家湿地公园的申报成功,也填补了陕北地区没有国家级湿地公园的空白。

(3)以湿地生态展示和红色文化为品牌依托,"我们计划在南泥湾建设集生态保护、科普宣教、红色旅游、生态旅游、农垦文化体验于一体的国家湿地公园。"陕西省委常委、延安市委书记徐新荣说。

(5)南泥湾,这个无数人前来寻根和表达崇敬之意的地方,在求解

"要绿水青山还是金山银山"这一难题上，以自身的沧桑变迁，给出了"共生共赢"的答案。

附：

一个修改案例

指导李亚楠写一周采编业务述评《写精品，"豹尾"意识不能缺位》时，分析了一篇见报稿《为航天梦筑牢后盾》。这篇报道从"一阵嘹亮的军号声打破了山里的宁静"开头，既抓住了这家军工企业的特色，又很美，富有意境。结尾时，如果把目前结尾那段放到文里第二部分，让倒数第二段来做这篇报道的结尾，那么，这篇报道便可以在歌声中收结，同样也很富有意境，首尾照应，结尾也就亮了。

以军号开头，是在去奋斗的路上；以四首歌结尾，是奋斗的结果，试验成功了。这样就首尾呼应了，文章也可增色不少。

周评这样指出，并对如何修改做了简要说明。
清晰起见，下面做一下修改示意。
需强调的是，这样修改后，末了结在"罗成华说"，歌声缭绕的韵味还是颇受影响，可以再稍加改动：

"但最高兴、最幸福的，还是听到广播里响起《好日子》《打靶归来》《祝酒歌》和《祖国不会忘记》，"罗成华说，"听到这4首歌，我们就知道，试验又成功了！"

长征机械厂第一事业部

为航天梦筑牢后盾

层峦叠嶂间,蒙蒙的薄雾还没散去,清晨8点,距成都数百公里的大山深处,一阵嘹亮的军号声打破了山里的宁静。在26公里生活区班车站,一队队精神抖擞的职工迎着朝阳,排队乘车进入深山,开始又一天的工作。

这里不是军营,但每天都会响起嘹亮的军号;他们不是军人,却有着与军人一样的坚定信念和奉献精神,这是航天科技集团公司第七研究院长征机械厂第一事业部。

为国家做事,就要对国家忠诚

上个世纪60年代,在这片贫瘠荒凉的崇山峻岭间,建起了国家三线地区航天产品总装厂——长征机械厂,几代航天人扎根深山默默用生命的光辉照亮中国的航天事业。2003年夏,长征机械厂主体调迁到成都,但部分生产任务继续保留在大山深处,留下来的近800名员工组建成第一事业部。

那一年,靳亚军毫不犹豫地选择留下。2005年,靳师傅退休后刚回到成都与家人团聚,就接到"求助"电话:单位任务重,忙不过来。她拎起背包就奔向车站。9年里她接连4次返聘,重返大巴山,继续她热爱和牵挂的航天事业。今年,看到厂里忙不过来,她又签了一年的返聘合同:"在山沟里40多年了,闭着眼睛我都能数出这里的一砖一瓦,太有感情了,只要工作需要,我就会留下来。"

58岁的王自忠被称为型号线上精耕细作的"老黄牛",一把扳手、一把改刀,在总装线上已经干了37年。1978年刚参加工作的一件事,他记了一辈子。那是冬夜,还是"牛犊"的王自忠加班时不小心被扳手"咬"破了手,师傅赶紧找来纱布替他包扎。

第二天上班，师傅问，零件上的血污处理了吗？"哎呀，忘了！"

师傅揪着他的耳朵责怪：我们是为国家做事，就要对国家忠诚，一丁点儿差错可能就会影响全局。师傅盯着他找出零件认真清理干净。老一代航天人以国为重的信念让他刻骨铭心。

干航天，干的就是质量和使命

"看到自己亲手干出的产品成功发射，是我最幸福的事情。这辈子能干航天感到很自豪，我愿意在这里老去。"王自忠说。

总装过程中，一点污迹、一根毛发，甚至一粒尘，都可能导致发射失败，不能有半点儿马虎。去年9月，一名年轻工人装配时，不小心将一个直径仅4毫米的垫圈掉在产品里没了踪影。王自忠马上带领全组停工，一个部位一个部位地找，整整一天一夜，终于在一条缝里找到了。"当航天工人，质量百分之百的成功，才能后墙不倒。"王师傅总是这样告诫。

凭着这股"后墙不倒"的精神，"航二代"李茂华带领和培养了一支骁勇善战、勇于攻坚的总装队伍，自1979年以来，他的班组圆满完成了所承担的国家重点任务，并创造了质量100%过关的纪录。李茂华也成为总装车间历史上最早的一批高级技师、航天技术能手，被同事们亲切地称为"总装兵王"。

现在，留守大山的第一事业部还有员工670人，绝大多数员工与家人分居两地，许多人因为工作繁忙没有休过探亲假。然而，对长征人来说，祖国的需要就是人生的选择。

"干航天，质量是政治、是生命、是效益，已经深刻烙在我们每一个员工心里，融在血液里。"李茂华说。

（此稿结尾段可以提前到这里）：

凭着航天人的奉献精神，长征机械厂第一事业部先后荣获"全国五一劳动奖状""全国工人先锋号""中央企业先进集体"等荣誉称号。

构筑航天梦的年轻人

怀着对航天事业的好奇，李彩萍 2009 年大学毕业后选择了长征机械厂。入职培训时，中国航天事业从无到有的辉煌历程极大地震撼了她，老航天人对国家强烈的使命感，对工作的认真、热情、严谨，深深地打动了她。仅 3 年，这个从秦巴山村走出的倔强姑娘，成为第七研究院历史上最年轻的型号测试指挥和劳动模范。

技术员刘邦霞是一位年轻的母亲。2006 年大学毕业后就到了"沟里"。"两年了，每年只能跟孩子待十几天。女儿跟我不亲，跟姑姑亲。"她说，"但每次看到任务完成就特别开心，什么烦恼都忘了。"

这里有独特的快乐，这里有不一样的生活。厂外仅有两间商铺的十字街道是"王府井"购物中心，生活区里有他们的"星光大道"、一环路、二环路。每当夜幕降临，大家抬头看月亮、数星星、聊家常、锻炼身体，成了一道独特的风景。

"但最高兴、最幸福的，还是听到广播里响起《好日子》《打靶归来》《祝酒歌》和《祖国不会忘记》4 首歌，我们知道试验又成功了。"罗成华说。

凭着航天人的奉献精神，长征机械厂第一事业部先后荣获"全国五一劳动奖状""全国工人先锋号""中央企业先进集体"等荣誉称号。

（原载《人民日报》2015 年 4 月 20 日）

写好结尾还有很大空间

考考你：今天的鞋，是怎么做出来的？……
再考你：中国一双出口的户外运动鞋能卖多少钱？……
最后考你：中国产的马桶盖有没有特别好的？……

福建分社记者赵鹏采写的头版头条《福建 把创新"放"出来》（2016年6月3日），劈头就来了个"三考"，仿佛能让人看到他那狡黠的眼睛里流出的笑，活泼生动，煞是可读。

这个别出心裁的开头，一到编辑组就收获了不少称赞。事实上，此稿全篇都十分可读。包括通常容易被忽略的结尾，也很见匠心。

"创新是'放'出来的，不是'管'出来的！"省领导这样说。

怎么"放"？春夏之交，记者深入福州、泉州、莆田，听三个城市在供给侧结构性改革中靠创新"生出来""败不倒""赶上来"的故事……

这是一组"1+1"稿，消息在一版，通讯在二版。消息结尾用福建省领导的一句话画龙点睛，点出了福建抓创新之本。但一个"放"字又着实太简，读者"欲闻其详"的意愿已被逗引起来。"怎么'放'？"用一个问句来领结尾，既回应读者，又十分自然地把后续深度报道通讯带出来，承上启下，自然而然，水到渠成。

近年来，编委会一再强调报道要讲故事，而且一开始就要去掉"硬壳"，直奔主题，地方分社的来稿明显比原来好看了不少。因为有了故事，稿子开头也就好看了许多。可是与开头相比，报道的结尾往往草率粗拉，精品不多。

究其原因，往远里说，好像中国人讲故事历来就有虎头蛇尾的毛病，比如我们的四大名著，《三国演义》《水浒传》《西游记》都是前紧后松，下半部远不如上半部精彩。即便以结构精美著称的《红楼梦》，这方面也缺憾明显，搞得不少人对高鹗恨得牙痒痒的，要废掉他重续后章。

这病或许亦落在了我们的意识深处。特别是写新闻，还多了一个"倒金字塔"的说法——信息是按最重要到最不重要的顺序来排的，越往后越无足轻重，那还管结尾做什么呢？反正是可以倒着删去的。

错矣，大错矣！"前路层波叠浪而来，略无收应，成何章法？"（清·沈潜德《说诗晬语》）尤其是在新媒体气势汹汹的当下。

如果只为获得资讯，纸媒已经优势不再，手机一点便网尽天下大事。报纸代表的是精致阅读体验，作为人民日报记者，你写报道就得有这份"精致"意识。草草敷衍自然不对，顾头不顾尾同样不行。

《河北滦平：一泓清水送京津》（2016年4月12日）是个急就章，接到指令后仅隔一天，赶在11日晚就将稿件传回了编辑部，河北分社真的是"特别能战斗"。此稿开头写得也不错：

> 四月的滦平，潮河水暖，杏花争艳。4月8日，河北承德市"国家绿色矿业发展示范区"创建正式启动，滦平县6家矿山企业关停取缔，12家矿山修复披绿，掀开了"护绿行动"的新篇章。

有点有面有事实，语言简洁，写景富有寓意。

然而相比开头，结尾大为逊色：

如今的滦平，正在生态优先、绿色发展的大道上迈步前行。

何其熟悉。"在……大道上迈步前行"，这样的结尾句式，实在过于旧，内容也显得空。

陈词滥调，是结尾大忌。肯定不是作者想不出比这更好的，而是对结尾不够重视，不大在意。也许是"急就"，信手写下这个结尾时便想：很可能版面不够时就删掉了。

上述赵鹏的那个头条在送审时，社领导曾批示肯定。李总表扬："稿子很好。"王秘书长指出："赵鹏同志采写此稿很用心。"这个"好"，这个"用心"，肯定的正是整篇报道。

何谓整篇？无非有头有尾，善始善终。而目前分社的重点报道虽然进步很大，但以"整篇"去衡量的话，则很不够，顾头不顾尾现象仍较普遍，写好结尾还有很大空间。

"编筐编篓，全在收口。"报道该怎么"收口"？如何提高"收口"水平？方法很多，近期有些报道就很给人以启示。

陈词滥调是为大忌，那么，如何战陈败滥？很重要的一招，就是多用老百姓的话，大白话，那些从日常生活中提炼出来的群众语言。2016年5月25日头版头条《浙江城乡加快"无缝对接"》便巧用大白话收结：

截至2015年，浙江率先在全国全面消除家庭人均年收入4600元以下的绝对贫困现象。即使偏远的乡村，也实现了"三头"——公共交通到村头，硬化路面修到地头，超市开到门头。

"三头"的说法，是群众来自实际的提炼概括，既形象，又生动。通篇笔墨都很朴实，结尾大白话清新一变，颇有"临去秋波一转"之妙。

再如，2016年5月30日一版的《把便利"递"到群众手上》，以普通百姓的话结尾：

惠民之举赢得了山城群众点赞。"改革不在大小，利民就好；红利不在厚薄，真实为贵。小小身份证，也是大文章。"网友"江边打鱼人"评价道。

言简意丰。

用一句话结尾的报道很多，很多稿的套路往往是"书记的话开头，市长的话结尾"。用领导的话来结尾不是不行，关键是领导的话一定要有干货，能体现"压舱石"之功，否则，便不如选群众的话，因为选择起来量大面广，容易找到精彩的俊语妙句，令报道越加抖擞精神。

还有，重点稿多为工作性报道，少不了用数字说话，不少稿喜欢用数字结尾，甚至一串。没错，数字最有说服力，但不能泛泛而论，没有解释、没有对比的数字往往说不清、道不明，只说数字也提不起精气神，而"收口"宜紧，断不许松松垮垮，"起处须有崚嶒之势，收处须有完固之力。"（清·施补华《岘佣说诗》）

2016年5月4日头版头条《北部湾隆起沿海新一极》也以数字结，便结得相当有力：

十年精耕，北部湾经济区地区生产总值增长3.1倍，财政收入增长4.5倍，进出口总额增长8倍。面朝大海，"春暖花开"，北部湾正隆起沿海发展新一极。

三个简洁数字作回顾，兜裹全篇，化用海子一句名诗，补完题蕴，益增其力。

通常说来，结尾宜有力、高昂，就像演讲者总是努力以一个高音结尾。但这个"力"不能简单理解为少林的刚猛，也可以是太极的绵柔。开颜不等于嘴巴咧到耳朵上,也可以笑不露齿,笑不捂肚。

2016年5月,塞尔维亚艺术家日沃伊诺维奇去世,勾起许多人的往事记忆。20世纪70年代,《瓦尔特保卫萨拉热窝》《桥》两部南斯拉夫电影在中国公映,日沃伊诺维奇扮演"瓦尔特"及《桥》里的"老虎",是许多中国人心目中的"男神"。令我印象深刻的还有《桥》里那首插曲《啊,朋友再见》:"……如果我在战斗中牺牲,请把我埋在山岗上;请把我埋在高高的山岗,再插上一朵美丽的花。"那旋律和歌词可以说是家喻户晓。

那时只觉得歌好听,后来又觉得结尾那句特别好,好在哪里?想不大明白。同样的内容,让我们来表达,"再插上一朵美丽的花"或许便成了"看红旗插遍全中华""看世界无产者都解放",立意或更高,但总不如"再插上一朵美丽的花"更美。

很久以后才明白,这不只是文化上的差别,而是一个直抵灵魂深处的细节,因此也更"有力"。由宏而微,符合人类共同的认知规律。从写作角度言,由宏而微,也是一种很高明的结尾手法。

2016年5月7日一版的《喝剩的半瓶水,请带走》,结尾也颇得"再插上一朵美丽的花"之妙:

4月22日,在一家大型超市的饮用水区域,记者发现在售的瓶装水并没有明显用于消费者做标记的地方。

"节水贴?没见过。"导购员吴小姐表示,在超市工作了近三年,她从未见过瓶装水上有节水贴或者涂层。

"一两块钱的事儿,至于?"听到记者和导购员的对话,一位顾客笑了笑说。

"至于?"这三个字让记者陷入深思。

这篇报道反映的是我们屡见不鲜的一种浪费现象,结尾前谈的是国家

2014年6月30日起就实施节水标识规定，厂家却未广泛执行，而结尾又落到一个小小的场景，有细节，有对话，发人深思。

美联社著名编辑布鲁斯·德席尔瓦总结好的结尾方法有：

（1）一个生动的场景。

（2）阐明文章主要观点的、令人难忘的奇闻逸事。

（3）一个生动的细节，它象征着比它自身更大的东西，或者故事可能的发展方向。

（4）一个用心安排的令人信服的结论，在这个结论中，作者亲自向读者讲话，说："这就是我的观点。"

（《哈佛非虚构写作课·怎样讲好一个故事》）

瞧，他把"一个生动的场景"列在第一条。

还有一种"力"，就像说故事是世界的共同语言一样，也同样是为人类互认共识的，便是"幽默感"。

2016年4月11日头版头条《重庆 好山好水好生态》的结尾是这样的：

生态优先，加快建设生态文明城市，重庆人享受到绿色发展的甜头，幸福感一天天增多。获得感满满的"雾都人"已经懒得到社交媒体上晒"重庆蓝"了。

晒是"时尚"，蓝天最"奢侈"，著名的"雾都人"却已懒得晒了。拐着弯的话里，几分俏皮，几分诙谐。

"终篇之际，当以媚语摄魂，使之执卷流连，若难遽别。"（清·李渔《闲情偶寄》）"媚语"难觅，富有幽默感的话，我以为大致也就是了。

附：

89.5% 的研发投入、65.7% 的省级科技成果均来自企业

福建　把创新"放"出来

赵　鹏

考考你：今天的鞋，是怎么做出来的？

缝出来的？粘出来的？也对，只不过那是在一般的企业里。在福建莆田华峰公司，它是印出来的，而且有专利、成规模、有品牌。"目前只有我这一家。"华峰副总经理邱建新说。

再考你：中国一双出口的户外运动鞋能卖多少钱？

几十元？上百元？没错，不过那是在一般的企业里。在莆田洛弛公司，是150美元，批发价，不能讨价还价，还必须用中国的商标。敢这么"叫板"的，"很快就不光我这一家了。"洛弛董事长陈英洪说。

最后考你：中国产的马桶盖有没有特别好的？

当然有。"我们泉州生产的马桶盖，不比日本差，我在这里做个广告。"3月6日上午，在十二届全国人大四次会议福建代表团媒体开放日上，全国人大代表、福建省委书记尤权笑着来了个开场白。

被省委书记点赞的这家企业叫九牧。它的产品，能自动加温、自动翻盖、除菌、防潮、抗压，还能自动过滤。九牧创新研发中心副总裁林山，甚至当着众媒体喝下了过滤后的马桶水。

这些企业咋能这样"牛"？因为他们的产品满足了市场需求端的变化。

告别"短缺经济"的中国，市场需求端改变后，倒逼企业生产端、研发端跟着一起变。跟得上的，就是领跑者；跟不上的，就会被淘汰。怎么才能跟得上？福建省委主要负责同志给出的答案是：把创新"放"出来！

从今年初开始，福建省委、省政府决策层马不停蹄下基层、走企业，会同政府各个部门、金融机构与众多企业一道寻求供给侧改革的着力点和突

破点。调研中,有这样一组数据令人深思:福建省高新技术产业增速比全省平均水平高 2.5 个百分点,民营经济创新发展势头强劲——89.5% 的研发投入由企业完成,84.2% 的研发人员集中在企业,65.7% 的省级科技成果来自企业……

4 月末,福建公布一季度经济运行情况。其中,全省规模工业增速高于全国平均 1.9 个百分点,列居东部地区第二;38 个大类行业中,有 33 个行业实现正增长。

"作为政府,我们能做的就是营造一个好的创新环境,只要是有利于企业创新能力建设的,就应该多方施策、肯下血本。创新是'放'出来的,不是'管'出来的!"省领导这样说。

怎么"放"?春夏之交,记者深入福州、泉州、莆田,听三个城市在供给侧结构性改革中靠创新"生出来""败不倒""赶上来"的故事……

(原载《人民日报》2016 年 6 月 3 日)

附:

护一江碧水　现两岸青山

重庆　好山好水好生态

本报重庆 4 月 10 日电　(记者王斌来、崔佳、蒋云龙、龚鸣)679 公里,是母亲河长江在重庆的旅程。流经一个千万人口的主城,流经 9 个几十万到百万人口的区县,母亲河的水质却奇迹般地变更好了。

"变更好了",为了这四个字,重庆人坚持绿色发展,实施"蓝天、碧水、宁静、绿地、田园"五大环保行动,踏踏实实修复长江生态环境。党的十八大以来,重庆累计完成生态环保投入近千亿元。

碧水长流。长江干流重庆段水质保持稳定,15 个断面总体达到Ⅲ类水质,61 个城区集中式生活饮用水源地达标率 100%。

2000多万人每天生活产生的295万吨污水，不再直排长江，排水管通通从江边移到了59座城市生活污水处理设施。重庆城市生活污水集中处理率达到91%。

在重庆九龙坡区，有个彩云湖污水处理厂。进水口的污水，黑得发亮，散着异味。经过格栅集水井、曝气沉砂池、污泥浓缩池、人工湿地等多道工序后，再看出水口，是一道清澈见底的溪流。

"这条溪，是彩云湖国家湿地公园的唯一水源，它造就了这湾彩云湖，引来了如织的游人，还招来了对水质要求极高的白鹭。"九龙坡区环保局副局长谢军说，"湖水还要经过桃花溪的流动净化后，才最终汇入长江。"

标本兼治，重在治本。像彩云湖一样，重庆重点整治污染较重的28条次级河流、主城区56个湖库。污水处理设施正向所有乡镇、村落覆盖开来，如今黑臭水体、水源基本消除。

小作坊、野电镀在严厉打击下逐渐销声匿迹，256家重污染企业关闭搬迁。2015年，重庆最后2家燃煤电厂关闭，主城九区不再有燃煤。三峡库区清理3000多个污染源，库区水产养殖全部被取缔，水环境安全得到保障。

青山常在。近3年来，重庆人一棵一棵，种出1011万亩森林，森林覆盖率以年均1个百分点的速度稳定提升。截至2015年底，全市森林面积5562万亩，森林覆盖率达45%，是全国森林覆盖率的2.08倍。

长江两岸，330多万亩荒坡变森林，重重叠叠几层绿。治理三峡库区消落带初见成效，筛选出一批耐淹植物——池杉等10余种乔木、中华蚊母等3种灌木、卡开芦等10种草本植物，探索出5种消落带植被修复构建模式。植物的根系交叉错杂，形成一张密密麻麻的网，顶住江水的日夜冲刷，固住了土地。

近百万亩石漠化土地上，稚嫩的树苗顽强地活了下来。巫山县引导农户放弃传统的农耕作物，石漠化土地改种脆李等经济果树林。果树林的丰富根系，像一双巨手，抓住了土壤，控住了水土流失，还成了农户致富的宝贝。

退耕还林、天然林资源保护、石漠化治理、绿化长江……长江上游重要生态屏障正着力构建。

蓝天常驻。"重庆蓝",正在从新闻热词成为百姓的生活常态。2015年,重庆主城区的空气质量优良天数达到了292天,比2013年增加86天。在酉阳土家族苗族自治县,"363天"成了干部们的口头禅,也成了对外宣传的一大招牌。

"共抓大保护,不搞大开发",习近平总书记的话说到了人们的心坎上。重庆库区的干部群众从比GDP转变为比水清岸绿空气优。

生态优先,加快建设生态文明城市,重庆人享受到绿色发展的甜头,幸福感一天天增多。获得感满满的"雾都人"已经懒得到社交媒体上晒"重庆蓝"了。

(原载《人民日报》2016年4月11日)

记者、编辑都要增强"豹尾"意识

我写过一篇业务研讨文章——《结尾还有很大的提升空间》，那么，谁来提升呢？首先当然是记者，但事实上，编辑也大有可为。

2016年9月17日本报头版头条《南阳保水"闯"三关》是一组"1+1"报道，二版刊登了通讯《南阳：巧解三道"水难题"》。通讯文风清新，散文化叙述，增强了内容的可读性。比如开头：

  从南水北调中线渠首闸起步，溯流而上，山道盘旋，层峦如涛，竹柳似毯。

审读原稿时，感觉美中不足的，是结尾结得不够精心，比较随意。

  "你有好要素，我有新优势。"发展新兴产业，北京有人才、技术、资金等要素优势，而南阳作为三线城市，人才吸附力弱，资金缺乏。不过，中关村企业调研发现，南阳也有意想不到的优势：南阳理工学院培养了一批软件人才，月薪比北京低得多。看中这一点，中关村企业到南阳，合作建设北京中关村e谷（南阳）软件创业基地，打造中原最大软件与动漫产业基地，3年将实现产值2.5亿元。

这样的结尾司空见惯，很实，很硬，但并不有力。如果能够让报道的结尾和整篇有点散文化的风格统一起来，无疑会进一步提升这篇通讯的可读性。

原稿最后部分中有这样一句：

> 在北京，咬一口庆丰包子，满嘴流香。顾客可能不知道，馅里的香菇来自1000公里外的南阳。

淡淡一笔，颇富意蕴，话不说满，给读者留下不少想象空间。倘若用这句话来收尾，不就能给人留下几分悠长的回味吗？

但这样一来，需要对最后部分材料做新的逻辑归纳。

原稿最后部分是按照"你有好理念，我有好资源""你有大市场，我有好产品""你有好要素，我有新优势"来组织的，"庆丰包子"包在"你有大市场，我有好产品"里，简单摘出来不行，会损害文章原来架构的逻辑关系。

因此需要编辑将其打散重新梳理。修改稿是依据这样的逻辑关系来安排的：南阳正在对自己的优势重新审视和发掘：一是开发新产业也有独到优势。二是"保水"后形成了新的优势，其一是旅游——矿山关闭后真正有了好山好水，其二是农特产品——好山好水就有好物产。由物产说到香菇，再到"庆丰包子"，便自然水到渠成了。

在这样的重构中，难免要加上一两句衔接承转的话。"最大的优势自然还是来自'保水'""好山重现好水""好山好水好物产"，是编辑加的，它既不伤筋动骨，也不会以文害义，在编辑中是许可的。

还有一个修改，和结尾的"散文化"取向是一致的，就是把原稿最后部分中影响"散文化"的语言去掉。"你有好理念，我有好资源。""你有大市场，我有好产品。""你有好要素，我有新优势。"作者精心提炼、概括，原先放在段落前作领起，使文章读来显得简练、有气势，但是这种比较规整、类似排比的句式，和全篇"散文化"的风格违和，于是删掉。即使报道还不能真正做到"散文化"，至少，也显得更平实一些。

我们一直强调写稿要有"凤头豹尾"意识，首当其冲的，当然是写的人，而编辑作为把关者，也应该增强这样的意识，因为在这方面，编辑主动作为的空间也是很大的。

附（见报稿）：

南阳：巧解三道"水难题"（节选）

北京南阳协作两地联手协作，合力保水

南阳、北京因水结缘。2013年，两地正式对口协作。北京支持2.68亿元，用于水质保护、产业发展、民生改善。同时，引导企业、社会各界积极融入，合作共赢。

然而，两地发展差距大，难找对接点。北京药企看中南阳的草药，兴致勃勃来考察。几天下来，发现当地虽然有三四十家艾草企业，但规模小、设备差、技术低，具体项目谈不拢。难点从何破解？"想嫁接好花木，还得有好桩。"南阳重新审视、发掘自己的优势。

请来中关村企业一调研发现：南阳理工学院培养了一批软件人才，月薪比北京低得多。看中这一点，中关村企业到南阳，合作建设北京中关村e谷（南阳）软件创业基地，打造中原最大软件与动漫产业基地，3年将实现产值2.5亿元。

最大的优势自然还是来自"保水"。内乡县关闭271家黄金、白银采矿企业，好山重现好水，还有"内乡县衙"等一批景点。

可是"守着'宝贝'不知道咋推介"，内乡县旅游局局长曹正平感叹，对口协作后，北京延庆拿出30万元，做出内乡县旅游总体规划。之后，又支援170万元，制作旅游宣传片，请专家对景点把脉问诊。专家建议，不宜孤立谈"内乡县衙"单体价值，而应挖掘"世界生物圈保护区"宝天曼旅游价值，整体创建5A级景区。此后，延庆派八达岭特区办事处工会主席梁文忠到内乡挂职副县长，帮助提升创建水平。"通过申请5A级景区，内乡县提升了景区硬件、管理经验，开阔了眼界、更新了观念。"曹正平说。

好山好水好物产。南阳116个有机农产品目前陆续进京，累计销售3.6万吨。西峡县的香菇远近闻名。在家家宝食品公司，工人把香菇放上履带，经多道工序，一箱箱香菇脆片包装后就进了京。在北京，咬一口庆丰包子，满嘴流香。顾客可能不知道，馅里的香菇，便是来自1000公里以外的南阳。

（原载《人民日报》2016年9月17日）

附（原稿）：

京宛协作，"两地联手"合力保水

南阳、北京因水结缘。

2013年，两地正式对口协作。北京支持2.68亿元，用于水质保护、产业发展、民生改善。同时，引导企业、社会各界积极融入，合作共赢。

然而，两地发展差距大，难找对接点。北京药企看中南阳的草药，兴致勃勃前来考察。几天下来，发现当地虽然有三四十家艾草企业，但规模小、设备差、技术低，具体项目谈不拢。

难点从何破解？"想嫁接好花木，还得有好桩。"南阳重新发现新优势，探索合作新模式——

"你有好理念，我有好资源。"为保水质，内乡县关闭271家黄金、白银采矿企业，依托内乡县衙等一批景点，寻求旅游"黄金矿藏"。可是，在周边知名的内乡县衙，放在全国来看，显得实力不足。

"守着'宝贝'不知道咋推介。"内乡县旅游局局长曹正平感叹，对口协作后，延庆县拿出30万元，做出内乡县旅游总体规划，明确"全域旅游"方向。之后，又支援170万元，制作旅游宣传片，请专家对景点"把脉问诊"。专家建议，不宜孤立谈内乡县衙单体价值，而应挖掘"世界生物圈保护区"

宝天曼旅游价值，以宝天曼、内乡县衙、宝天曼峡谷漂流为节点，整体创建5A景区。此后，延庆派八达岭特区办事处工会主席梁文忠，到内乡挂职副县长，帮助提升创建水平。

"通过申请5A景区，内乡县提升了景区硬件、管理经验，更可贵的是，开阔了眼界、更新了观念。"曹正平说。

"你有大市场，我有好产品。"在北京，咬一口庆丰包子，满嘴流香。顾客可能不知道，馅里的香菇来自1000公里外的南阳。目前，南阳"中线渠首""五谷源""大宛农"等品牌的116个有机农产品陆续进京，累计销售3.6万吨。

西峡县以种香菇闻名。在家家宝食品公司，记者看到，工人们把香菇放上履带。经清洗、杀青、蒸煮、脆化等多道工序，一箱箱香菇脆片包箱配送北京。

"你有好要素，我有新优势。"发展新兴产业，北京有人才、技术、资金等要素优势，而南阳作为三线城市，人才吸附力弱，资金缺乏。不过，中关村企业调研发现，南阳也有意想不到的优势：南阳理工学院培养了一批软件人才，月薪比北京低得多。看中这一点，中关村企业到南阳，合作建设北京中关村e谷（南阳）软件创业基地，打造中原最大软件与动漫产业基地，3年将实现产值2.5亿元。

不可虚构　可以"虚写"

调查报道贵在真实，自然不容半点虚构。

《从械斗到握手，20年的死结如何解开？》一稿（2015年8月28日），开头有这样的段落：

> 1．"恐怕是要下雨了吧！"开周（睁大了眼睛，陷入了回忆）引我们进了房间，打开了话匣子，"两村的草山纠纷从1958年就有了，但那时两村还在通婚，亲戚们都相互走动。然而，20年前的'尼江事件'彻底打破了这里的宁静。"
>
> （往事像走马灯一样，在开周的脑子里转个不停。）
>
> 2．"那是22条鲜活的生命啊！他们的灵魂是否已经轮回？"开周叹气道。
>
> （"咯咯咯……"孩子们的欢笑声，将开周拉回现实，他紧锁着的眉头舒展开了。）

文中括号部分，编稿时被删掉了。

为什么删？就在于上下文并没有交代，记者何以便能洞察人物的心理呢？全知视角在文学创作中是允许的，而新闻报道强调真实，反对虚构，哪怕是完全合理的想象推断，哪怕它无关具体事实、落在不紧要处，也应坚决摒弃——任何虚构，都会伤害报道真实性。

但即使是调查报道，写作上仍可以学习文学的某些叙事策略。

本报老记者白夜谈到著名作家丁玲给他的信中曾说："艺术也需要一点点远视。要有点虚，太实在了，反而失之于死。"白夜认为："新闻写作要有材料，实实在在，用事实说话。这是基本的，不可少的。但是，往往如丁玲所说，太实在了，反而失之于死。"（王庚虎《白夜谈写作技巧》）

何况"记者调查"呢？每期满满一整版，更应注意笔法不能"太实在了"，以免"失之于死"。也就是说，笔墨间可适当有点"虚写"。

何为"虚写"？

如果说实写是正写，那么虚写便包括侧写（衬写）、暗写、伏笔等；如果说实写旨在体现条理清晰、逻辑严谨，那么，虚写更宜展现诗性空灵、含蓄深远。简言之，虚写就是文章里要有点"留白"，留出点给读者、欣赏者想象的空间，调动他们积极介入到文本里来。

举个大家耳熟能详的例子，《县委书记的榜样——焦裕禄》的开头，穆青描绘了焦裕禄刚到兰考时的情景：

大地横贯全境的两条黄河故道，是一眼看不到边的黄沙；片片内涝的洼窝里，结着青色的冰凌；白茫茫的盐碱地上，枯草在寒风中抖动。

这就是虚写的笔法之一，通过场景描摹和勾勒，烘托人物内心世界，进而凸显人物性格，用画面感很强的描写，间接反衬焦裕禄在困难面前不屈不挠的斗争精神。

"记者调查"稿中也有不少很好的虚写，如《倒在黎明前的和平天使》的开篇。先是介绍苏联红军解放东北时，身上流淌着中俄两国血液的17岁中国少女嘎丽娅，奉苏联红军之召到绥芬河日军要塞劝降，被日军杀害。

2009年，嘎丽娅"重生"。

绥芬河市民用青铜为她塑起一座雕像……雕像的基座上镌刻着："我们的友谊就是相互理解、信任、共同的价值观和利益。我们将铭记过去，展望未来。"这是俄罗斯总统普京给绥芬河市民回信中的一段话。

这段话以中俄双语刻写，孩子们的小手就能抚摸得到。

这最后一句，就是虚写。说出的很少，没说出的很多。孩子们是属于未来的，着笔于"孩子们的小手"，内涵丰富，赋予读者极大联想空间。

这篇报道首尾呼应，结尾也用虚写。原稿是这样的：

孙伯言请到了顶级的艺术家。俄罗斯列宾美术学院院长恰尔金院士主持设计，雕塑系主任斯维尼什科夫和在读博士李富军完成雕塑，圣彼得堡城市建设艺术委员会主席罗曼诺夫斯基设计了基座。

……

嘎丽娅那小小的身影、坚定的步伐，定格在1945年的8月。挥舞头巾的雕像表现她和平的使命，火焰生成的双翼便是象征中俄两国并肩反法西斯的友谊。

5月的天长山，大片野杜鹃花蕾初绽。这是70年前炮火洗濯、鲜血滋长的土地。边城恬静无言，山岭深沉悠远。花枝微颤，让人感到一缕风，这是和平的风，从历史走来，这是多么令人珍爱的风。

结尾虚写，收结于一段饱含深情的景物描写。

虚写妙在意境，意境有深浅远近之分，意境越深越含蓄，越耐人寻味。写景固然见意境，但由于这段景语和前面几段青铜塑像意思全不相属，便显得景露境浅。

嘎丽娅塑像由青铜塑造，报道中对青铜有句议论："最高标准的青铜，如果自然腐蚀，要用6万年。"编辑最后把"5月的天长山，大片野杜鹃花蕾初绽"这最后一段全删掉，将对青铜的那句议论"改装移植"用作收尾：

雕像选用最高标准的青铜塑造，可保6万年不朽。

改稿文意紧承上文，以少胜多，意蕴更丰，意境更深，"含不尽之意，见于言外"。

仔细分析可以发现，意境的拓深，在于上下文互文而生。"互文"即"互文见义"，指上下文意思互相呼应、补充，共同构成一个完整的含义来表明、阐释某个意思。

结尾部分好几段写青铜塑像是实写，如同蓄势，改稿最后一句紧紧呼应塑像，借势宕开又戛然收住，从而产生强烈的言止而意不尽的效果。

而原先用景语结尾，和前面已做很好铺垫的青铜塑像关联不紧，好比重起炉灶了，浪费了前面收蓄的能量，无法借到实写的那份力，所以感觉结尾结得不够有劲。

因此，结尾的虚写，宜扣住上文的实写。实写是蓄势，下文与实写呼应，完成必要补充，借势发力。虚写不能凌空蹈虚，虚写对实写有依附性，抽离了实写，虚写的语言再精警，也会给人因无所依附而人为拔高、为文而文的感觉。

有一点也须注意，就是相比于实写的铺垫，虚写通常只寥落片语，但长短还当服务主题需要，贵在创新。

《崇礼的世界 世界的崇礼》原稿这样结尾：

> 今年，张林海早已办好雪场季卡，只等冬季一到就"开滑"。
>
> 新买的门面房也已装好，只等门前的路铺上沥青，他目前承租的修补店，就可重新开业。
>
> 又逢整点，恰处在老城与新区交界的钟楼，又响起了定点报时的钟声，回荡在整个县城。

"钟声"是虚写，我们在很多作品包括电影中，看过这样的表现手法，象征性很强，但不免给人似曾相识感。能否来一个不落俗套的结尾呢？编辑提出这个问题后，作者又苦心修改。

见报稿在讲完张林海的故事后，笔锋一转：

　　成长中的烦恼也不少。

　　李秀红的小餐馆"筋头巴脑"开业7年了，以用牛肉筋、牛板筋、牛腩筋等主料配以牛心管、蹄筋等辅料制成的火锅出名，吸引了大量顾客，不乏老外，并且越来越多。让她苦恼的是，店招英文该如何译？几番七嘴八舌的"神翻译"，最后的选择，是干脆直接写成"Restaurant"（餐厅）。李秀红直感慨：与世界接轨，里子面子都得接上，"说说"都不容易啊。

　　一个真实的小故事，不那么亮，有点灰，让读者从中触摸到幸福中的"烦恼"，故事虽小，却暗藏寓意，小中见大，同样耐人寻味。

附：

倒在黎明前的和平天使

王汉超　袁　泉

1945年8月10日傍晚，日本无条件投降的消息渐渐传开。

8月11日，她走进黑龙江绥芬河日军要塞劝降。

她是嘎丽娅·瓦西里耶夫娜·杜别耶娃，身上流淌着中俄两国的血液，人们习惯叫她张嘎丽娅，大人疼爱地叫她嘎拉。

8月11日，嘎丽娅的母亲菲涅和弟弟张树烈目送她离开，再也没能等到她回来……

那一年，嘎丽娅17岁。

2009年，嘎丽娅"重生"。

绥芬河市民用青铜为她塑起一座雕像。雕像就立在她最后上山的地方。

她站在 6 米高的基座上，花岗岩形如石崖，嶙峋峭立。熔岩流出石缝，火焰在她身后升腾，化为双翅，凌空招展。那火焰象征第二次世界大战的战火。她挥舞着临行前妈妈送她的新头巾……

雕像的基座上镌刻着："我们的友谊就是相互理解、信任、共同的价值观和利益。我们将铭记过去，展望未来。"这是俄罗斯总统普京给绥芬河市民回信中的一段话。

这段话以中俄双语刻写，孩子们的小手就能抚摸得到。

（省略）

一场延绵 70 年的寻找

苏联红军炮火中，要塞一片火海，玉石俱焚。

炮声停息时，已是 15 日。家人不见嘎丽娅。母亲去留守的司令部询问，只听到"先头部队已经开走，我们也不知道"的回答。

家人、亲友找遍了天长山的战场沟坎，翻过被炮震得七窍流血的尸体，也见过几名一字排开自杀的兵卒，就是没有嘎丽娅的影子。据说，在上山路边的树枝上挂着那方红色的花头巾。弟弟张树烈对着山喊嘎丽娅，空山无语。邻居们猜测着，会不会封进地堡饿死了？会不会跟部队开走了？

母亲菲涅从此每到夏天，都采天长山的花，长久地凝望。由于军方未能对嘎丽娅劝降做出书面结论，嘎丽娅被列入战争失踪人员。嘎丽娅家人连续多年向各处致函，都石沉大海。

国境对面的菲多尔琴科终老之时，家人无数次听他说"我这枚红星勋章应该是嘎丽娅的"。

历史像一站站向前的列车，接下来新中国成立、政治运动、中苏论战、改革开放、边贸重开……嘎丽娅在绥芬河老人们的口中一次次被提起。

1984 年，绥芬河地方史志编辑孙伯言在一份 60 年代的公安档案中看到寥寥数语："当地居民张焕新的中俄混血姑娘 3 次到北山劝降日军，英勇牺牲。"

一个姑娘，连同她身后恢弘的场景令孙伯言久久不能忘怀，走访中他问及老人，原来这个女孩的故事一直在绥芬河口耳相传。孙伯言像中了邪，接下来近30年不断地寻找嘎丽娅，寻找一切和她有关的片段。

嘎丽娅的家人已经离开。在"文革"中，菲涅一直陪伴着丈夫，辗转迁离。直到1980年4月，安葬了丈夫，菲涅随儿子离境，逝于乌苏里斯克。离开中国那年，菲涅的双眼已经失明，她随身带走的，是张嘎丽娅的照片。

孙伯言寻找嘎丽娅的事情传开，得到当地党委政府的大力支持和众多热心人士的帮助。1991年"边贸热"，有位叫韩继民的人找到他，说自己在乌苏里斯克做生意时找到了嘎丽娅的家人。菲涅随身的那张嘎丽娅照片得以辗转回到中国。

从那个年代起，绥芬河越来越多的人步入追寻的行列。他们自带设备，自筹资金，收集史档，寻访老人，抢救性地保留了大批史料。

孙伯言曾说，"一座城市，如果没有文化，那就是一片沙漠"。嘎丽娅是绥芬河的女儿，是这座城市的记忆。他倡议，绥芬河应竖起一座嘎丽娅的雕像，嘎丽娅象征着友谊，也象征着和平，这是边境城市绥芬河的愿望。"我们必须记住嘎丽娅，记住嘎丽娅的愿望！"

一位领导告诉孙伯言，干吧，我支持你。他一位不愿留下名字的学生知道了老师的心愿，默默拿出了一笔钱。从孙伯言第一次读到嘎丽娅的故事，到最终竖起这座青铜的雕像，他用了20多年。

世界反法西斯战争，人类不会忘记。孙伯言请到了顶级的艺术家。俄罗斯列宾美术学院院长恰尔金院士主持设计，雕塑系主任斯维尼什科夫和在读博士李富军完成雕塑，圣彼得堡城市建设艺术委员会主席罗曼诺夫斯基设计了基座。

孙伯言将嘎丽娅和纪念碑的故事致信俄罗斯总统普京，也得到了热情的回应。普京在回信中建议，纪念碑上应该刻上前述那段话。

嘎丽娅那小小的身影、坚定的步伐，定格在1945年的8月。挥舞头巾的雕像表现她和平的使命,火焰生成的双翼便是象征中俄两国并肩反法西斯的友谊。

雕像选用最高标准的青铜塑造,可保6万年不朽。

（原载《人民日报》2015年5月4日）

去"陈词" 唱新调

（根据部里安排，我给即将下分社的8位新同事做了一次业务培训，其中，以最近编辑处理的一篇稿件为例做了一些分析。所提的几个问题不仅是想让这些年轻记者今后写稿中多加重视，也希望从事编辑业务多年的同志引起注意。）

分析一下这篇稿件的修改，请大家注意这样几点。

第一，最重要的一点，是导语要摒弃陈词滥调，要破除陈陈相因，求新求异。

"想不到！真想不到！"从签订协议到动工建设，不足4个月，云南德动汽车制造有限公司年产20万辆新能源汽车及配套项目就在楚雄彝族自治州桃园工业园区开工，项目进展如此之快，德方负责人德国中小企业联合总会驻华首席代表皮特·托马斯不由惊叹。

这是原稿的导语。

就事论事地说，这个开头见人见事，语言精练，还是不错的。问题出在哪里？就在于这样开头的方式让人太习以为常。近年来，各级政府部门都在大力推进行政审批制度改革，提升营商环境，很多报道都用此类"故事"来开头，这样的开头也相当于第101次形容姑娘美丽像一枝花一样，属于"陈词滥调"。

开头要抓人，就要敢于创新。创新是个很大的概念，革命式的、颠覆式的、让人眼睛放光的表达方式当然是创新，但这样的创新极难，对初入职者而言是苛求。摒弃陈词滥调，别人的稿子里太多大话、空话、套话，你的稿件多说白话、实话、新话，也就是创新。

现在刊出稿的导语并不是新写的，而是编辑把原稿中第10、第11两段提了上来。这两段连续两个问句，这种用发问开头的方式很少见，显得不落俗套，有异质感，就给人以新意，就容易抓住读者眼球。这就是创新。

第二，很多报道常忽略结尾。"凡起句当如爆竹，骤响易彻；结句当如撞钟，清音有余。"（明·谢榛《四溟诗话》）结尾要有力，就像交响乐一曲终了，往往都会收在最强音。你的报道结尾所表达的，内容上应该比此前递进加强，而不是减弱。

原稿结尾用楚雄经济开发区党委书记王浩忠的话收结："如果项目推迟延后了，我相信没有一个干部坐得住。"

对照一下原稿楚雄州元谋县委书记习雁的话，"经济增长了，群众满意了，这才是干部真正的作为。"

哪个意义更强？是习雁的话。王浩忠强调干部要干，而习雁强调干部要有真作为，要让群众满意。这就比只说"干"，内涵上拓深了。用领导同志的话或者普通群众的话收结，都要注意这个问题，只能比前面表达的意思加强，不能弱化。

第三，重点处要适当强化。原稿1400字，刊出稿1000字，篇幅短了不少，但刊出稿读来更简洁生动。其中有一个原因，就是重点之处笔墨集中，得到了强化。比如，原稿开头的故事，作为开头显得俗套，但这个故事本身还是比较生动的。在原稿中，与之相关的故事是分开讲的，另一处在第5段。编辑修改后，这两个关联性很强的故事不再分隔，两段紧连。

我们强调报道中要讲故事，而消息的篇幅有限，故事不可能全须全尾地说，只能是点到为止，而这里的"点"，就要注意技巧，笔墨不宜再分散，集中于一"点"，或可稍收浓墨之效——加深读者对一个故事的印象；分散成两处，便容易墨淡不留痕。

还有，楚雄州在全省经济增长乏力的情况下取得好成绩确实相当不易，而它还有一个鲜明的特点，是少数民族自治州，民族地区取得这样的成绩更为不易。原稿中，这两层意思分别见于第3、第4两段，编辑修改时，合为一句，作为第3段的开头："在经济下行压力加大、全省经济增长乏力的情况下，地处偏远、经济一直相对落后的民族地区能有多大作为？"

这样一改，可收一箭双雕之效。一来楚雄州的特点加强了，给人印象更为深刻；二来紧承开头两个问句，构成连续三段三个问句，强化了开头部分的形式感。

还有一点值得说一下，是标题的修改。

原稿的引题为：一手抓项目　一手抓干部

刊出稿引题改为：发展有热情　干部有干劲

都是虚题。但前者比较一般，后者虚中见实。见"实"之一，"干部有干劲"，较之"抓干部"，内容更为具体。见"实"之二，前者是记者从报道中提炼出来的，后者在报道中就有相关表述："如今，客商们来楚雄，最直观的感受就是'彝州有热情，干部有干劲'。"编辑扣住报道稍稍加工，更精准，也更接"地气"。

附（见报稿）：

发展有热情　干部有干劲

云南楚雄　绩效导向硬碰硬

本报昆明8月14日电　"一颗核桃能干什么？"核桃仁可做核桃乳、核桃粉、食用油，核桃青皮可提炼染发剂、除虫剂，核桃壳也能开发成工艺炭雕及工艺品，这是云南楚雄摩尔农庄生物开发有限公司给出的答案。

"一座荒山能干什么？"在楚雄一片被称作"曾经牛都放不起"的荒山

上,全球唯一掌握两种雨生红球藻生产技术的高新技术企业云南爱尔发生物技术股份有限公司竖起了招牌。

在经济下行压力加大、全省经济增长乏力的情况下,地处偏远、经济一直相对落后的民族地区能有多大作为?楚雄彝族自治州的答案是:去年以来连续多个季度主要经济指标位于全省前列,成为全国20个"稳增长免督查"的州市之一。今年1—6月,在全州烟草工业增加值下降12.9%的不利条件下,如期完成上半年各项经济发展指标。

"楚雄坐不住、等不起、睡不着、拖不得。"直面严峻形势,州委主要负责同志连说四个"不"。近年来,楚雄抓发展、抓党建、抓项目、抓干部,用激励机制和竞争机制激发干部群众"人一之,我十之;人十之,我百之"的干劲。

"想不到!真想不到!"从签订协议到动工建设,不足4个月,云南德动汽车制造有限公司年产20万辆新能源汽车及配套项目便在楚雄彝族自治州桃园工业园区开工,项目进展之快,让德方负责人皮特·托马斯惊叹。

如今,客商们来楚雄,最直观的感受就是"彝州有热情,干部有干劲"。当初德动汽车总经理陶利到楚雄第一天就突发心脏病,当地的项目对接人给予他全程悉心照顾。"有这样的干部,有这样的干事环境,不怕干不成事。"之后,德动不仅带来了新能源汽车的装配车间,还带来了整个产业链的相关企业。

破解干部"不作为""慢作为""懒作为",楚雄大力营造风清气正的干事创业风气,一系列稳增长的举措让一个个项目托举起发展目标:把确保经济增长的11个主要指标细化为55个支撑性指标,层层分解,横向到部门,纵向到县市,时序上到季到月,责任上到人到岗。同时,推行经济运行研判、预警、应策、推动、问效制度,做到"周报告、旬督查、月统筹、季盘账"。在抓发展、抓项目中考察、培养和使用干部,楚雄出台一系列鼓励保护干事创业的办法,同时推行工作约谈和末位淘汰制度,按月开展"红、黄、绿"信号灯预警通报,以绩效考核倒逼目标责任落实。

"一线项目才是锤炼干部的'大熔炉',说了不算,干了才算。"元谋县委书记习雁对压力与动力的转换感受深切,"矛盾化解了,项目搞起来了,经济增长了,群众满意了,这才是干部真正的作为。"

(原载《人民日报》2016年8月15日)

附(原稿):

一手抓项目,一手抓干部

云南楚雄　扛住压力提升动力

"想不到!真想不到!"从签订协议到动工建设,不足4个月,云南德动汽车制造有限公司年产20万辆新能源汽车及配套项目就在楚雄彝族自治州桃园工业园区开工,项目进展如此之快,德方负责人德国中小企业联合总会驻华首席代表皮特·托马斯不由惊叹。

客商来楚雄,什么感受最直观?"彝州有热情","干部有干劲"有人这样回答。

在宏观经济下行压力持续加大、全省经济增长乏力的情况下,楚雄州的经济社会表现却很"抢眼":自去年以来连续多个季度,主要经济指标位于全省前列,楚雄州受到国务院表彰,成为全国20个"稳增长免督查"的州市之一。在今年1—6月全州烟草工业增加值下降12.9%的不利条件下,如期完成上半年各项经济发展指标。

与发达地区相比,楚雄地处偏远,经济相对落后。"楚雄坐不住、等不起、睡不着、拖不得。"面对稳增长,促发展的严峻形势,州委书记侯新华连称四"不"。楚雄一手抓发展、一手抓党建,一手抓项目、一手抓干部。层层的激励机制和竞争机制激发出全州干部群众"人一之,我十之;人十之,我百之"的干劲。

"楚雄州干部的热情和诚意打动了我和投资伙伴!"云南德动汽车制造

有限公司总经理陶利说，刚到楚雄第一天，陶利突发心脏病，项目对接负责人不仅在陶利手术单签字，还全程悉心照顾这位外来客商，康复之后陶利感慨道："我们选择这里，就是看中了这里的干事环境，有这样的干部，不怕干不成事。"德动不仅带来了新能源汽车的装配车间，还将整个产业链的相关企业也带到楚雄。

在抓发展、抓项目中考察、培养和使用干部，楚雄州出台一系列鼓励保护干事创业的办法，同时推行工作约谈和末位淘汰制度，按月开展"红、黄、绿"信号灯预警通报，以绩效考核倒逼目标责任落实。

"干好一线项目才是真正锤炼干部的'大熔炉'，说了不算，干了才算。"楚雄州元谋县委书记习雁对压力与动力的转换感受深切，"矛盾化解了，项目搞起来了，经济增长了，群众满意了，这才是干部真正的作为。"

破解干部的"不作为""慢作为""懒作为"，营造了楚雄风清气正的干事创业风气，而一系列稳增长的举措让一个个项目托举起发展的目标：把确保 GDP 增长的 11 个主要指标细化为具体的 55 个支撑性指标层层分解，横向到部门，纵向到县市，时序上到季到月，责任上到人。同时，推行经济运行研判、预警、应策、推动、问效的制度，做到"周报告、旬督查、月统筹、季盘账"。

干部有了压力，企业发展也有了动力。调结构、稳增长，楚雄的产业转型升级风生水起。

"一颗核桃能干什么？"核桃仁可以做成核桃乳、核桃粉、食用油，核桃青皮可以提炼染发剂、除虫剂，连核桃硬壳也能开发成工艺炭雕及工艺品，位于楚雄的摩尔农庄生物开发有限公司给出了答案。

"一座荒山能干什么？"在楚雄州一片被称作"曾经牛都放不起"的荒山上，作为全球唯一掌握两种技术生产雨生红球藻的高新技术企业，云南爱尔发生物技术股份有限公司竖起了招牌。

德动新能源汽车、摩尔农庄、爱尔发生物技术……提高签约项目的履约率、开工率，协调项目资金，解决企业用水用电，每个楚雄品牌的发展背后都有楚雄州干部劳心劳力的身影。

"不是事不成,而是人不成。"楚雄经济开发区党委书记王浩忠说,"我们知道每个项目对于楚雄发展的重要性,如果项目推迟延后了,我相信没有一个干部坐得住。"

对比尤显深刻

没有对比，就没有发现。对比中尤显深刻。

2014年1月2日《人民日报》三版有一组图片，一张是西德总理勃兰特在波兰华沙犹太人纪念碑下跪，一张是12月26日日本安倍参拜靖国神社，配了新华社记者写的一则短评，结尾道：

> 勃兰特跪下了，但就从这一刻起，德意志民族在精神上站立了起来，步入了与欧洲和世界各国携手合作、获得国际社会尊敬和信任的新时代。
>
> 安倍是站着的，但他走进靖国神社参拜"东方纳粹"、践踏"二战"受害国人民感情的时候，他将自己永远定格为一个政治丑角。

当天《环球时报》评论版，也有一篇相同内容的评论《日本与德国：不同的历史观》，文章全文都用对比手法，把德国领导人向犹太人死难者下跪与日本领导人屡屡向发动侵略战争的战犯"致敬"对照着写。结尾也如出一辙：

> 43年前在华沙跪下的是勃兰特，站起来的是德国。如果安倍不能正视和深刻反省历史，只能使日本继续跪在历史的被告席上。

两相对比，后者好。前文"作"的痕迹太重。为了反比勃兰特的跪，作者刻意来一个"安倍是站着的",有点"为赋新词强说愁"。做对比的是两个国家,末句结到安倍是"丑角",轻了!"日本继续跪在历史的被告席上",同一个跪字,完全不同的意义,这样做对比不仅更妥帖,而且内涵更深刻。

以前常说"永远被钉在历史的耻辱柱上",说多了,似乎给人感觉新意不足。但如果没有更好的,这样的老话在这样的语境中依然值得一用,毕竟准确才是第一位的。

附:

日本与德国:不同的历史观

吴海龙

我出使欧盟已近两年,对欧洲一体化进程有着更加深刻的了解。"二战"之后,远离战争创伤、实现永久和平的强烈共同愿望,赋予欧洲各国和人民推动一体化的巨大动力。这个历史进程中,德国对历史问题的全面深刻反省,及其摒弃纳粹主义的明确和坚定态度,是欧洲实现真正和解、保持和平稳定的重要因素。

1970年12月7日,前联邦德国总理勃兰特在波兰华沙犹太人死难者纪念碑前下跪谢罪的一幕,令欧洲和世界动容。德国历届政府不仅承担战争罪责,真诚向纳粹受害者道歉,而且采取各种措施,让年轻人充分了解纳粹德国的罪行,牢记那段不光彩的历史。前两年,我曾专门参观勃兰登堡门附近的纳粹大屠杀受害者纪念碑群,那2711块方碑震撼人心,时刻在警示后人,纳粹德国的历史绝不能重演。

然而,70年来,日本一直未能通过自己的实际行动,抚平当年侵略战争给亚洲人民带来的严重创伤。在东京,也有一个很容易让人想起"二战"的地方,那就是靖国神社。它至今仍供奉着14名"二战"甲级战犯,他们无一不是日本对外侵略战争的发动者和指挥者,对亚洲人民血债累累。

与德国领导人向犹太人死难者下跪形成鲜明对照的是，日本领导人却屡屡向发动侵略战争的战犯"致敬"。

过去数十年来，日本领导人或政府高级官员曾多次参拜靖国神社，肆意践踏人类良知，严重伤害了中国及其他亚洲战争受害国人民的感情。

靖国神社问题的实质是日本能否正确认识和深刻反省军国主义侵略历史。日本国内有一些势力至今不愿接受"二战"后形成的国际秩序，企图为过去发动的侵略战争翻案，这是日本与有关亚洲邻国关系长期不睦的根源所在。我曾同一些欧洲朋友谈到，试想如果德国在历史问题上也像如今的日本，欧洲其他国家的政府和人民又将以何种态度对待德国？欧洲何以保持70年的和平与繁荣？欧盟又从哪里来？去年12月26日，日本首相安倍晋三悍然参拜靖国神社，再次引起亚洲国家和国际社会的严重关切。国际舆论普遍注意到，上台一年来，安倍加强国家安全机制，对日本防务政策做出重要调整，增加军事开支，放松在武器出口方面的自我约束，甚至公开宣称，他毕生奋斗的目标在于修改和平宪法。根据目前披露的修宪设想，其中包括允许日本正式拥有战后首支常备军。这一系列挑战"二战"结果和战后国际秩序的举动，不能不引起亚洲近邻和国际社会的高度警惕和强烈担忧。安倍政府的所作所为正在把日本带向十分危险的方向，成为亚洲最大的麻烦制造者。

去年5月，中国总理李克强在德国波茨坦会议旧址指出，历史是一面镜子，只有正视历史，才能开创未来。反法西斯战争的胜利成果是用几千万人的生命换来的，是"二战"后世界和平秩序的重要保证。所有热爱和平的人，都应该维护战后和平秩序，不允许破坏、否认这一战后的胜利果实。任何否认或企图美化那段法西斯侵略历史的言行，不仅中国和亚洲人民不能答应，世界各国爱好和平的正义力量都不能接受。

43年前在华沙跪下的是勃兰特，站起来的是德国。如果安倍不能正视和深刻反省历史，只能使日本继续跪在历史的被告席上。

（原载《环球时报》2014年1月2日，作者系中国驻欧盟使团团长）

好的结尾总是照应开头

2017年4月3日和4月4日的"假日生活"版，两个头条有给人眼前一亮的感觉，特别是首尾。

你看那双经历风霜的手，在拇指大小的面团上，两只手上下翻飞，几下过后，脑袋、脖子、躯干，一只燕子的轮廓已经出现。还没来得及歇息，剪刀已经上手，伴着"噌噌"的剪刀声，燕子的脑袋变得有棱有角，尾巴也开始有了脉络，不到一分钟，如同变魔术一般，一个燕子形象的面点就在手上完成了。

这是乔栋写的《剪成花馍千百变》的开头，好像听一个说书人绘声绘色舌灿莲花；又像看电视，一个个精美的镜头画面呈现在读者眼前。

报道结尾也很见用心，以花馍制作者的一席话来照应开头：

高金凤老人端着做好的子推馍左看右看，像打量着自己的孩子，"好久没做啦！现在村里做这东西就是用来'玩'的。你这次来倒是提醒我了，我应该把家伙什拾掇拾掇，今年清明再好好做一些给孙子孙女。毕竟有了这些东西，感觉才像过节嘛！"

从"像打量自己的孩子"，说到要"好好做一些给孙子孙女"，一句"有了这些东西感觉才像过节"，意味深长，言尽意不尽。

徐元锋写的《茶林深处有人家》，文章这样开头：

  古木参天，粗壮的高山栲需两人才能围抱，香樟、小叶榕星罗棋布；林荫下面是古茶树，虬枝盘曲，干如臂腕；地面多是蕨类植物，铺下绿色的毯子。空气中散发着丝丝香甜气息，阔叶乔木、古茶树和小灌木丛，构成了立体的森林大氧吧。夕阳西下，得一段"返景入深林，复照青苔上"的况味，让人忘却尘俗。
  这里是景迈山古茶林。景迈山地处普洱市澜沧拉祜族自治县惠民镇，靠近中缅边境线，山上有2.8万亩栽培型古茶林，至今已有1000多年的历史。

文笔优美，这样的描写让读者感觉阅读真是一种享受。而在报道结尾，记者依然给读者延续了这种享受：

  今年5月，澜沧机场预计通航。到那时，从昆明去景迈山，会省去许多鞍马劳顿之苦。南共说，景迈山的古茶树交叉分布，虽然价值不菲，但茶农绝不会偷采别人家的一片叶子，这就是淳朴的景迈人家——到景迈山，不仅养眼清肺，还会返朴养心。

  由"养眼"到"养心"，开头说茶乡景，结尾则说茶乡情，优美的不只是文笔，描写的内容和意境又往深处开拓了。
  好的报道都是这样，开头结尾就像牛郎、织女，虽不能执手相看泪眼，纵然隔着银汉迢迢，也总会你望我顾，遥相呼应。"假日生活"版头条篇幅相对大些，话题也软，谋篇布局也就给记者多了一些经营空间。但有空间终究只是客观因素，不是给了篇幅就能写出好的开头结尾，甚至写出了好的开头也未必能写出好的结尾，要不何来"虎头蛇尾"一说呢？事实上，"开头很重视、结尾常草草"的现象十分普遍。

"生态"版头条篇幅也相对宽松，丁汀的《美舍河，美丽难舍》（2017年4月5日），开头十分打眼，令人一读遽然难舍：

  2017年的春天，在很多海口人的眼里，是从美舍河的复活开始的。
  最先复活的是沿线泥土，脱去混凝土，露出棕色的皮肤，自在呼吸。然后是岸边的苦楝树、红树，扎下根，在春风中展颜。再是水中的苦草、狐尾藻，倔强生长。水中的鱼引来了鸟，河水活了，流水生风，给城市带来灵气。

这样的开头使人想起萧红的《呼兰河传》，文字优美纯净，让人听到一种富有个性的叙述声音。

而在报道的结尾，这种富有个性的声音消失了：

  "家门口有公园，公园里有湿地，滩涂上有菜地，我们的幸福感要爆棚了。"家住美舍河边的市民李范琴说。

结尾不能说是"草草"，只是回复到平常，不比开头，像丁汀那双会说话的眼睛一样，忽闪着灵气。

其实，拿出写开头那种语不惊人死不休的劲头，结尾完全可以写得更好一些，这篇报道里不乏好结尾的素材。

倒数第二个小标题为："山水林田湖综合整治，水质、生态修复见成效"。这部分内容说的是美舍河治理体现了水体综合整治的新理念，完全可以作为最后一部分。这样，逻辑上也是顺畅的，从一条河流的治理模式延展到生态治水的新理念，有递进的意义蕴含其内。

那么，这篇报道就可以这样结尾：

  在美舍河国兴段，施工单位桑德公司项目经理刘勤港告诉记者，根据水务专家施工方要求，拆除混凝土岸线、沿线市政管道施工、栈道铺设、红树林种植会同时进行。中国城市规划设计研究院水务分院资源能源所副所长王晨解释，美舍河治理与他参加过的其他项目比，最大的特点在于山水林田湖综合整治生态修复。"只有土归土，树归树，生态一体修复，才能让水体恢复自净功能。"

同样是用直接引语结尾，某个普通群众说的话，只是浅表层面的烘托，而水务专家说的话，则如点睛——它道出了一些值得读者深思的新东西，让读者的视野瞬间扩大，从而既深化了美舍河整治的意义，也点出了它在宏观层面上对水体治理新理念的探索性意义。由点及面，由微观而宏观。

结尾要尽量照应开头，注意把报道中"不乏好结尾的素材"抠出来，关键是要牢牢树立这个意识，主动、用心去"抠"。

本期"记者调查"《这里的社会足球为啥这么火？》（2017年4月7日），结尾也正是这么"抠"出来的。

这篇稿子主要反映包头市社区足球建设这两年取得的成就。原稿结尾时，记者采用深化拓展的手法，一笔从包头说到全自治区：

> 包头的社区足球发展是内蒙古的一个缩影。内蒙古民政厅副厅长索耀乐介绍，内蒙古提出了社区足球"六个一"工作目标，即建立一个社区足球组织领导机构，建成一支社区业余足球队伍，落实一块场地，安排一项发展经费，组织一次社区联赛，建立一套工作机制。截至目前，自治区新建社区足球场地近300个，营造了浓郁的足球运动氛围。

工作味很重，词意俱尽，语言没有一点余韵。

大样出来后，几位编辑一起再三推敲，把文末几段提前到文里消化，"露"出了一个漂亮的结尾：

队员陈润平在包头市国税局工作，在一次比赛中手臂骨折，绑了一个多月石膏，又回到了绿茵场上。

"踢足球难免有个磕磕碰碰，如果因为摔伤了就挂靴退役，那也太不爷们儿了。"陈润平说，"踢球对我的诱惑太大，不踢球浑身都难受。每周踢球的那几个小时，是我们最快乐的时光。虽然已经不是十几、二十多岁的年轻人了，但只要跑得动，我们就会踢下去。"

这篇报道开头从在社区踢足球的年轻人的比赛说起，结尾落到在社区踢足球的一群60后、70后"老男生"身上，自然而然，又平中见奇，多了几分余韵。

其实，从首尾照应的角度论，此篇和美舍河篇的原稿结尾，也是照应了开头的。改来改去，无非是把结尾弄得更漂亮一些。

什么样的结尾才更漂亮呢？

最忌生硬，有话要间接地、隐蔽地、巧妙地说，如春雨润物，悄无声息地感染读者，言近意远，言尽意不尽。清代著名评论家李渔甚至认为，结尾比开头更重要："宁为处女于前，勿作强弩之末。"说开头宁可像处女一样文文静静的，也要把惊天的响动留给结尾。"闱中（指考场）阅卷亦然，盖主司之取舍，全定于终篇之一刻，临去秋波那一转，未有不令人销魂欲绝者也。"（清·李渔《窥词管见》）

附：

云南普洱市景迈山

茶林深处有人家

徐元锋

古木参天，粗壮的高山栲需两人才能围抱，香樟、小叶榕星罗棋布；林荫下面是古茶树,虬枝盘曲,干如臂腕;地面多是蕨类植物,铺下绿色的毯子。空气中散发着丝丝香甜气息,阔叶乔木、古茶树和小灌木丛,构成了立体的森林大氧吧。夕阳西下,得一段"返景入深林,复照青苔上"的况味,让人忘却尘俗。

这里是景迈山古茶林。景迈山地处普洱市澜沧拉祜族自治县惠民镇,靠近中缅边境线,山上有 2.8 万亩栽培型古茶林,至今已有 1000 多年的历史。茶在林中,莽莽苍苍,蔚为大观。初春时节,正是采茶季,山上的傣族、布朗族、佤族、哈尼族等茶农还会举办祭祀节庆活动——茶林里魅影绰绰、歌声悠扬,何妨登临踏访?

"五世同堂"
千年万亩古茶林

在普洱茶界,景迈山的名气响当当,其独特的兰花蜜香挂杯持久,让爱喝茶的人迷恋。加之号称"千年万亩古茶林",生态条件优越,更让景迈山平添几分魅力。即使不怎么喝茶,到这"寨在茶林中,人在画中游"的地方走走,也无比惬意。

中国是茶的故乡,普洱市汇集了茶树发展史五个阶段的重要物证:景谷宽叶木兰化石、中华木兰化石、镇沅千家寨野生大茶树、澜沧邦崴过渡型古茶树和景迈山栽培型万亩古茶林,可谓"五世同堂"。景迈山古茶林据考证已有 1300 多年历史,以傣族、布朗族先民为主,记录着先民们认识、利用茶的历史演变,是一笔丰厚的文化遗产。

亚热带的季风吹拂着景迈山,这里平均海拔约 1400 米,被南门河、南郎河两河环绕,雨季降水丰沛,弱酸性土壤正适合茶树生长。景迈山的古茶树都长在森林里,远看不见茶,上有高大的榕树、樟树、高山栲等乔木遮挡,下有丰富的蕨类等植物,还有石斛、松萝、苔藓和叶状地衣等附生、寄生植物。其实,判断茶园是否"生态",看看其中的蜘蛛网就略知一二——如果用农药杀虫打破了生态系统,蜘蛛网就很难找到。

古茶树树干高大，采茶需要爬到树上，有的还得搭架子，产量也不高。村民世代采茶，许多老人都能轻松爬上树干。森林里的立体生态系统，让古茶树无须化肥农药，不施农家肥，完全原生态。采下的鲜叶经过摊晾失水、铁锅杀青、手工揉捻、解块晾晒，就制成干毛茶，用来压茶饼或继续渥堆发酵普洱熟茶。这一系列的制茶工艺，在景迈山上都能参观尝试。

"生态课堂"
一杯香茗观云海

因为终年云雾缭绕，观云海也是景迈山的一绝。太阳尚未升起，脚下已云蒸霞蔚，远处白云掩盖了山峦村寨，天际处一线青灰，尽情大口呼吸纯净鲜美的空气，顿觉神清气爽。不一会儿，东方的鱼肚白处变得红亮，太阳冉冉欲出，又常常在你不注意时豁然跃出云层，一时间朝霞万丈，山林顿染金黄。此时一杯普洱茶在手，唇齿留香，妙不可言。

景迈山包括景迈和芒景两个建制村，分别以傣族和布朗族聚居为主，两个村都有2800左右人口，产茶的寨子有11个，其间都有弹石路相连通。"景迈"实为傣语音译，"景"为人聚居之处，"迈"为新，"景迈"即新的村寨之意。这也证明，傣族人是外迁而来的民族，民间相传是傣族先民跟着金马鹿而来。据资料记载，景迈山种茶至少有1300年的历史。芒景村党总支书记南海明告诉记者，布朗族的祖先在迁徙中发现了茶的药用价值开始种茶，祖先帕哎冷训诫道：留下金银财宝子孙后代会花光，留下牛马牲畜可能会死掉，唯有茶叶，世世代代可受其福泽。

景迈山上最有传统特色的两个寨子是糯干和翁基，居住着傣族和布朗族。干栏式建筑，屋顶坡面较陡，适应多雨气候，屋面用挂瓦，多年风雨剥蚀后，远观斑驳的建筑古朴沉静，掩映在青山白云中，宛如水墨画。

放慢脚步，别错过了景迈人家会心的微笑。树上有各种野果，"地涌金莲"就长在路边，山间鸟儿鸣叫、动物闪现——景迈山还是一个生态大课堂。

以"茶"为贵
普洱文化返朴养心

每年4月中旬的山龛节,是景迈山上的盛大节日,类似于汉族的春节。前后庆祝7天,祭祀茶祖、茶魂是一项重要内容。南海明说,茶就是布朗人的命,茶在布朗族的生产生活、对外交流、文化习俗、宗教信仰等方面,都至关重要。他们信奉万物有灵,每年开采春茶前要祭祀茶魂,婚丧嫁娶也离不开茶——布朗族婚礼上给新人的拴线仪式,须摆好7小堆茶叶,主持者才能念经进行。

普洱茶文化专家黄桂枢介绍,我国最早驯化茶树的濮人,是佤族、布朗族和德昂族等民族的共同祖先。佤族称布朗族"bo er",意思是后来的兄弟,唐代称普洱地方作"步日睑",元代称普洱茶为普茶,到清朝设立普洱府,一直到今天流行的普洱茶,源流可谓其来有自。

景迈山上各民族的服装、饮食等各有特色,有的住处客栈晚上还有民族歌舞演出和联欢,他们的歌声旋律优美动听,须小心"酒不醉人人自醉"。

如今,景迈古树茶火了,茶农富了,眼界也打开了。"景迈人家"的老板仙贡是"80后",把茶厂和客栈经营得有声有色。同为"80后"的南共,在北京求学后返回家乡创业,微信朋友圈里"圈粉"不少。

今年5月,澜沧机场预计通航。到那时,从昆明去景迈山,会省去许多鞍马劳顿之苦。南共说,景迈山的古茶树交叉分布,虽然价值不菲,但茶农绝不会偷采别人家的一片叶子,这就是淳朴的景迈人家——到景迈山,不仅养眼清肺,还会返朴养心。

(原载《人民日报》2017年4月4日)

"螺蛳壳里做道场"

上回说"好的结尾要照应开头",散漫说来,一不留神,举的例子都是篇幅较长的,也就是说经营空间较大的。如此或导致一种误读:那些重点稿,特别是头版头条,寸土寸金的,才千把字,也要让结尾照应开头,恐怕很难顾及。

文道一也,首尾呼应,是不论文长文短的。我老家有句俏皮话:"螺蛳壳里做道场。"极言方寸之地照样可以辗转腾挪,吞吐天地风云。2017年4月3日头版头条《重庆治贫 既顾当前也管长远》,就是这样一个成功的例子。虽仅千字,开头、结尾却颇见出一种良工的精致:

> 一年忙到头,"贫困户"帽子却总是甩不掉,谢召玉憋屈得很:"我在村里算勤快的,每年养100多只羊、几十只鸡,还种了几百棵果树,但就因为缺技术管不好,赔得多挣得少。"
>
> 一条烂路,把陈小维种的蔬菜堵在了深山里。"卖菜得背着背篼走几个小时进城。卖一天洋芋,除去饭钱,口袋里只多了7块钱。"扶贫攻坚启动后,陈小维几次找到村干部,"只要修好路,靠我自己准能脱贫。"
>
> 一了百了,这念头张吉胜动过不止一次。妻子多年重病,刚成年的儿子2015年又患重病。"日子都撑不下去了,还脱啥贫?"
>
> 万州的谢召玉、陈小维,丰都的张吉胜,是重庆三个普普通通的贫困农民。2016年,重庆全市有59.6万人,和他们仨一起被列入年度脱贫攻坚帮扶对象。

报道的开头从三位普通农民的际遇说起。而结尾,又归到这三位农民身上:

> 鸡年伊始,好消息便不断传来:在种养技术专家指导下,谢召玉今年收入很可能翻一番;新修的水泥村道通了,陈小维已盘算把运菜的三轮换成"四个轱辘";在扶贫干部的支持帮助下,妻儿获得了低保兜底,张吉胜又鼓起干劲包下400株花椒树……像他们一样,重庆近60万贫困户正在描绘脱贫攻坚的新画卷。

文字不多,对每人的最新境况作了简要概括,首尾呼应,严丝合缝,颇见匠心。

实事求是说,由于篇幅短,结尾要照应开头,难度显然更大。关键是要有心。比如,那些引人遐想的传神细节、出彩的话语,那些发人深思的哲理性警句,随手用在文里固然也好,但姹紫嫣红中,总不会特别引人注目。留一留作结尾,文末留白多,风神彰显,就让人觉得格外靓。

新闻名篇《日本签字投降》,让大家印象深刻的可能是很多精彩的细节描写,如代表日本在投降书上签字的外相重光葵"步履蹒跚,拖着木质假腿";"在他签字的时候,这手杖倒在甲板上"等,这篇报道的结尾也是很见匠心的。记者先说的是签字现场,到最后两段才来介绍日本代表:

> 日本代表团由11人组成,他们衣着整洁,表情悲哀。重光葵身穿早礼服大衣和带条纹的裤子,头戴丝质高帽……

借坡下驴,最后完成这样一个巧妙的结尾:

> 当重光葵爬到右舷梯顶端,登上"密苏里"号甲板时,脱掉了他的高帽子。

语含讥讽，意尤深长。

显然，这个结尾是精心构思的。如果顺着签字仪式的时间顺序来写的话，这个细节夹在文里，那样的话，无非只是一个好细节。因为后面的内容、场景层浪沓至，让人无暇领会其深长意味。而置于文末，正因是"末"，白茫茫一片大地真干净，这样意味深长的细节，会如钟声一样，在大地上久久回响。

本报杨健获中国新闻奖的消息《中德燃料电池车比肩驶过天安门》（2004年5月26日），结尾也是这样的手法。报道前面讲述的都是中国和德国的氢燃料电池车"并驾齐驱"打擂台的事，倒数第三段，用权威专家的话来点评这场比赛：

"这场考试最难的题目已经完成。"清华大学汽车工程系主任欧阳明高教授告诉记者，中外在大客车制造技术方面差距不大，而国产燃料电池汽车的制造成本只有国外的1/10。从今天测试的情况看，国产车能耗小，更适合国内的路况，发展大有前途。

往后看发现，欧阳明高还有话说：

走下客车，欧阳明高连说不过瘾。"今天的最高时速只有30多公里/小时，而我们的车速可以达到90公里/小时。明天我们想到长城去接着比试。"

记者没让这两段话连着，而是把欧阳明高的后一句话留到最后作为结尾。

同一个人的两段话，记者为什么就不让他痛痛快快一股脑说完呢？非要在前一段后，又插进一段科技部秘书长石定环的话，然后才拿欧阳明高的第二段话来收尾。

为什么？

前面的报道，只说明中德双方的燃料电池车基本打了个平手。如果两段连着一起说，数字多，信息量太过密集，读者可能反而不大注意。留作结尾，一波方平，一波又起，如惊涛排空，"明天我们想到长城去接着比试"——结尾成为又一个即将展开的故事的开端。这种开放式的结尾更能抓住读者眼球，并给读者留下更大的想象空间。

而这两篇报道，都不足千字。螺蛳壳里，同样是可以做道场的。

附：

日本签字投降

（**本报 9 月 2 日电**　发电地点：东京湾　美国"密苏里"号战舰）　今天上午 9 时 05 分，日本外相重光葵在无条件投降书上签字，日本终于为它在珍珠港投下的赌注付出了代价，失去了其世界强国的地位。

重光葵步履蹒跚，拖着木质假腿走到铺着粗呢台布的桌子旁，桌子上放着投降文件，等着他签字。如果人们不是对日军战俘营中的暴行记忆犹新的话，也许会不由自主地同情他。

他把全身重量都压在手杖上，好不容易才坐下来。他把手杖靠在桌子旁，然而，在他签字的时候，这手杖倒在甲板上。

道格拉斯·麦克阿瑟将军致辞后，做了一个手势要重光葵签字。他们两人没有说一句话。

麦克阿瑟代表对日作战的国家签字受降，乔纳森·温赖特中将和珀西瓦尔中将在他两旁肃立。温赖特中将在科雷吉多尔岛失守后被俘，长时期的战俘生活，把他折磨得憔悴不堪。珀西瓦尔中将在大战中另一个不幸的日子里放弃了新加坡，向日军投降。

两位中将在场，使人们不由得想起，1942 年上半年，我国处于几乎无可挽回的失败的边缘。

日本代表团由 11 人组成，他们衣着整洁，表情悲哀。重光葵身穿早礼服大衣和带条纹的裤子，头戴丝质高帽，双手戴着黄色手套。在"密苏里"号军舰上，参加整个仪式的任何一方都没有同日本人打招呼，唯一的例外是日本外相的助手，有人同他打招呼，是因为要告诉他在哪里放日本请求无条件投降的文件。

当重光葵爬到右舷梯顶端，登上"密苏里"号甲板时，脱掉了他的高帽子。

（原载《纽约先驱论坛报》1945 年 9 月 3 日，作者霍默·比加特。本篇获普利策国际报道奖。）

附：

十里长街摆开擂台赛

中德燃料电池车比肩驶过天安门

本报北京 5 月 25 日讯 （记者**杨健**）"过来了，过来了！"时钟指向 13 时 16 分，一列特殊的车队驶过天安门城楼，驶向人民大会堂东门外广场。两辆分别由中国和德国制造的氢燃料电池汽车走在车队的前列。掌声响起，越下越大的雨水中，700 多名参加国际氢能论坛的中外专家共同庆祝这一具有历史意义的时刻。

3 个小时前，科技部"中国燃料电池公共汽车商业化示范项目"刚刚与戴姆勒—克莱斯勒公司签署一项协议，后者将在明年 9 月前向北京市提供 3 辆氢燃料电池汽车。

12 时 40 分，戴姆勒—克莱斯勒的样车与清华大学研制的第三代国产燃料电池客车从凯宾斯基饭店同时上路。透过玻璃窗，中德科研人员相互打量着对方的车体，11 公里的"并驾齐驱"成了一场无声的擂台赛。

"燃料电池汽车的唯一产物是纯净水，实现了百分之百的零排放。它的意义不只是减少污染,而且可逐步实现对石油和煤等不可再生能源的替代。"国家973计划氢能领域首席科学家毛宗强介绍,氢燃料电池是以氢气为原料,通过质子交换膜与空气"燃烧"产生电能的一项高技术。其能量利用率可超过50%,远远高于内燃机30%的效率。

12时59分,车队行进至雨中的国贸桥。刹车,启动,上坡,提速,载着22名乘客的国产车平稳如常,输出功率达到90多千瓦。"这场考试最难的题目已经完成。"清华大学汽车工程系主任欧阳明高教授告诉记者,中外在大客车制造技术方面差距不大,而国产燃料电池汽车的制造成本只有国外的1/10。从今天测试的情况看,国产车能耗小,更适合国内的路况,发展大有前途。

"这是中国汽车业赶超的难得机遇。"科技部秘书长石定寰说,"我们从10多年前就开始从事这方面的研究,'十五'以来更是投入近10亿元设立科技重大专项进行攻关。像这辆车已经在路上跑了2000多公里。"

走下客车,欧阳明高连说不过瘾。"今天的最高时速只有30多公里/小时,而我们的车速可以达到90公里/小时。明天我们想到长城去接着比试。"

(原载《人民日报》2004年5月26日,本篇获中国新闻奖。)

且留菁萃响尾声

——兼评《捕蛇者新说》

珂者,玉石也。读颜珂稿,常有玉石打眼之惊喜。《捕蛇者新说》就是这样一篇让人读了还想再读的佳作。

新春走基层,何处无基层?而要觅得上第一党报的基层故事,确是需要记者用番心思的。一千多年前,柳宗元在永州写下传世名篇《捕蛇者说》。此文曾入课本,熟知者众。颜珂巧妙抓住这点,写了个今日永州捕蛇人的故事。

《新春走基层》,现场短新闻专栏,千字文章要视接千年,又要见人见事见现场,把故事说得风生水起,文字弄得顺当妥帖,更是离不了巧妙构思。

报道从唐解元的新居落笔,简单两笔渲染,便道出老唐曾是"出名的'垫底'贫困户",是何原因?却按下不表,接着说"唐解元还有一事出名,捕蛇",径奔正题。

为何贫困?为何抓蛇?又为何不抓蛇了?如何脱的贫?接着才一桩桩道来。似有千千言,却只拣紧要的说,而又让人读来不觉枯燥,因为粗笔勾勒中不乏工笔细描,如:

> 摊开黝黑的双手,被蛇咬过的伤口清晰可见。最危险的一次,右手拇指根部被蛇咬了,整条手臂当时便肿起来,痛得他三天三夜没睡

觉，靠村人急敷草药，总算捡回一条命。一个星期后才消肿，唐解元又开始抓蛇。

堪称传神写照。所以结尾部分"还捕蛇吗？""日子好了，谁还想去抓蛇？"——记者和老唐的对话虽极简，却因有此前的铺垫而栩栩欲动，让读者心中生出大把慨叹。

捕蛇者新说之"新"，在于"出名的'垫底'贫困户"翻了身，这身要翻得让人信服，就得用事实说话。这部分记者用数字明算账，具体而翔实。但倘给此篇挑点瑕疵的话，似感觉这部分又叙得过实了些，文笔少了点前面的轻灵。倘若"正是果树施肥时节，有机肥的气味有些刺鼻"这类句子，能在这部分文里多穿插那么一两处，实中有虚，小起涟漪，文章自然又见荡漾。

报道起笔于新居，最后又巧妙收笔于新居——用新居门口的一副对联，画龙点睛般点出了"捕蛇者"新生活的好时光。

这篇报道通篇构思很巧，尤其是这个结尾。显然，颜珂对此很是费心斟酌了一番。原稿开头说完记者见老唐是他搬新家两周，像是先用一个长镜头扫一下新家，然后转向近景，首先是新家客厅，"新买来的32英寸液晶电视摆在客厅"，"妻子忙着熏制过年用的腊肉"；然后拉到新家门口，"大门口，大红色对联颜色正艳"，"唐解元跟记者坐在门口聊着天"。

瞧，草蛇灰线，结尾用对联内容收结的事，在这里已先早早伏下笔了——"大门口，大红色对联颜色正艳"。限于版面篇幅，这句刊出时被删掉了。虽然被删，但这组镜头语言般的开头很是精彩，删掉其中一个镜头也并不影响。

颜珂对文字报道如何融入"镜头思维"颇有研究，他曾在一篇业务研讨中写道："声光并茂的镜头画面，可以直接冲击受众的感官，用电视镜头讲述的故事，往往鲜活而生动。文字与电视虽然媒介形态不同，但操作方法是相通的。"

常说报道结尾要像开头一样认真构思，但实际上往往多是开头认真，结尾草草。其实有时候，开头部分也无须敷色过重，将其中的精彩匀出一点来给结尾，结尾或许就能收结得很漂亮。就像颜珂此篇，开头便说到了对联，却只浅浅说一句"大红色对联颜色正艳"，留下菁华，结尾时才敷彩重金道出：

　　一副对联浮现记者脑中："新居落成事事新，华堂进宅年年旺"。这对联，就贴在唐解元家的大门上。

好钢要用在刃上，有粉要擦在脸上。好开头一半文，精彩的东西就得搽粉擦脸放开头，但这里又有一个如何拿捏好度的问题，"搽粉太厚，未必就美"，当有所节制。古人说得好，"须择其菁华所萃处，留备后半幅之用"（清·李渔《窥词管见》）。《捕蛇者新说》的结尾如此用心良苦，颜珂显然是深谙个中三昧的。

这样的结尾很巧，这种手法颇值得我们学习。

杨柳的《俺心里，春天一直都在》（2018年2月11日），修改后的结尾也有异曲同工之妙。

　　数九天，屋外滴水成冰，可在河北省张家口市张北县小二台镇德胜村村民徐海成心里，这一年，春天一直都在。
　　2017年1月24日，习近平总书记踏雪来到德胜村，看望慰问困难群众。就在徐海成家，总书记同乡亲们一起，一笔笔算着一年的收支账，合计来年的脱贫计划。

题材好，开头也好。一个对比，既写出了节令，更衬托出总书记在广大群众心目中的形象。但原稿结尾则有草草之感：

> 聊起新年愿望，徐海成嗓门儿更亮了，"感谢党和政府的好政策，俺们会加倍努力，争取早点儿过上小康生活，到时再请总书记来咱村看看！"

相比"未有曲调先有情"的开头，结尾情感外露，喊的痕迹较重。怎样才能表达得自然一些呢？

编辑注意到，原稿中介绍完习总书记到德胜村看望慰问困难群众，接下来有这样一个描写：

> 一进徐海成的家门，迎面便是习总书记在他家与村民们座谈的照片。徐海成告诉记者，他和妻子特地把这些照片放在客厅最显眼的位置，每当看到照片，就感觉备受鼓舞，浑身有使不完的劲儿。

这个故事题材特殊，自带高光，因此无须再过多渲染，尤其开头，千字短篇，宜早入主题。合影照片这个细节放在开头，反倒让文气迟滞了。但它点出了徐海成一年来撸起袖子大战贫困的动因，确是"菁华所萃处"，很适宜"留备后半幅之用"。

修改后见报稿这样结尾：

> 徐海成在客厅最显眼的位置，摆上总书记在他家与村民们座谈的照片。"一看到照片，俺就感觉浑身有使不完的劲儿。"徐海成说，"争取早点儿小康，到时再请总书记来咱村看看！"

照片这个细节搁在开头部分，高光之下不怎么见彩，把这个细节放在结尾，语意更加紧凑、顺畅。有此铺垫，徐海成慷慨激昂的表态也就显得自然而然，水到渠成，给读者留下更多回味。

附：

捕蛇者新说

颜 珂

到唐解元家时，正好是他搬新家两周。新买来的 32 英寸液晶电视摆在客厅，妻子忙着熏制过年用的腊肉，唐解元跟记者坐在门口聊着天，手机却不时响起，"催我去村里的基地干活呢。"

新房子，新工作，新日子。唐解元，湖南永州市冷水滩区蔡市镇零东圩村出名的"垫底"贫困户，这个年对他而言，格外不同。

唐解元还有一事出名，捕蛇。1000 多年前，柳宗元在永州写下传世名篇《捕蛇者说》，记录永州人蒋氏的无奈艰辛。唐解元从未读过，却跟同乡"蒋氏"干着同样的营生。

零东圩村人多地少，大部分村民外出务工。老唐离不开患小儿麻痹症行动不便的妻子，只能在家门口想法子，大舅子会捕蛇，也就学上了。

摊开黝黑的双手，被蛇咬过的伤口清晰可见。最危险的一次，右手拇指根部被蛇咬了，整条手臂当时便肿起来，痛得他三天三夜没睡觉，靠村人急敷草药，总算捡回一条命。一个星期后才消肿，唐解元又开始抓蛇。

"咬成这样还敢抓？"

"不抓蛇，吃什么？"

抓蛇出了名，可一年最多也就挣个 4000 来块钱。往年这会儿，唐解元正在四处找蛇洞，因为冬天蛇价最高。这几年，蛇越来越难抓，也不好卖，林业执法人员一露头就得跑。

就这样，唐解元勉强支撑着家。前几年，儿子带女友回家，才两天女友就跑了。零东圩是省级贫困村，唐解元在村里又最贫困，"哪家女孩愿意嫁过来？"

手机又响。记者跟着唐解元去基地。

基地离家也就一里，村里叫它"百果园"，正是果树施肥时节，有机肥的气味有些刺鼻。

2013年开始，村里来了永州市政府办的扶贫工作队，流转130亩山地，搞酥脆枣和油茶种植。工作队安排唐解元在基地打工，每天60元报酬。第二年，村里搞起了更大规模的果树种植基地，唐解元不仅把自家的4亩山地租了出去，还得到了日常管护的岗位。人生第一回，他有了一份稳定的收入——每月300元基本工资，每干一天80块钱务工费。

说起看护的那些树，老唐绽开了笑脸：70亩中秋酥脆枣已经挂果，120亩中药材黄栀子已开始有产出，百果园万株果苗长势良好……

边走边算账，收入可不仅仅是百果园。村里组建了劳务公司，贫困户通过扶贫小额信贷入股，每年享受分红。唐解元在村干部帮助下，拿到了3万元的贴息贷款，2017年的分红就有3000块，抵得上以前抓一年蛇的收入。2017年，唐解元年收入两万三，摘掉了贫困帽。零东圩村建档立卡贫困户71户、207人，去年也全部脱贫。

"还捕蛇吗？"

"日子好了，谁还想去抓蛇？"

果林里，老唐的身影渐渐远去。一副对联浮现记者脑中："新居落成事事新，华堂进宅年年旺"。这对联，就贴在唐解元家的大门上。

（原载《人民日报》2018年2月13日）

议要议得带劲

这天，小马哥"惨遭空袭"！

马跃峰写的记者调查《一个小镇彩礼的潮起潮落》（2017年8月4日）在大报和客户端上全本亮相后，分社记者微信群里，飞起一片"写得太好了！"的点赞声，点赞者几近国内分社记者总数一半。责任编辑叶琦在微信群中推介完此稿，难抑激动，发了"红包"。再早些，王一彪副总编在送审样上，也对此稿予以表扬。

好不容易熬到儿媳过门，老梁却用一根麻绳，结束了自己的生命。

这事，出在河南省柘城县。县里有个张桥镇，张桥镇有个张桥村，村东头有个气派院，院主人就是2015年过世的老梁。

报道这样开篇。小马哥就像说书人一般，把张桥镇近几年结婚彩礼由要价50万元降到"指导价"2万元的故事绘声绘色给你道来。

这篇报道语言简洁精练，文风质朴生动。看原稿时便禁不住赞赏，只是读到结尾，感觉收得不够有力，相对于全篇，偏弱了一点：

在柘城，摒弃"天价彩礼"渐入人心。网络投票、调查问卷统计，移风易俗活动开展之前，8万至10万元彩礼占全部婚嫁数的30%，现在下降到15%；36%的家庭把婚嫁彩礼定为1万至3万元。

不过，改变乡村婚俗观念，非一朝一夕之事。只有全面发力，久久为功，才能将村民对婚姻的理解，从"以财为准"，变"以人为准"。

记者以议论收结，但议又只是轻轻一点，没点透，不大到位，语言也不如前面精彩。

此稿倒数第三段，一位红娘有话，中心意思也是"改变乡村婚俗观念，非一朝一夕之事"，但这个意思不是记者说的，而是由他人道出，便生动许多：

"反对红白事大操大办、铺张浪费，声势大，见效快。说到降低彩礼，的确不好监督。表面上，谁也不敢多要，私下里，女方追加彩礼，男方不能不给。不少人在观望，新风到底能坚持多久？"一位红娘有些担心。

议论多数情况下是作者的直抒胸臆，但借他人之口、诉自己肺腑又有何妨。于是把这句话往后移了移，刊出稿的结尾是这样的：

在柘城，摒弃"天价彩礼"渐入人心。"以财为准"，正渐变为"以人为准"。网络投票、调查问卷统计，移风易俗活动开展之前，8万至10万元彩礼占全部婚嫁数的30%，现在下降到15%；36%的家庭把婚嫁彩礼定为1万至3万元。不过，乡村婚俗观念根深蒂固，改变决非一朝一夕之事。

"反对红白事大操大办、铺张浪费，声势大，见效快。但这事明面上的好监督，私底下的确实不好监督。"一位红娘道出了自己的担心，"表面看谁也不敢多要了，可私下里，女方追加彩礼，男方能不给？不少人在观望，新风到底能坚持多久？"

这么一改，还是议论手法，却巧借他人之口，实中见虚，有宕开一笔之效。

古人说文章开头结尾"起处须有崚嶒之势，收处须有完固之力"，谓结尾要结得有劲，用一两句话巩固、加固一下，使题旨更完备。在事实已作充分阐述的情况下，换个手法，议论一二句，确实是增强"完固之力"的好方法。但议论无非是个形式，关键在于议要议得深刻有劲，发人思索。

最近读到本报副刊有两篇用议论收尾的文章，很受启发。一篇是对演员殷桃的专访《演员的魅力活在角色里》（2017年6月22日），最后写道：

"做演员，经常会处在做选择的境地里。这个剧本一般，但片酬给得高，另一个片酬低但剧本好，你要选哪一个？拍戏其实是很苦的事情，人总得有所图吧。

"如果你还把自己的价值停留在一张皮囊上，我觉得太可笑了。活在角色里的演员，魅力才是永恒的。巩俐、张曼玉、刘嘉玲，今天的观众依然记得她们，是因为她们创作过很多优秀的作品。等我老了，再回看《鸡毛飞上天》，我会为自己高兴的。"她的语气里满是自信。

如果文章就到此用殷桃自己的话来收结，也是可以的，但记者又议论了几句：

演员似乎是一份被命运规划的职业。只不过，有的人在大红大紫中迷失了方向，有的人则在大起大落中学会了笃定和坚持。他们把自己变成角色，也把角色变成了自己。

没有泛泛而谈，而是紧扣主题，言简意丰。古人说："文者，贯道之器也。"故事的精髓是思想，文字的深处是哲理。虽然只添淡淡一两笔，却富于哲理，发人深思，言虽尽而意无穷。

还有一篇是《八旬老兵的"网事"烽烟》（2017年7月18日），这是个人物报道，记者这样结尾：

拜访尹吉先的那个下午，离开时尹吉先坚持要送我到地铁站，让一位八旬老人相送我心有愧意，但他与年龄不相称的体魄和精力却让我无从拒绝。在地铁站前分手后，我回头望去，夕阳中尹吉先的身影在疲惫的下班人流中依旧突兀而挺拔，就像混凝土丛林中一棵拒绝老去的白杨。

结尾借一个比喻来发议论，写出了一种人生标杆、一种超越时代的精神，也透出了作者崇敬老兵的情怀。报道刊出后社会反响很大，中国新闻网、光明网、中国网、21CN 等纷纷转载，而标题就用了这最后的一句议论：《八旬老兵互联网证军魂：一棵拒绝老去的白杨》。

由此可见，议论要议得带劲，一要料足，议中有论——用扎实观点作支撑；二要情深，"议论须带情韵以行，勿近伧父[①]面目耳"（清·沈德潜《说诗晬语》卷下）。

蜂蝶纷纷过墙来，一片点赞声里，冒出只乌鸦，聒噪两声。并非故意扫兴，而是想再加一鞭，让小马哥跑得更欢、更高——小马哥的大名不是叫作"跃峰"么？

附：

演员殷桃讲述《鸡毛飞上天》：

演员的魅力活在角色里

任姗姗

第二十三届上海电视节刚刚落幕，电视剧《鸡毛飞上天》里扮演"骆玉珠"的殷桃摘得白玉兰奖最佳女主角奖，扮演"陈江河"的张译摘得白

[①] 伧父：粗野的人。

玉兰奖最佳男主角奖。同一部剧双获最佳，可谓相得益彰。

作为一部年代戏，《鸡毛飞上天》讲述了当代义乌商人的故事，时间跨度接近40年。由张译扮演的陈江河和由殷桃扮演的骆玉珠相识于微时，却总被命运捉弄，他们在彼此的人生里错过了7年，最终走到了一起。从鸡毛换糖到闯荡商场，从你侬我侬的小情侣到围城中相对无言的老夫老妻，张译和殷桃演活了一对真实又讨喜的中国式夫妻。

"我特别喜欢骆玉珠。她生命力极旺盛，拿得起放得下。她不是一个活在过去的女人，她永远往前看，大踏步地往前走。她有生活的智慧，她有自己的底线。"说起骆玉珠，殷桃大大的眼睛光芒闪闪。

为找到骆玉珠的感觉，殷桃采访过人物的原型，也是一位女企业家。一开始对方聊的都是光鲜亮丽的一面，殷桃觉得没意思。建立信任感之后，她们开始聊人生最艰难的时候，聊公司即将崩盘，整个人从头到脚，连手指尖都发麻的感觉。殷桃要找的，就是这不为人知的角落。

骆玉珠从小姑娘变成骆总是殷桃表演中最纠结的阶段。剧情发展到2005年，40多岁的陈江河和骆玉珠生意做大了，从小院子也搬进了大别墅。那场戏开拍前，妆已经化好，殷桃突然觉着"找不着北"。她拉过张译来商量：这个阶段不能再像新婚时候了，老夫老妻的生活应该更多是琐碎和日常。她决定让骆玉珠不再爱笑，要有现实的粗粝感。张译提醒她：你这样，挺冒险的。

"我知道怎么演骆玉珠会更可爱，观众也会喜欢。但真实的人不是每时每刻都能讨人喜欢的，我更愿意骆玉珠活在真实的人生里。"对于表演，殷桃有自己的坚持。

我们大都经历过青春的幻灭，才最终长大成人。殷桃与骆玉珠的相逢，也是幻灭之后的重逢。因为有过失落、失望、彷徨，她们才可能牢牢地抓住彼此。也许，这就是命运的规划。

在《鸡毛飞上天》之前，殷桃有两年时间淡出荧屏。"那段时间里，我突然不会演戏了！一次，遇到一个合作过的非常好的演员，聊天中说道：现在谁还跟你聊戏呀，你聊戏，对方会觉得你是傻子。还有一次，一个娱乐节目邀请我参加，我觉得不适合就拒绝了。编导说：你是个演员，还有什么放不开？我的回答是：真来不了，演员的放开，我不希望是在这上面！"

"演艺圈是个名利场，何去何从？关键在自己，在'得失'二字。"

于是，她退了一步。第一届乌镇戏剧节，她遇见了国家话剧院导演田沁鑫。田导对她发出邀请，"明年就是莎士比亚诞辰450周年了，我想做一个罗密欧与朱丽叶的话剧，你想不想来？"两人一拍即合。两年里，《罗密欧与朱丽叶》全国巡演，饰演朱丽叶的殷桃玩的不是票儿，而是心跳。"那段日子挺有意思的，跟影视比起来戏剧人很清贫，但他们快乐，纯粹得不能再纯粹。"

"很多人跟我说，你要适应，社会是发展的。有一段时间，整个产业产出和个体收入上可能是发展的，大家演一部戏挣到更多的钱，但从这个职业本身来讲可能是倒退的。随便拍拍，拿钱走人，不少人变成了做行活。让人心凉！文化艺术还是精神食粮来的，天天吃快餐，人会变傻，是不是？"

殷桃说，演员本来是一个值得尊敬的职业。"只要我还在做演员就要尊重我自己。如果自己都不拿自己当回事，把词儿一念，拿钱，赶快拍下一个，混日子就没什么劲了。没有敬畏心，任何行业都做不长的。"

"演员把观众当傻子，观众也会把演员当傻子，彼此不信任，相互看不上，那就完蛋了。演员离开观众是啥？啥都不是。"

其实这不是殷桃第一次获得白玉兰奖。2003年她在学校的毕业大剧《我在天堂等你》中担任主演，就获得了第十五届上海白玉兰戏剧表演艺术奖女主角奖，因为在这出话剧中的表演还获得了第五届中国话剧金狮奖表演奖和第八届曹禺戏剧奖优秀表演奖。

在很多人把"出名要趁早"奉为人生圭臬的这个时代，殷桃的起点是令人羡慕的，她一出道就接连拍了《历史的天空》《搭错车》《幸福像花儿一样》，部部叫好又叫座，拿奖也拿了非常多，但她却时时惶恐于这些荣誉，她不想被各种奖项淹没了自己。

"做演员，经常会处在做选择的境地里。这个剧本一般，但片酬给得高，另一个片酬低但剧本好，你要选哪一个？拍戏其实是很苦的事情，人总得有所图吧。

"如果你还把自己的价值停留在一张皮囊上，我觉得太可笑了。活在角色里的演员，魅力才是永恒的。巩俐、张曼玉、刘嘉玲，今天的观众依然记得她们，是因为她们创作过很多优秀的作品。等我老了，再回看《鸡毛飞上天》，我会为自己高兴的。"她的语气里满是自信。

演员似乎是一份被命运规划的职业。只不过，有的人在大红大紫中迷失了方向，有的人则在大起大落中学会了笃定和坚持。他们把自己变成角色，也把角色变成了自己。

（原载《人民日报》2017 年 6 月 22 日）

结尾不必拔高

（一）

夫妻间的两地微信视频里会聊点啥？2017年8月15日刊出的对"强军标兵"陆军第74集团军某合成旅突击车车长王锐的报道中描绘了这样的场景：

> 经历了一天训练的官兵已沉沉入睡，突击车三连学习室的灯还亮着，突击车车长王锐正在学习《习主席国防和军队建设重要论述读本》，认真地做着笔记。透过手机上的微信视频对话窗口，王锐远在外地的妻子魏巍正在灯下整理第二天的课堂教案。隔着视频的二人偶尔抬头相视一笑，又继续低头埋向各自的书本中。"今天训练辛苦了，学习理论这么认真，早点休息吧。"视频那头的妻子关心地说。"没事，学起来走心了，用起来才不会走样。"王锐的脸上露出了朴实憨厚的笑容。

这样的场景也许确实真的发生过，但读来却总是让人有一种不真实的感觉。

当晚编前会上，值班副总编卢新宁从此稿引发被动舆情讲起，提出意见，认为记者笔下有导向，报道既要讲政治，也要讲人性，高明的讲述是在不动声色中让鲜明的观点如水银般泻地。要用真情去感染人，用真实的、接地气的故事去打动读者。刻意选择这样的事例，即便确有其事，也因与读者生活感受差距太大，无法产生共鸣，不能体现主人公思想境界的高尚，反而容易给人一种生硬夸大、人为拔高的印象。

这样生硬拔高的问题在分社记者的稿子中有没有？目前看好像没有。但这并不等于说，在我们的稿件中拔高现象已经绝迹。比如，有这样一种现象似乎还没引起我们太大警觉，一版上有些消息稿，篇幅本来就不长，但不少同志仍习惯结尾时给它安上一个激情高扬的尾巴：

从没落到崛起，在陇原大地上，供销人浴火重生！（甘肃分社）

安徽统筹推进闯新路，"五大发展"见行动，正朝着符合中央要求、体现时代特征、具有安徽特色的发展之路奋力迈进。（安徽分社）

奔腾东进的长江，正吟诵"务实湖北"撑"腰"领舞的激昂乐章。（湖北分社）

万马奋蹄，嘶鸣声声。在这新一轮的发展大潮中，内蒙古自治区将攻坚克难、再攀新高！（内蒙古分社）

水的灵气在陕西涌动，随着渭河、汉江、延河流域进一步治理保护，最终实现水润三秦、水美三秦、水富三秦。（陕西分社）

这些都是最近内分社提出攻一版头条的重点稿，结尾"异曲同工"。

这些消息稿关注的都是地方上的重大题材，谈工作、话成就，内容较实，到了结尾突然冒出这么一下有点抒情、有点写意的"虚笔"，就像一马平川拔地而起一幢高楼，让人感觉很是突兀。

"虚笔"是书法术语，是众多笔法形式的一种，与"实笔"相对。眼下我们的报道总体说来是写得太实，显得太板，不活泼。来一点"虚笔"调适一下似应肯定，但问题的处理一定要放在报道的整体基调中做通盘考虑。

用"虚笔",就得开头、文中都有一点做适当铺垫,内在有衔接,前后有照应,通篇看来有实有虚,虚实相生,这样才会虚实相融,为报道增添神韵。而不能"实"字当头,一直到了结尾,才来"虚"晃一枪。

这是从形式上说。

从内容上分析的话,则需要对何为"虚"有一个正确把握。

书法里的"虚"和中国画的"虚"相同,是"虚白",国画里叫"留白",这个白,是留给读者用自己的想象力去填补的。虚,是为了给读者留出想象空间。太实太满的话,也就堵塞了文章和读者互动的空间,文章感染力就会下降。因此,这个"虚"不是减掉内容,而是另一种对内容的补充。即古人所谓"或句中有句,或句外有句,说出者少,不说出者多"。

这样的"虚",对"实"仍具有依附性,不过是"说出者少",但又少而精,少而耐人咀嚼、寻味。而不是完全没有实际内容,要虚中有实,虚实结合,拓展主题。

由于篇幅大小不同,叙事丰简不同,通讯结尾的"虚笔"和消息结尾的"虚笔"也有差别。2017 年 7 月 13 日头版头条消息《内蒙古 骏马奔腾七十载》和"记者调查"版通讯《解码"模范自治区"》,是一组"1+1"报道。我们不妨做些比较。

"没有民族团结,哪有国家的兴旺发达?各民族只有团结奋斗,才能共同繁荣发展。"在采访过程中,无论记者从哪个角度提出问题,云曙碧老人都要回到民族团结上,而且她的语气是那样坚定有力,神情是那样凝重严肃。

这是通讯的倒数第二段,如果以此收尾,也完全可以收住。但紧接着记者飞来一笔:

风过草原,飘舞起蓝色的哈达,飘来一曲《我从草原来》:"我从草原来，草原那边花正开。我从草原来，草原那边花如海……"

由于通讯全篇讲了 5 个民族团结的感人故事，前文层波叠浪，叙事已很丰沛，所以结尾如此"放开一步，宕出远神"，依然内承文章体势，显得自然而然。

消息是这样结尾的：

草色绵延，大地沉雄。短短 70 年，内蒙古地区生产总值由 1947 年的 5.37 亿元，增加到 2016 年的 18633 亿元，70 年增长了 642 倍！守望相助，祖国北疆这道风景线更加亮丽辉煌。"不待扬鞭自奋蹄"，内蒙古这匹骏马，正怀抱确信的希望，奔腾向前，开创新纪元！

也是"虚笔"，但其中，"短短 70 年，内蒙古地区生产总值由 1947 年的 5.37 亿元，增加到 2016 年的 18633 亿元，70 年增长了 642 倍！"又很实，虚中有实，仿佛混凝土里加进了钢筋，由此做依托，记者情溢笔端，笔调越加激越飞扬，给人以水到渠成之感。如果缺少坚实内容的依托，煽情最终也就流于口号，"虚"便成了虚胖、虚肿、虚张声势。

常言道：有理不在声高。有些大道理是不需要吼出来的，也不需要板着脸装严肃，只要轻轻一点，用心的人就会明白。因为题材重大，就觉得最后该再拔高一下嗓门，放大一下声量，进一步加以强调，实在没那个必要。

而刻意地拔高，恐怕就不只是虚胖了，还可能导致虚伪、虚假。

（二）

地处赣闽粤三省交界的江西寻乌县白面石村，"自打 2006 年后，10 年间村里再没修过水泥路"，山大林深，植被自然丰富，发展养蜂产业得天独厚，可是"以前发愁脐橙、蜜橘咋运出去"。

魏本貌的《大路修进深山里》(2017年5月21日)，写的就是这个贫困村近年来在当地实施精准扶贫战略后，县里投入300多万元修建水泥道路补欠账，还计划再投630多万元用于道路、桥梁、产业发展的故事。

"现在汽车直接就开到果园旁！"村民孙芳锦高兴地说。村里还奔着道路畅通后销售便利的前景，成立了蜜蜂合作社，通过"合作社+电商平台+贫困户"模式发展养蜂产业。目前，合作社已吸纳66户养蜂户，包括46户贫困户。

报道这样结尾：

> 贫困户孙芳春今年初购进48箱新生代蜂种，并申请到5万元贴息贷款发展养蜂产业。老孙轻轻打开蜂箱盖，望着蜂巢里一群群蜂蛹在蠕动，满脸笑容。一箱蜂年产20斤蜜，去年收购价是每斤35元，老孙估算了一下今年的养蜂收入，开心地说："好多人就爱咱山里的'百花蜜'。"

用贫困户老孙的话来结尾，很真实，也很自然。但读报时突然发现，编辑在老孙的话后又加了这么一句："我们的日子也开始甜起来了。"大概觉得老孙的话说得似乎含蓄了些，再强调一下，更透些，更亮些。

真实，自然，才会让人可信。加上这么一句，说"拔高"，或过重，但至少不大自然。

一个人说什么话，一定得和他的身份吻合，听来才会觉得自然、真实。养蜂或是一桩比较诗意的事，但养蜂人未必能说出"我们的日子也开始甜起来了"这样带点诗意的话。说得太满，一点想象、回味空间都不给读者留，反倒不自然，显得假，弱化了语言的张力。

不自然，这也是个老问题了，特别是到文章结尾的时候，不少记者总想结得有力一些，或是美一些、诗意一些，然而，如果尺寸上拿捏不准，反而显得假。

《鸡唱磨山创业忙》(2016年2月10日)这篇报道，说的是留学回来，辞掉北京 20 万元年薪的工作，回老家山东安丘市柘山镇磨山老林当"鸡爸爸"的张晓东的故事。张晓东戴眼镜，雅号"四眼"。报道写记者夜宿磨山鸡场，采访"四眼"大半夜。结尾结在翌日一早：

  第二天天蒙蒙亮，鸡鸣声声之时，记者醒来，起床，出屋，红日刚刚跃过山头，整个山区慢慢都亮了起来。而"四眼"也放鸡出舍归来，"在山上，我最喜欢看红日出山，阳光终会驱散黑夜。"

"四眼"是新时代有文化的人，但前面文章里"四眼"说的话都很平实，猛地冒出句"阳光终会驱散黑夜"这样很诗意的话，便显得突兀，因为前面并未过多展现创业过程的艰难，"阳光终会驱散黑夜"这样的说法便有点矫情，不够自然。如果想显示"四眼"的诗人气质，那么，前面文章里该有些铺垫、伏笔。

显然，记者是想虚写一笔，让结尾显得言尽意不尽，宕出远神。想法很好，但文辞需推敲打磨。最后刊出时改成这样：

  第二天天蒙蒙亮，记者从鸡鸣声中醒来："四眼"已经放鸡出舍归来。走出屋子，只见红日跃出山头，整个山区、整个天空都变得透亮起来……

同样比较诗意，但扣着前面报道中"顾客从无到有，从有到多。临近春节，张晓东每天大约有 1 万元的收入。这位养鸡刚满周岁的小伙子感觉颇不错"这个意思，含蓄而自然。

对于新闻报道来说，真实比诗意更重要。"一个精彩的故事，即使是用很平常的手法写出来，也要比只讲究文法与用词的东西有趣得多，真正使作品生辉的是报道的内容。"美联社著名记者卡蓬这样认为。

确实，做报道永远要把最大精力放在对内容的捕捉上，然后再去考虑那些诗意追求，二者切不可倒置。

附：

山东安丘

鸡唱磨山创业忙

潘俊强

留俄学生、企业外贸谈判代表、养鸡专业户，八竿子打不着的几个身份，汇集在张晓东一人身上。留俄回国，又辞掉北京20万元年薪的工作，扎进山东省安丘市柘山镇磨山老林——张晓东就这样回乡当起了"鸡爸爸"。

从安丘市内驱车60多公里，拐过十八道弯，柏油路走尽，硬化路走完，从土路折进磨山。深山腊月格外冷，草木枯黄，唯松柏还油绿一片。张晓东的金水谷生态养殖基地就坐落在松柏间。

张晓东雅号"四眼"。当地老百姓管戴眼镜的书生叫"四眼"，是敬重有文化。跟着张晓东干的老李头却说还有一层意思：眼光犀利。正在烧火的老李头说："他能看到商机，3个鸡蛋能卖出人家一斤多鸡蛋的钱。"不过，他有些弄不明白，这蛋到底哪里好，"啥饲料都不喂，鸡长得慢，蛋产得小。"

"那是因为现在人们越来越注重生活品质，""四眼"边沏茶边说，"吃要追求健康、安全，原汁原味。"

"你咋不要生活品质，跑这山沟沟里受罪呢。"老李头嘀咕。

"四眼"笑笑，"不少人觉得我太冲动，其实，我是深思熟虑的。""四眼"在北京工作生活了3年，摸清了市场，"我看好生态农业和大健康概念，还有'互联网+'。为啥选这儿，就是看中山里水好无污染。山上养了1万只鸡，一半母鸡，一半公鸡。母鸡留着下蛋，公鸡直接销售。"

"第一批公鸡2000只，去年中秋节'小试牛刀'，销售一空。""四眼"说，"要过年了，订购公鸡的又多了起来。"聊天间隙，他不时看看自己的淘宝店和微店，偶尔接一些咨询电话。

"四眼"坦言，刚开始时，守着互联网渠道却打不开市场，急得蹿火……

"为啥？""互联网渠道是大，但是也得开拓，你的鸡蛋好不好，空说无凭。""四眼"想出一辙：试吃！他免费邮了一部分给在网上咨询的顾客，顾客反馈口感不错，价格也能接受。就这样顾客从无到有，从有到多。临近春节，张晓东每天大约有 1 万元的收入。这位养鸡刚满周岁的小伙子感觉颇不错。

不知不觉间，已是晚上 10 时 40 分，张晓东要去"巡山"了。

明月挂在山头，月光皎洁，洒落雪上。路上，只见有的鸡就在树梢上过夜。"大部分鸡还是自觉在鸡舍过夜，这属于不听话的，散养，就随性吧。"一路上，"四眼"用手电指着一块块山地，介绍着自己的"五年规划"。手电光落定的地方，他说开春这里要挖蚯蚓池，给山鸡们改善"伙食"。

第二天天蒙蒙亮，记者从鸡鸣声中醒来："四眼"已经放鸡出舍归来。走出屋子，只见红日跃出山头，整个山区、整个天空都变得透亮起来……

（原载《人民日报》2016 年 2 月 10 日）

延伸阅读

开头结尾同人谈

——人民日报社地方部周评一组

每周对当周或近一个时期所刊稿件情况作梳理并及时点评，是人民日报社地方部坚持多年的一个好传统。如何写好报道的开头结尾，也是周评常常涉及的一个话题。

这些周评都结合报道实际做对比分析，肯定优秀，鼓励创新，指出不足。作为阶段性采编工作小结，其中原因分析展开或还不够，分析深度抑或欠缺，但它及时、客观、公正，富有针对性，指导性强，很受采访一线分社记者的欢迎。这样的周评在工作微信群里常常收获大把点赞，也包括因报道中存在问题而被评点到的记者。为此，特从人民日报社地方部近年来评说开头结尾的周评中选出几篇，以飨读者。

好开头，"一半文"

杨 彦

（2015 年 11 月 30 日—12 月 6 日采编业务述评）

　　本次周评还是想说说文章开头，这个话题以前周评里也不止一次说过，但是"重要的事情说三遍"，不多说，怎么能体现它的重要呢？

　　12 月 3 日，十八版的《甘肃：扶贫先扶智》，开头一共两个自然段，第一段首先简单介绍了甘肃的省情，然后提出问题："财力有限的西部穷省甘肃是怎么办教育的呢？"紧接着第二段就写了省委书记和省长的各一段话。若不是为了准备写周评，每日里都把分社的稿子一一细读，看了这样的开头，大概就再没有读下去的兴趣了。

　　可是，认真看过全文，却发现文章里隐藏了不少故事，也有很生动的场景描写，看得出记者是深入采访了的。但是，能有多少读者会有这样的耐性？于是一篇本来还不错的文章，可能就因为一个平淡无奇的开头，而丧失了吸引读者阅读的机会。

　　同样是教育主题，12 月 4 日十二版《这样的思政课 大学生有共鸣》，开头是这样的：

　　"老师最痛苦的事情是什么？课讲完了，学生没睡醒。学生最痛苦的事情是什么？睡醒了，课没讲完。"这个段子虽然有些偏激，却真实反映了某些高校思想政治课死气沉沉、枯燥无趣的现象。

开头引用的这个段子十分有趣，读完让人不禁会心一笑，自然也就有了继续阅读的兴致。尤其在碎片化的阅读时代，要迅速吸引读者眼球，没有一个好看的开头是万万不能的。什么样的开头才好看？按我个人不成熟的概括，大致有这样四个关键词：冲突（对比）、有趣、优美、紧凑。

先说"冲突"。"没有冲突就没有戏剧"，最吸引人的故事，往往都有着尖锐矛盾、剧烈冲突。我们都还记得，江苏分社写《无锡再唱太湖美》时，"六易其稿为故事"，最后呈现在读者面前的故事是这样的：

6年前，周铁镇党委书记裴焕良在一次干部会上提出要争获"中国最佳人居范例奖"，干部们哄堂大笑。全镇化工产业占比高达85%，"化工之乡"还能成为绿色发展典范？

同样，9月11日"记者调查"版《"猪八戒"是怎么飞起来的》，一开头就把人带入"紧张"的情绪中：

浓郁的咖啡香味弥漫着，然而，每个人都能感觉到空气中隐隐的紧张。

今年初，北京某咖啡馆，双方对话唇枪舌剑，意味深长。

对话双方都不简单：一方是国内最大的众包服务交易平台——重庆猪八戒网的首席执行官朱明跃，一方是国内某大型品牌设计公司的老总。

"你们'猪八戒'，就是搅局者，把设计市场搅乱了；就是'价值屠夫'，把设计师的价值贬低了。"

见惯了质疑，听多了指责，朱明跃神情自若，回敬以反问。

当然，不是所有的新闻稿都能遇到如此典型的冲突故事，那么，运用对比手法来凸显新闻事件的不寻常，也是条不错的途径。例如 12 月 2 日《福鼎重新定义合成革》，上来就写，"一说合成革，很多人都觉得肯定有污染"，"福建宁德福鼎龙安工业园不久前却从第六届中国生态合成革论坛上捧回全国第一家'中国生态合成革产业园'的荣誉"，让读者对标题上的"重新定义"一词恍然大悟。

又如，12 月 4 日《"善工家园" 扶起折翼的天使》的开头，"一个新生命呱呱坠地，就像天使降临人间，带来新的希望和期盼"，与"雷特综合征、自闭症、脑瘫……新生孩童一旦被这些特殊病缠上，就像折断了翅膀的天使，成为生长发育异常的特殊儿童"形成强烈对比，迅速唤起读者对这些特殊儿童的怜爱，从而激发他们进一步了解详情的欲望。

再说"有趣"。前文所举《思政课》的段子就很有趣。"记者调查"《90后，来了》，开头"'90 后已进入晚婚年龄'，不久前的这则新闻让许多 70 后、80 后们觉得恍惚"也很有趣。如果实在找不到矛盾与冲突，那么，就讲一个"有意思"的故事吧。

至于"优美"，就不多说了，想来大家也曾读过不少这样的文章，自始至终也许没有特别好看的故事，却用极其优美的文字和深刻的哲理打动了人心。

而"紧凑"，我想用前不久对一则重点稿《湖北 扶贫资金不撒胡椒面》的编辑过程来说明。该稿原文开头是这样的：

"从来没有敢想过，我们家还能住上新房子！" 10 月 11 日，湖北十堰竹溪县蒋家堰镇敖家坝片区，在尚未装修好的新房里，说起自家的脱贫之路，65 岁的敖家财眼眶湿润了，他的妻子和儿子有精神疾病，孙女只有 11 岁。

6 万元的建房款，扶贫搬迁、危房改造、生态移民三项补助叠加，敖家财拿到了 2.5 万元，加上将 3 亩田流转给核桃园的租金，以及在园里的打工收入，敖家财现在还欠了 6000 元的外债。"今年年底，就都能还清了。"敖家财说。

"村里有'大户'流转了3000亩地,建中草药和核桃园,村民们不仅有租金,每年每户还可以至少在园区打工50天,每天150元,而且贫困户优先。"蒋家堰镇委书记马勇说,在敖家坝这个由3个省级重点贫困村组成的片区,"大户"带动和资金整合是脱贫的两大法宝。

一篇不到千字的消息,用三个自然段详细记述一户农民的脱贫过程,而稿件的重点是"扶贫资金不撒胡椒面",这长长的三个自然段,不仅分散了读者对主题的注意力,也大大延缓了文章的节奏。于是,编辑将开头压缩为一句话:

利用扶贫搬迁、危房改造、生态移民三项补助叠加的2.5万元,上个月,湖北十堰竹溪县蒋家堰镇农民敖家财一家终于住上了新房。

上版后,版面编辑甚至把这句话都删了,直接将第二自然段变作开头:

"扶贫难在资金,不是量不够,而是钱不好花。"湖北十堰竹溪县蒋家堰镇党委书记马勇表示,扶贫专项资金分属多个条块管理,一条线一个村三五万元,"撒胡椒面"干不成大事。

当然,说一千道一万,无论冲突也好、有趣也罢,无非都只是形式上的问题。究其根本,还是要如何更好地服务主题。动笔之前,想清楚自己写这篇文章的目的,然后再决定用一个什么样的开头,才能最有效地达到这个目的。

以两篇见报稿为例,11月30日《炼钢炉前追梦人》,其主人公最令人叫绝的功夫在于准确"目测钢水温度","在一次全厂技术比武中,10次目测炉温误差不超过5摄氏度,最准一次连1摄氏度都不差",23岁就"被破格提拔成为唐钢历史上最年轻的炼钢炉长"。

12月1日《梅道亮：水土养我一生 我护水土一世》，这个县水保站站长最让人意外的，是由他"编写的我国首部县级水土保持科普教材——《安吉县水土保持科普教育小学读本》，已被纳入全国小学教学课程体系"。

可惜，两人最耀眼的光芒都被淹没在了文字的海洋里。只有在开头挑明，新闻人物的"不同寻常"才最易被人发现，进而引人关注。

总之，想清楚"写什么"，再劳神费心去琢磨"怎么写"，好开头也许就不远了。

（作者系人民日报社地方部副主编）

附：

山东高校邀请特聘教授，用生动实践解读抽象理论

这样的思政课　大学生有共鸣

刘成友　张兴华

"老师最痛苦的事情是什么？课讲完了，学生没睡醒。学生最痛苦的事情是什么？睡醒了，课没讲完。"这个段子虽然有些偏激，却真实反映了某些高校思想政治课死气沉沉、枯燥无趣的现象。

这个学期开始，40多位特聘教授走进山东省各高校，他们有理有据、深入浅出，为高校思想政治课堂带来一股新风。

今年7月，山东高校思政课特聘教授师资库建设正式启动，并向76名首批特聘教授颁发证书。"与一般特聘教授的身份不同，他们是一群来自高校之外的党政领导干部、专家学者和知名人士，有较为深厚的理论功底、丰富的实践经验。"山东省委高校工委副书记齐秀生说。

被聘为特聘教授的山东省委党史研究室韩延明教授，曾任临沂大学校长。收到聘书后，他"悄悄到大学里听了几堂思想政治课"。他发现，虽然

教师讲得很卖力,但有些学生却"不能进入角色",看小说、听音乐、玩手机的现象并不少见。

讲者滔滔,听者昏昏。问题出在哪儿?韩延明觉得,"这固然与教师教学方式缺乏创新有关,但更深层次的原因,还是学生缺乏学习动力。"于是,韩延明花费半月时间,精心准备了数万字的系列讲座《撷论大学精神》。

"大学是科学之根、文化之魂,更是自我提升之学府。"11月18日,山东青年政治学院学术礼堂座无虚席,数千名大学新生被韩延明所讲述的典故和"哈佛大学的图书馆、实验室彻夜通明"等情景所吸引。"这堂课真解渴,让我开阔了视野,明白了大学时光应该怎样度过。"信息工程学院新生谭向晖说。

10月20日,山东省国有资产投资控股有限公司纪委书记姚洪胜走进山东女子学院,为计算机专业学生讲"反腐倡廉新常态"。"备好思政课尤其要下功夫,只有挖掘出能打动学生的元素,才能引起共鸣。"姚洪胜感触颇深。

"这些特聘教授的课各有特色,但有一个共同特点:透彻钻研教材,善于挖掘情感因素。"山东省委高校工委副书记黄琦说。

特聘教授进校讲课,将抽象理论拉向生动实践,将一人说教变成互动交流,成为目前山东省高校思政课教学的新理念。"社会调研实例剖析""故事穿插""研究成果呈现""分组推举讲课"等新型教学方法也应运而生。

为了探索思政课改革有效模式,山东省委高校工委深入高校教学一线,分片分期跟特聘教授们一起研究探讨,鼓励他们大胆探索和创新。不少年轻思政课老师也自觉拜特聘教授为师。济南大学的19位特聘教授就跟19位思政课教师结成对子。"发挥特聘教授专长,推动思政课教学改革,进一步增强其针对性、实效性、吸引力和感染力,是特聘教授进校讲课的重要目的。"山东省委宣传部副部长刘宝莅说。

课堂生动了,学生学习思政课的兴趣也提高了。"以前,我们老觉得思政课讲大道理,离自己很遥远;现在我明显感觉思政课对一个人的成长太重要了。"山东农业大学大二学生张振说。

(原载《人民日报》2015年12月4日)

好开头，恰似惊鸿一瞥

张腾扬

（2017 年 8 月 14—20 日采编业务述评）

生活中有句话，一个人的颜值决定了旁人是否想去了解他的思想。对于文章来说，一个好的开头，就是赋予文章亮丽的颜值，让人惊鸿一瞥，提升阅读欲望。本周有篇来稿，开头是这样写的：

位于喜马拉雅北麓的隆子河谷，视野所及，绿色绵延，肆虐了数个世纪的风沙，在这里低下了头。"以前江边都是鹅卵石和沙子，连草都不长，谁会想到这里能树木成片，连空气都变甜了。"西藏隆子县加玉乡共拉村 61 岁的护林员次仁旺布说。

文章开头用一个具体案例展现当地生态环境改善，文字生动优美。"连空气都变甜了"，既直观又形象，如同欣赏风景纪录片时耳边响起旁白一般，思绪徜徉其中，读罢仍有余味。更重要的是，景物的描写，是为了烘托西藏筑牢生态安全屏障这一主题。

近期记者调查《一个小镇彩礼的潮起潮落》，开头也抓人眼球：

好不容易熬到儿媳过门，老梁却用一根麻绳，结束了自己的生命。

人生的大喜大悲、大起大落，浓缩在这一句话里，极具张力。对于长篇报道，少不了讲故事，故事生动可读固然重要，但开门见山，用寥寥数笔概括将故事矛盾冲突爆点，无疑让人一下子有了阅读兴趣，面对长篇也不觉乏味。而老梁上吊这个事件也是全文的引子，由此铺垫展开，引出主题。

抛开来稿，加点延伸。看一个法国作家加缪《局外人》的开头：

今天，妈妈死了。也许是昨天，我不知道。我收到养老院的一封电报，说：母死。明日葬。专此通知。这说明不了什么。可能是昨天死的。

一个麻木不仁、事不关己的"局外人"形象呼之欲出，通过场景描写展现主人公形象特征，奠定文章基调。

本周贵州一篇来稿，用一个农民企业家创业的故事贯穿全文，开头与此颇为相似：

2013年，煤炭生意不好做，聂德狠把煤矿一卖，带着数千万元现金回了贾西村搞农业。先开群众会，"咱贾西村祖祖辈辈种粮食，不赚钱，从今往后种刺梨，刺梨是'VC之王'。"孰料一开口，人群炸了锅，"这野刺梨漫山遍野都是，没听说能换钱！""大老板在外边发了财，想小时候放牛吃的那口酸果果了！"聂德狠臊得满脸通红……

主人公想回乡创业，带领村民致富，不仅不被理解，还得与一众精明狡黠的村民斗智斗勇，由此展现他认定的事九头牛也拉不回的"狠"劲。

文无定法，好开头没有固定的套路。但精彩的开头，肯定能为文章增色，甚至可以穿越岁月，成为经典。记得中学课文《少年闰土》的精彩开头，那个月亮下的田野间，戴着项圈、手拿钢叉与猹搏斗的少年英雄"闰土"。对于作者鲁迅，"闰土"代表永远回不去的"美好故乡"；对于我们，也许早已不记得文章的细节和内容，但无论岁月怎样流逝，这个关于"闰土"的开头却永久地印刻在脑海里。

（2018年9月10—16日采编业务述评）

台风"山竹"来了！尽管名字温婉可爱，但破坏力极大，为今年以来登陆我国最强台风。编前会上提醒前线记者，在保证安全前提下，报道各地各部门落实中央部署、全力抢险救灾的同时，多关注反映抢险救援中涌现的典型人物，展现干部群众抗击台风感人事迹和顽强精神。

对于分社记者，人物报道是常规动作。无论是重大灾害还是重大活动，抑或日常工作报道，各类典型人物都是我们重要的报道对象，有时通过人物报道，也可生动反映当地的工作思路、举措和成绩。

有人形容："欣赏一个人，始于颜值，敬于内涵。"大多数典型人物事迹虽然可歌可泣，但却不一定家喻户晓或离奇曲折，这样的人物稿件，只有写出精彩开头吸引读者，方能让事迹打动人心、引发共鸣。

翻阅近来一些典型人物报道，不乏"惊鸿一瞥"的开头，人物形象呼之欲出、跃然纸上。但有的却是"犹抱琵琶半遮面"，人物的亮点还得让人"众里寻他千百度"。

有些开头"见事不见人"。典型人物不少是党员干部甚至领导干部，个人事迹与当地具体工作紧密相关。但有的人物稿开头便重点介绍当地城市环境改善、脱贫成效、转型发展等内容，却迟迟引不到主人公身上，让读者如在云里雾里；或者大段罗列"优秀党员""模范能手""脱贫标兵"等头衔荣誉，虽然高大上，却很难和读者互动，读来干涩。

报道要开门见山，人物稿开头就要见人见事，突出亮点。将人物事迹中的亮点精华"拎"出来，小篇幅中聚集大信息量，让读者对人物事迹一目了然。

如8月20日四版《"我来当拐杖，带娃学自立"》（这篇文章也是融媒体传播的好作品，报网端微共同发力），见报稿这样开头：

"有些人说我想教书想疯了，和两个残疾娃儿混。"重庆老人邓林明呵呵一笑。他自发给身患残疾的吴家兄妹上文化课，至今已经4年了。

80岁的邓林明身子已不再硬朗，1.65米的身高缩得不到1.4米。4级肢残，使邓林明的腰深深佝偻着。他拄着拐杖，慢慢悠悠，一步三晃……

寥寥数笔，几组数字，长短句结合，一位风烛残年坚持为残疾儿童上课的坚强老人形象扑面而来。读来让人既敬佩其老当益壮，又感动于他的无私奉献。

有些开头温吞水，叙事平铺直叙，或空泛地引用他人的感谢表扬。尽管事迹呈现出来，但平淡无奇，难以打动人心。

文似看山不喜平，开头要善于设置悬念，引人入胜。

比如《新京报》关于廖俊波事迹报道《廖俊波的南平印迹》开头：

陈善军从来没有接到过这样的命令：动员县里各个单位、村委会，让人们不要参加廖俊波的遗体告别仪式。

这位政和县委办公室副主任心里颇为煎熬：他参加工作20年，"只听说过组织人参加遗体告别仪式的"，他从来没有遇到过这种情况。

控制现场悼念人数的决定是南平市委做出的。"5个小时在网上悼念他的人就破了10万，不控制不行，弄不好要出事。"南平市委一位官员解释。

尽管一再控制，3月24日到南平市殡仪馆参加遗体告别仪式的人数仍然达到了近千人。

……

正如文章所述，以往有人过世都是号召众人参加追悼会，这个开头却是通知不让人参加；即便通知不让去，现场还是来了近千人。主人公到底是个什么样的人物？令人想一探究竟。不像我们好多先进人物报道一上来就抒情讴歌，而是开头先布下悬念，引人入胜又打动人心。

再如，开头运用对比反差，增强张力。5月23日《冷书记，暖了小南河》：

第一书记两年任期到了，眼看着和冷菊贞书记同一批来的其他村的第一书记纷纷"打道回府"，小南河村的村民着急了。

　　这天，冷书记正在屋里琢磨葵花籽油的销路问题，村里的贫困户杨俊华老人进了门。以前杨俊华家里困难，生活没有着落，冷书记帮着她养起大鹅，现在光卖鹅蛋就有不少收入。"冷书记，我现在生活挺好的，这是700块钱，你收下，能不能别走了？"

无论是标题中一"冷"一"暖"，还是文章开头贫困户挣钱不易却硬塞给主人公钱要"强留"她，强烈的对比令人眼前一亮，也让读者直接感受到主人公群众基础好、深受爱戴。

好的开头就让文章成功了一半。人物稿开头就要给读者一个好的"第一印象"，这需要采访中深入一线，认真发掘亮点，考验脚力、眼力；也需要下笔时认真构思、细细谋划，考验我们的脑力、笔力。

（作者系人民日报社河北分社记者）

附：

80岁老人邓林明连续4年为残疾兄妹送教

"我来当拐杖，带娃学自立"

蒋云龙

"有些人说我想教书想疯了，和两个残疾娃儿混。"重庆老人邓林明呵呵一笑。他自发给身患残疾的吴家兄妹上文化课，至今已经4年了。

80岁的邓林明身子已不再硬朗，1.65米的身高缩得不到1.4米。4级肢残，使邓林明的腰深深佝偻着。他拄着拐杖，慢慢悠悠，一步三晃。"我有冠心病好多年了，不能激动，不能感冒，按时吃药。"邓林明说。

但为了给吴家兄妹上课，邓林明每月都会有两次"远征"。从他现在居住的重庆南岸区罗家坝社区，去兄妹俩所在的渝北区茨竹镇新泉村，开车70公里，坐公交要90公里。"坐872路公交车到中医院，转609路到碧津公园，再转622路到桃源大道，搭小巴到兴隆镇，再转农村巴士。"从复杂的公交路线里，邓林明找出了最短的一条，"早上6点半出发，下午1点多钟能到。当天还能教两节课。"

这段路，邓林明已经走了两年，每月至少两次。而事情的起源，是在4年前，这两个孩子被外婆抱着，路过了他家门前。那时他还住在新泉村。

"她抱着两个残疾娃娃，看着很可怜，我就多嘴问了句话。"邓林明说，吴家兄妹智力和肢体都有残疾，走路得靠板凳，说话咿咿呀呀，一般人听不懂。两人没法上学，父母也无暇照料。

两兄妹的事儿，从此在邓林明心里打了个结，总让他辗转反侧。反复思量之后，他专门去找兄妹俩问，你们想不想读书？孩子的话他听不懂，就找了张纸说，"想读书就画钩，不想就画叉"，纸上是大大的钩。"去割猪草、喂鸭子，要不要得？"这次是叉。

拄着拐杖，邓林明又晃悠悠地回家，他找出小孙子用过的旧课本，又去学校的垃圾堆里翻了堆粉笔头，再到田里掰扯些玉米粒、小麦秆当教具。离开讲台30年后，曾经的村小教师邓林明重操旧业。

"难教。8+3怎么拆成8+2+1来算，就教了4周。"邓林明说，他不着急，教会一点是一点。现在，16岁的哥哥能算3位数加减法，认300多个字，14岁的妹妹也认识了100多个字。

本是同村人，送教的前两年，邓林明拄着拐，在1公里左右的村道上往返，日复一日。老伴去世后，他一个人住，孩子放心不下，一定要他搬去同住。"把我的鸡鸭鹅卖了，把庄稼交给别个了，把我带走了。"知道孩子是为自己好，但邓林明舍不下的是自己这两个小"学生"。

不是没想过送两个娃娃去学校，邓林明也争取过。距离吴家两公里的学校愿意接收兄妹俩，但是提了个条件，孩子生活无法自理，希望家长能早晚接送一下。可孩子家里实在困难，难以做到。

所以，邓林明的"远征"，就还在继续。

搬到城里以后，为了能够每月回村送教两次，邓林明跟儿子反复拉锯，反复争取。"儿子说算了算了，争不赢你，你去可以，两点要求：身体不能出问题，手机随时要畅通。违反一次，以后就不要再去了。"邓林明嘿嘿笑着说，最后他还是赢了。

"低保啊、残疾人困难补助啊，该给的政府都给了，一个月他家能领2000多元钱。但是我跟两个娃娃说，你们不能一辈子被别人养啊。我教你们，就是想让你们学会自立，学会自力。"邓林明说，两个娃娃虽然有残疾，但是很努力。

相关部门给孩子提供了书本、黑板和轮椅。学校考察评定吴家哥哥已经有三年级的水平了。今年5月起，当地小学的教师也开始排班，每周过来给孩子送教一个小时。

"我还走得动一天，就想过来给他们上课。老大上一次还跟我说，他想学英语。"这把邓林明高兴坏了，"看来我这把老骨头还是有用处的，至少在孩子的人生路上，我来当拐杖，带娃学自立。"

"有了文化，将来找个力所能及的工作，他俩能养活自己。"邓林明说，这是他给两个孩子和自己定下的目标。

（原载《人民日报》2018年8月20日）

用直接引语巧"说话"

施 娟

（2015年5月18—24日采编业务述评）

5月20日的编前会上，评报对分社写的两篇稿给予好评，一篇是《战场之外亦英雄》，认为写得生动，特别是报道结尾：

今年4月，贵州省委书记赵克志来视察，紧紧握住王明礼的手说："当年在老山前线战场你立了二等功，今天，在扶贫攻坚的战场上我要给你记一等功……"

另一篇稿是《冰川缘何发生罕见位移》，认为记者新闻敏感，选题精彩，报道生动且权威，如文中引用中科院天山冰川观测试验站站长李忠勤的话，来解释冰川移动的原因：

气候变暖后，冰川底部的冰容易融化，而顶部因覆雪积压越来越厚，形成巨大的承重压力，再加上这块地形的冰川顶部非常高，底部非常低，最终底部发生跃动，顶部发生冰崩。

专家说得既专业又通俗，使文章更令人信服。

这两个例子都颇能说明一个问题，就是报道中引语一定要用得妥帖。

新闻要用事实说话，直接引语忠实于新闻人物的原话，是用事实说话的重要手段。而且直接引语让人感觉是记者面对面采访得到的信息，更加可信。上例中，"今天，在扶贫攻坚的战场上我要给你记一等功……"，这样的话，是对伤残军人典型王明礼很高的评价，同时也很符合贵州省委书记赵克志的身份。

引语不仅能增强新闻的真实性和权威性，另一个重要作用，就是使新闻更具现场感。哥伦比亚大学新闻学院教授梅尔文·门彻认为："报道新闻应该进行'展示'而非'陈述'的定律就是：必须把直接引语写入新闻的重要部分。"

如5月20日《民主议政日 议出新农村》：

"这条路是该修，雨雪天气是一脚水一脚泥，不小心就会摔个趔趄。"村民代表邓分柱说。"这事村里早就发现了，因为冬天没法施工，所以等到开春。"梁红君解释。

这篇报道不长，全文12个自然段，7段有引语，而且多为对话，真实再现村民你一言我一语商议村里大事小情，既解决问题又议出民心的生动场景，读来轻松活泼，富有现场感。

又如5月18日《孤岛中他站出来》：

先听见玻璃抖动的声音，五六秒后整个建筑都在摇晃。四周山坡爆炸式滑坡，巨石咆哮。妇女和儿童哭声一片。

地震亲历者的口述使读者如临现场，更衬托出救灾人员的责任感和勇气。

直接引语让新闻更具可读性。所谓引语，无非就是引用人物说的话。说话自然不能等同于口语，但显然，多用直接引语，便多几分口语化叙述的活泼，使新闻避免了书面叙述过多的呆板。如5月20日《全科医生蒋梦蝶 一人带活卫生院》，文章不长，以蒋梦蝶的口述为主，像讲故事一样，好读好看。

直接引语还能更好地展现人物性格和状态。言为心声，什么样的人说什么样的话，直接引语能让读者非常直观地感受到所报道人物的鲜明个性和心理状态，起到画龙点睛的作用。

如5月21日《英雄母亲邓玉芬送六位亲人上战场》，"记住，咱是中国人，到死也不能忘了祖宗！""姓任的杀不绝，咱和鬼子拼到底！""把我埋在大路边，我要看着孩子们回来。"文中这些朴实而铿锵的话语，生动勾勒出一位性格坚毅的英雄母亲的形象。

"17年前，就是在这里，我几次想跳下去。"这是5月18日《黑色世界 五彩生活》的开头，盲人创业者颜昌玉在长江边的这句喃喃自语，一下子把读者拉回到主人公中年失业绝望彷徨的情境，体会到创业初期的艰难和他不服输的个性。

"但是，哪一天我老了、走了，孩子一个人留在世上，无法养活自己、无法自理，怎么办？"同一版面上《让孤独症儿童也有美好未来》一文中，看似有点反复、琐碎的句子，恰如其分地呈现出一个孤独症儿童母亲内心的纠结和无助。

直接引语的使用，使新闻更参差多态，更有味道。直接引语穿插使用在新闻中，让文章的结构增添了曲折变化，更加活泼，让单调的平铺直叙一下子变得有节奏，有韵律，如果再加上人物的动作、神情，就使新闻更有声有色。

养牛和炼钢哪个更难？"养牛！"曾经的"钢铁老板"，如今在云南马龙县当起"牛倌"的黄鑫回答，"炼钢把原料投进炉子，调好参数等着'出水'；而母牛'十月怀胎、一胎一个'，不可能加班。"尽管如此，他还是转了行，"钢铁不好赚钱了，投资农业正当时。"

这是5月17日一版头条《云南高原特色农业风生水起》的导语，短短一段中穿插3段引语，避免了平铺直叙的呆板和枯燥，读起来有峰回路转之感。

"人不够，机器凑！"指着车间里上下翻飞的自动化设备，57岁的蔡志浩露出难得的俏皮，"这个凑，可不是'凑合'，是提升，是进步，是革新！"听到记者笑，他转过脸来，煞有介事地强调。

这是5月22日《蔡老板"招工"记》的开头，有直接引语，有动作，有表情，读来很有画面感。

直接引语对于新闻写作有多重要，看看国外一些媒体竟然设有"引语收集员"这样的职位，可见一斑。相比起来，我们的记者运用直接引语的意识还不够强，使用上存在一些误区。

"2013年，我在电视上看到市里在搞意见征集活动，就抱着试试看的态度反映了弃管小区设施落后的问题，没想到被列入了政府十大民生工程，今年，我被选为市民代表和市长座谈，周围的老百姓都来我家说各自的困难。"

在本周的一篇报道里，记者试图让人物现身说法，不过这段引语失之平淡，缺少亮点和个性，也就难以达到预想的效果。

这般用引语，在我们的报道中可谓比比皆是，似乎"加上双引号就是直接引语"。引语一定要简洁，即使好几句话都很精彩，都要引用，为避免太长造成句式呆板，也要尽量分隔断开，就像《云南高原特色农业风生水起》《蔡老板"招工"记》的开头那样，断而又续，参差错落，方能为文章添彩。因此，有人说，新闻写作中用好直接引语，就像给一道菜加了点味精，提鲜！

最后，重温一下获得第十六届中国新闻奖的《擦鞋者说》，这是一篇成功运用直接引语的经典之作。在一篇业务研讨文章中，作者龚永泉写道，他的灵感来自原人民日报社社长王晨的一句话："将活人的唇舌作为源泉。"多读经典，也会化作我们报道创新的"源泉"。

（作者系人民日报社地方部主编）

附：

制造业"机器换人"，挖掘科技红利

蔡老板"招工"记

贺林平

"人不够，机器凑！"指着车间里上下翻飞的自动化设备，57岁的蔡志浩露出难得的俏皮，"这个凑，可不是'凑合'，是提升，是进步，是革新！"听到记者笑，他转过脸来，煞有介事地强调。

蔡志浩是东莞市五株电子科技有限公司的董事长。这些年来，工厂用工每年递减10%，产值却每年增长10%。"多亏'机器换人'换得早。"他感慨。

用工吃紧：介绍进来一个人奖励600块

办了20年的厂，蔡老板可称得上商海老手。2010年，他来到东莞电子名镇石碣，从台湾人手里收购了这家专做智能手机电路板的工厂，成立了东莞市五株电子科技有限公司，并把公司的总部迁到这里。不过，比起之前在梅州创业、在深圳发展的经历，这次经营，让他觉得很不一样。

"过了一两年，明显感觉用工渐渐吃紧起来。"蔡老板回忆。以往，工人回家过完年，一般来年元宵节前就基本到齐了。可那一年，元宵节都过了七八天，人手还缺三四成。他盯着墙上的生产进度表，急得心里直冒火，一个电话叫来了人事经理，劈头盖脸一顿训斥，可人事经理也觉得委屈，"这两年招工越来越难了，各家都是这个情况。崇焕路上到处贴满了红纸黑字的招工告示，都写着'急招''诚聘'，是个人就要！"

从一个无线电维修工起家，手把手把厂子做大，蔡老板凡事都习惯亲力亲为。他带着人事经理，亲自坐镇劳动力市场自家摊位。果然，市场里的人流稀稀拉拉，跟他早年开厂时熙熙攘攘的招工印象完全不同。偶尔有三三两两的人路过他们的摊位前，漫不经心地上下看看，驻足谈一会儿，也不表态，拿份宣传资料就拔腿走人，连个电话号码都懒得留。

"发动工人，把认识的老乡啊、亲戚啊，都介绍来，介绍进来一个奖励500块！"订单任务迫在眉睫，蔡志浩急得不行。可500块钱在那个时候也失去吸引力，蔡志浩咬咬牙，把奖励提到了600。一个月后，工人才基本补齐。"现在想起来，那段日子可真不好过。"蔡志浩说。

初尝甜头：现在一个人可以干过去16个人的活

今年的问题是解决了，那明年呢，还要这么费劲儿？

回到办公室，蔡老板琢磨开了：要标本兼治，必须进行自动化改造，用机器代替人工。可自动化的一次性投资大，一台机器都得几十上百万，他一时有点犹豫不决。

这时，财务部门送来的报表让他下定了决心——产品出厂价好几年原地踏步，可工资支出这一块又涨了。"这些年人工成本每年增长10%—20%，过去一两千就能招到人，现在低于3000人家基本连看都不看。加上劳动合同法实施后，社保、加班费一样不能少，企业实际付出的劳动力成本更高。"

2013年12月，蔡老板花了50万元，先购进了一台全自动钻针研磨机试用。"做电路板首先要用钻针在板上打孔，每个钻针可以重复使用四五次，用过之后都要重新研磨。"见记者一脸茫然，蔡老板很"专业"地解释道，以前都是靠人工，用手一个一个磨，熟手也要7秒钟做一个。买了这种全自动研磨机后，"我们测试过，1台机的效率相当于过去4个人，1个人可以看4台机，相当于过去16个人干的活儿，现在1个人就可以搞定了。"

人不够，机器凑，不光人手的问题解决了，投入产出算下来，还很低。蔡志浩扳起指头一算：人工总成本每人每月是5000—6000元，两班倒一个岗位就是10000—12000元，一年就是10多万；而购买或改造一套设备需投资30万—50万，差不多3年就可收回成本。

"未来还要再减少2/3，只剩下1/3的人。"初尝甜头的蔡老板，像后生仔一样雄心勃勃。

未来目标：过去拼成本，以后拼技术

"如果光把'机器换人'的意义看成减人工、降成本，就太低估它了。"蔡老板说。在厂房，记者看到，有一条长达120米的生产线，从上料到出货，一共要经过冲压、影印、刷漆、电镀等几十个环节的加工处理。

然而，这条生产线仅仅是电路板复杂工艺中的一道工序。"比方说打孔，现在要求每个孔的直径只有25微米，人眼看都看不到。再比如有些电路板有24层，压缩到一两毫米的厚度之内，这些人工都办不到，必须用机器。"蔡老板感慨道。

"现在，政府每年拿出好多钱来帮我们'机器换人'。这不，我也申请了个'高端自动化印刷线路板设备生产线改造项目'。"蔡志浩告诉记者，现在五株已经有一个设备制造部门，能给自己提供部分设备。

"我办工厂这么多年，'机器换人'让办厂套路发生了根本性的变化——过去是总想着怎么尽可能拼成本；以后是想着怎么用更先进、更精密的机器、设备，推动技术升级、产品创新，挖掘技术红利。"蔡老板由衷地说，除了减人工看得到的效益，"机器换人"带来的这些看不到的效益是无法估量的。

（原载《人民日报》2015年5月22日）

快速阅读时代,好开头让读者耐心读下去

黄福特

(2015年11月16—22日采编业务述评)

本周外事活动多,头版重点稿刊发数量不多,但是地方部、国内分社记者在其他版面上表现喜人。特别是多篇调查类报道让人印象颇深。

调查类报道以推广成功经验、审视社会问题、反映社会热点为方向。由于涉及范围囊括社会生活的方方面面,新闻性、可读性更强,现实意义更明显。仅11月16日,地方分社记者刊发的调查类稿件就有11件以上。报道如何才能脱颖而出,吸引读者眼球?在快速阅读的时代,一个好的文章开头非常重要,它直接决定读者是否通览全文。

文章开头宜用短句、短段

在节奏紧张、内心浮躁的当下,面对繁多信息,读者必然有所选择。他们往往快速涉猎各类文章开头,精读感兴趣的文章。短句、短段优势凸显。大脑阅读时会对句子进行分解并分块录入,短句有效简化程序,帮助大脑快速识别意义,把握重点。

11月17日见报的《明明有床位为何进不来》一文,开篇第一段仅用一句"一边是一床难求,一边是床位闲置"简单道明主旨,第二段讲述云南扶持养老院过程中遇到的尴尬,文字简练,一目了然。报道在当天七大网

站主页转载，在排行榜中名列第五。

同样，11月16日《"无人机"不能无人管》讲述对操控者考核确保无人机飞行安全的尝试，首段"雨中，不同的'无人机'上下翻飞"，简单几字呈现考核现场的有序状态，直指主题，给人以简明朴实的轻松感觉。

短句、短段符合"读者意识"要求

读者一般倾向于阅读简单易懂的文字，除特别感兴趣以外，对高深难懂的文章有畏难情绪。因此，越贴近生活的语言越易读，越吸引人读。不妨对比以下开头：

> 广东揭阳市区往东18公里，揭阳中德金属生态城中的表面处理生态工业园日前投产……

> 大半年了，太原市民李进平外出就餐，一进门先"找脸"，"脸色好看就吃，脸色难看就走"，他总结为"看脸吃饭，用脚投票"。

显然，后者更方便读者快速阅读。不仅因为前者句子相对较长，更重要的是因为前者所陈述的内容平淡无奇，且与大部分人的生活无关，而后者语言生动有趣，经常发生在身边。快速阅读过程中，往往与我们生活息息相关的语言、文字能更快地投射到大脑中，更便于我们瞬间理解。

如果说短段、短句是视觉上便利读者，那么贴近生活的语言则是帮助读者更快速连贯地理解文章。通常情况下，一线视角、生动对话、趣闻逸事往往更易被识别。

11月18日《乡村美 美在心》，首段是"赶上'吉时'，记者在宝鸡市千阳县南寨镇朝阳村'蹭'了杯喜酒"，一线视角，身边小事，亲切易读；11月17日《查小官腐败无监督例外》，"俺们村以前村民娶媳妇转户口，村支书要收2000元，建房子办手续也收钱。"娶妻建房涉及民生，不需细读掠一眼便颇容易吸引眼球。因此对于文章开头，语言内容、风格非常重要，必须贴近读者，贴近生活。

开头应快速入题

开门见山应成为调查类报道的追求。句式、语言仅仅是吸引读者的技巧，快速阅读时代读者第一诉求仍是最快地了解事实（文章主旨）。入题太慢让读者不知所云，再好的语言亦难挽留读者。11月16日《旧桥换新桥 两月变两天》，文章篇幅短小，但还原了北京三元桥大修现场，首段"11月13日23时，北京三元桥启动大修；36小时后，1300余吨的新桥钢箱梁整体就位成功"，没有铺垫直指中心，读者开篇便一目了然。

相比之下，《分享经济让闲置资源动起来》入题甚慢，文章讲述分享经济中短租的模式，但是开头却为主人翁身份的描述铺垫过多，直到第五个自然段才算正式切入主题，早就让读者失去了耐心。

11月20日的《去公共厕所上网缴费，靠谱吗？》，开头是：

11月19日，由国家旅游局、住房和城乡建设部、北京市人民政府主办，北京环卫集团承办的"世界厕所日暨中国厕所革命宣传日"活动在房山区举行，号称"第五空间"的新一代公厕正式亮相。

还是传统的以新闻由头引出报道的套路，如果上来就介绍特色鲜明的号称"第五空间"的新一代公厕，或许会因事物奇特而使报道更加抓人。

主题表述需凸显特色

众多调查类文章当中，大多主题相似。但如果开头还是沿用传统的方法，读者往往会因为没有新意而直接屏蔽。11月17日《土特产傍电商 山沟里发货忙》一文，讲述甘肃电商扶贫的经验。电商扶贫具有时代特点，方式本身可谓授人以渔，但是文章开头却以传统方式"现在的变化真像做梦一样"，讲述村民生活翻天覆地的变化，未能在开头突出这篇报道与众多扶贫类报道的不同之处。

11月20日《这里的养老院没围墙》，是养老调查系列之一，开篇以毕思友老两口儿的切身感受为导线，带出当地养老院的成功经验，用平民故事吸引阅读，用个性化表达区分传统报道，显然比上来就拿数据开路更能吸引读者一探究竟。

调查类报道是党报宣传中一个重点内容，置身快速阅读时代，面对社会大众浮躁的心理，如何让读者面对各种媒介选择拿起我们的报道，首先自然是选题要好，但有一个能满足读者快速阅读习惯的开头，也尤为重要。

（作者系人民日报社地方部编辑）

附：

陕西全省建设"美丽乡村·文明家园"

乡村美　美在心

姜　峰　张丹华

赶上"吉时"，记者在宝鸡市千阳县南寨镇朝阳村"蹭"了杯喜酒。

八桌酒席，简单隆重，就摆在村文化活动室。活动室门口还挂着个牌子：朝阳村红白理事协会。

"搭个棚子，连请3天，大操大办，攀比成风"，朝阳村村支书马玉贵对记者直言，"搁以前，红白事就是撑面子，村民攒点钱不容易，哪个不是'打碎牙齿往肚里咽'。"

陋俗不改，新风不行。

朝阳村开动脑筋，将八张圆桌往村文化活动室里一摆，"红白理事协会免费提供场地，控制规模、节约开支，挂牌3个月，已承办了15场，村民们打心眼儿里叫好。"马玉贵很欣慰。

红白理事协会"火"了，捎带手"捧红"了朝阳村六组村民隆金斗。记者看到，村文化活动室的四面墙上还挂着"朝阳村十大孝子榜"，隆金斗默默照顾卧病在床的老父亲整整20年的照片和事迹，被贴在了最显眼的位置上。

"村民吃席回来，不再比新娘子漂不漂亮、饭菜够不够档次，反而都冲我跷起大拇指。"隆金斗觉得，自个儿在全村人面前"有了光"，"腰板儿更硬挺了"。

移风易俗，潜移默化。

朝阳村的改变，是陕西在全省建设"美丽乡村·文明家园"过程中的一个缩影。

对"美丽"的定义，陕西如今有所侧重。

近年来，通过开展农村人居环境综合整治，农村环境"脏乱差"成了过去时，配套设施、公共服务也在不断完善。然而，长期以来，由于城乡"二元结构"影响，大量青壮年向城市流动，农村"空心化"问题日益凸显，"社会问题投射到文化层面，就表现为农村留守人群精神生活匮乏，许多好家风、好乡俗得不到传承，甚至个别农村存在道德风尚不彰、法治观念淡薄等现象，由此引发一系列新的社会问题。"宝鸡市文明办主任魏武生向记者坦言，"建设美丽乡村，不仅要'外表美'，更要'心里美'。"

鉴于此，陕西省委宣传部、省文明办牵头，从今年8月开始在全省启动了"美丽乡村·文明家园"建设活动，设计了以"十个一"为载体的农村民风建设具体内容，即建好管好用好一个农家书屋、一个村广播室、建设一个村文化活动室和文化活动广场，有乡村文明一条街、有一个善行义举榜、有一支乡贤文化骨干队伍、有一个道德讲堂、有一整套乡规民约，每年评选表彰一次"十星级文明户"、每年评选表彰一批五好文明家庭。

陕西计划用5年时间，到2020年全省90%以上的村实现"十个一"的建设目标，从而推进社会主义核心价值观在农村"落细、落小、落实"，推动全省广大农村在"十三五"末与城市同步全面建成小康社会。

"以'十个一'为抓手，社会主义核心价值观进农村，就不再是简简单单的'背过那24个字'",在陕西省委常委、省委宣传部长梁桂看来,覆盖全省的"美丽乡村·文明家园"建设活动,是一次"精神文明领域的城乡统筹"。

还是在千阳县,像南寨镇朝阳村一样,各村都有各村的"高招"。

记者走进崔家头镇赵家塬村,当地不仅建起了村文化活动室,还挂起了"赵家塬村非遗传承教育基地"的牌子。李爱姐的手工缝制"布老虎"、宋红莲的农民画、陈玉庆的剪纸……作品被摆上展台,这批原本默默无闻的乡土文化能人如今成了展示当地传统民俗、活跃农村文化生活的"大明星"。

张家塬镇王家庄村,也培育出了一位乡贤"明星":48岁的村妇联主任李寅菊,虽然没念过书,但编起快板来却是出口成章。"树高千尺总有根,人生在世父母恩……"她创作了以弘扬孝老爱亲、友邻和睦、诚实守信、普法守法等为主题的上百篇快板书,并组织本村妇女群众排练演出,还拉起一支农村志愿服务队,义务照顾王家庄村几十位孤寡老人的生活起居。

记者还了解到,按照抓点示范、全面推进"两步走"战略,陕西省委宣传部、省文明办从文化建设事业费中拿出1500万元专项资金,将给予千阳县、平利县、黄陵县等30个重点示范县资金奖扶,未来3年内率先完成重点县90%以上行政村的"美丽乡村·文明家园"建设任务。

(原载《人民日报》2015年11月18日)

莫论题材，但问故事

李亚楠

（2015年4月26—30日采编业务述评）

远处山上传来石头掉落的声音，只见一只雪豹正追逐一群北山羊。二者都是登山之王，你追我赶，在陡峭的悬崖和崎岖的山隙间如履平地。几番角逐后，一只北山羊幼崽不幸失足，摔死在山崖，成了雪豹的美餐。这是近日天山考察队近距离目睹的雪豹捕食的惊险场景。

《天山雪豹种群逐渐恢复》（2015年4月27日）一稿这样开头，有场景、有动作、有对比，画面感强，动感十足，虽是篇小稿子，可依然是个吸引读者的好故事。

编委会不断强调讲好故事，眼下报道的文风有了很大改观，可读性不断增强，但大家还是在讲故事上摇摇摆摆，有时讲有时不讲，讲得也时好时坏。本周有两篇头版头条，故事讲得各有特色。

农民变市民，到底难不难？魏青梅有发言权。短短3年，她赶上大棚改，拆掉一处旧瓦房，免费分到两套新楼房；从污水横流的老村，搬进设施齐全的新社区。"村集体预留8000平方米商业房，租金共享，替农民交水费、物业费、医疗保险、养老保险！"

《郑州大棚改 家门口城镇化》（2015年4月26日）从具体的人说起，与生活紧密联系。

"爱打电话，爱发短信，爱装警察、装检察官、装法官，爱说电话欠费、恶意透支、法院传票、账户安全，其实就是个电信骗子，请立即拨打110！"4月25日，石家庄市新华区民警李志辉，放弃休息时间，来到和平二社区，针对近期电信诈骗案件增多现象，对着一大帮老大爷、老大妈绘声绘色地就案说法。

《河北 过半党员当志愿者》（2015年4月30日）从场景说起，与社会问题结合紧密。两篇稿子都关系到老百姓的痛感，又有人物的命运感和生动的画面感，颇能吸引读者。

梳理本周来稿，挺有意思，同一类型甚至同一栏目的稿子，讲故事的水平很有对比性。

先看一组写人物的稿子。

走进技校那一刻，谢元立便与焊接这门手艺牢牢"焊"在了一起，只是没想到日后的人生也会如焊花般绚烂精彩。

《谢元立：用青春和智慧点亮焊花》（2015年4月27日）开头，一个"焊"字，真是传神，既与主人公谢元立的身份相符，又表现了他一生与这个行业的紧密联系：他的人生也如焊花般绚烂精彩。同一天、同一版面的右肩，《大洋深处金刚钻》写的是中海油九八一作业团队，这是一个177人的团队，又如此优秀，其中的精彩故事，肯定不少，完全有条件超越谢元立稿成为头条，但作者是这样开头的：

作为目前我国最先进的海上钻井平台，中国海洋石油集团公司"海洋石油981"从诞生的那天起就受到世界的关注。

这样平淡的叙事，又能引起多少读者的兴趣呢？

同样是写人，《高级技师杨杰 有技术就要传给更多人》（2015年4月29日）是这样讲故事的：

> 在安徽淮北矿业集团朔里矿业公司，有个"杨杰讲堂"，是国内首个以一线工人名字命名、培训现代工业自动化控制技术的可编程逻辑控制器实训工作室，也是首批国家级技能大师工作室。

虽然也有场景，但整体是静态呈现，缺乏动感。讲故事就要讲最新鲜、最具体、动感最强、场面最有戏剧性的。或许，记者再挖掘挖掘"杨杰讲堂"的现场，就能讲出一个更吸引人的故事。

有些记者写人会讲故事，但写调查稿就不会讲了。

> 近年来，广东东莞社会资本举办的医疗机构借助高等医学院校资源优势，在设备、人才等方面下重本，技术及服务不断提升，逐渐赢得市民的信赖，成为医疗改革的重要推手和医疗服务市场的重要补充。
> （《东莞民营医院撞破"玻璃门"》2015年4月28日）

> 一段时期以来，劳动关系事件频发，引发社会关注，成为矛盾焦点。
> （《劳资诉求 该咋对接》2015年4月29日）

这种文件式的语言，从概念开始，很难吸引读者。其实，讲故事并不局限于某种题材，调查稿更应该用事实说话，更应该讲好故事，以所调查的问题为导向，激发读者的阅读愿望。

老陈到公积金管理中心一查，傻眼了。工作了一辈子，临退休的老陈想把一直扣缴的公积金取出来，装修一下，迎接晚年生活。可公积金管理中心的人说，老陈根本就没有公积金账户。

《我们的公积金咋没了》（2015年4月29日）开头就讲故事，绘声绘色，一波三折，短短不到一百字，不但讲了故事，还切了题，读者清清楚楚知道接下来要说"公积金没了"的事儿，但到底怎么说？老陈的公积金到底去哪了？这事儿咋解决？都吸引读者不得不读下去。

乡镇卫生院的韦坚全，终于成了"县医院的人"。

《乡医院"找婆家"》（2015年4月27日）从人物命运发生变化说起，韦坚全咋就从乡镇卫生院的人变成县医院的人了呢？"去年11月，广西上林县三里镇中心卫生院加挂'上林县人民医院三里分院'牌子，正式被县医院'收编'。"一句话点明原因，接下来就讲如何"收编"、"收编"后有些啥变化、碰到了啥困难，娓娓道来，引人入胜。

同是讲故事，讲什么样的故事，怎么讲，效果也不一样，且看三篇"一带一路"系列稿件。

福建泉州东湖路，一座外形宛如古代帆船的白色建筑，静静地泊在绿树蓝天下，如一艘远航归来的海船缓缓驶入港湾，两片硕大的风帆高耸云天。这就是泉州海外交通史博物馆，简称泉州海交馆。

《泉州 干劲足步伐稳》（2015年4月27日）语言优美，但过于静态，且描述了一个过去完成时的状态，文中倒数第二段列举了多个场景，其实都可以展开，选任何一个场景放在开头，都可以讲一个现在进行时的故事。

郑州机场。185条航线，繁忙起降，覆盖除非洲之外全球主要经济体，去年37万吨货邮吞吐量，联通四方。而今，登高远望，二期扩建工程步调铿锵。年底，郑州机场客运能力将提升至每年2900万人次，货运能力升至每年50万吨。

《郑州 谋划远措施实》（2015年4月30日）倒是从当前切入，试图动态化，但太泛，有点儿概念化，不够具体，因此不够生动。

清晨，迎着渤海湾初升的朝阳，天津港集装箱堆场的装车现场，十余个装有来自日韩进口汽车的集装箱，将搭乘天津港至二连浩特的铁路班列发往二连浩特口岸，最终出口到蒙古国。海铁联运为日韩等地商品发往欧洲、蒙古国搭建了快速通道。"在传统路线下，货物从日本海运到俄罗斯圣彼得堡需要70多天，但通过天津港上岸，再由铁路运经满洲里或二连浩特运往圣彼得堡只需要25天左右，运输时间大幅缩减。"天津港物流发展有限公司市场事业部副经理罗津介绍说。

《天津 优势多行动快》（2015年4月26日）的开头从明确、具体的人物和事件切入，还有直接引语，讲故事的指向是对的，主要问题是语言不够凝练，若再简洁些，故事更精彩。

讲好故事，归根结底是个意识问题，有了讲故事的意识，肯定能找出精彩故事来。以《一户年均节水五十吨》（2015年4月25日）为例：

在河北石家庄2014年度"环保达人"颁奖现场，55岁的王方神采奕奕。苦心研究10多年之后，他发明的节水马桶开始走向市场。

开头的确是个场景，现场感也很强，但能不能更吸引人一些呢？接着往下看，"这种用半杯水就能冲净的节水马桶，颠覆了传统马桶的设计思路，一户人家每年可节水近50吨。"这句话提供的信息不是更有意思吗？正常情况下冲马桶需要多少水，相信大家都有个概念，与"半杯水"相比，反差可真是大，如果直接拿这个"半杯水"开头的话，是不是戏剧性、对比性更强烈些呢？故事要讲得精彩，就要把那个最抓眼球的点拎出来。

其实，每篇稿子都是记者深入采访的结果，采访中不可能没有亮点，记者需要做的就是坚定树立讲故事意识，把最亮的、最新的、最打动自己的东西放在最前面，不论什么题材，但问讲好故事。

（作者系人民日报社新疆分社记者）

附：

工资单上月月有，其实账户都没开。海南乐东水务局14名职工追问——

我们的公积金咋没了

老陈到公积金管理中心一查，傻眼了。

工作了一辈子，临退休的老陈想把一直扣缴的公积金取出来，装修一下，迎接晚年生活。可公积金管理中心的人说，老陈根本就没有公积金账户。

在老陈的单位海南乐东黎族自治县水务局，像老陈一样多年扣缴公积金、却连账户都没有的职工，一共有14位，平均工龄都在20年以上。

14名职工：

公积金不翼而飞

老陈出示了一份工资发放花名册，公章盖的是乐东黎族自治县水务局。花名册上面17人，除3名借用员工外，其余14人在住房公积金一项都按照工资的12%进行了扣缴，金额由390元到606元不等。

但是从公积金管理中心的网站上，输入老陈等人的身份证号，确实查不到相应的公积金账户。

老陈等觉得不对劲，联合了两三个同事去找单位。找领导，领导避而不见；找会计，会计说："我只管做账，其他的事情你们去找领导。"

"难道单位真没给我们缴公积金？"老陈等人还是不大相信。可是事实上也不由得他们不信：工资单上扣缴了，公积金管理中心却没有开户。

按照《住房公积金管理条例》，这件事情本来不该发生的。

按照规定，职工个人缴存的住房公积金和职工所在单位为职工缴存的住房公积金，属于职工个人所有。

职工个人缴存的住房公积金，由所在单位每月从其工资中代扣代缴。单位应当于每月发放职工工资之日起5日内，将单位缴存的和为职工代缴的住房公积金汇缴到住房公积金专户内，由受委托银行计入职工住房公积金账户。住房公积金应当用于职工购买、建造、翻建、大修自住住房，任何单位和个人不得挪作他用。

老陈等人寻思：既然国家都规定这笔钱是我们的，单位怎么可能挪作他用？

但单位的答复让老陈等人寒了心：你们是编外员工，能按时足额发工资给你们，已经不错了。一些破产边缘的企事业单位，发工资都是很"奢侈"的。公积金的事，你们还是算了吧。

职工所在单位：
没钱，根本没缴存

记者就此事采访乐东水务局，水务局复函称："虽然自2002年1月起已从个人工资中按规定标准扣发了住房公积金这一款项，但并未给他们开设个人住房公积金账户。"14人至今未能享受到相应的公积金待遇，情况属实。

为什么不发呢？乐东水务局称：没钱。

据乐东水务局的答复，该单位员工从2001年起被分为两类：一类为事业编制编内人员，由财政直接拨发工资，从2002年起从个人工资中代扣公积金，并开设了公积金账户。第二类是老陈等14人，为该局编外员工，工资由该局自筹解决。

给老陈等人发工资的经费，从局里的工程建设管理费、设计室的设计费收入中安排解决。局里历年的经费都严重不足，2008年设计室设计资质被停、县财政又取消工程建设管理费提取后，局里经费更加拮据。老陈等14名员工的公积金问题，"只能维持当前现状，待有条件允许时会给予研究解决。"

没钱扣缴公积金，为何工资发放表中又有公积金呢？

水务局给出的原因有三点：一是使其适应国家相关政策规定，方便为这些职工办理调整工资审批手续；二是使其与在编在职职工发放口径相统一；三是减少自筹经费紧缺的压力，以解决这部分编外职工的工资发放和"五项社会保险"缴纳问题。

这三项原因是否合理？记者请教了多位会计从业人员。他们均表示："这些原因，看不懂。"

按水务局的说法："扣缴公积金只不过是在工资发放表中体现出来而已，这些所谓扣除的或不缴纳的公积金，原本还是我局的自筹办公经费。这些经费，还是作为下一个月份的编外人员的工资费用开支。"

水务局的说法，让老陈等人更加不理解了："如果是没缴，为什么事先不说清楚呢？在工资上都体现了，不就说明是我们自己的钱吗？怎么又不是我们的钱了？"

至于没钱的说法，老陈等人更加不认同了："2007年，仅我经手借出一笔会议餐费，就达到2.6万元。就算2008年以后局里经费紧张，那么2007年以前，我们代扣代缴的公积金去哪里了？"

按水务局的说法，这种情况，并不少见。

公积金管理中心：
这种情况实在太少见

如果按水务局所言，没钱为这些员工缴纳公积金，那么按规定，应该如何处理呢？

海南省住房公积金管理局相关负责人,对这件事表示诧异。海南省公积金缴存覆盖率,在2014年底已经超过90%。大部分单位,都表示愿意主动为职工缴纳住房公积金。而且即使有拖欠,一般都发生在临时用工领域和私营企业中。像乐东水务局这种情况:20年的老员工都没有公积金账户,实在是太少见了。

该负责人说,按照公积金管理的相关规定,单位应当按时、足额缴存住房公积金,不得逾期缴存或者少缴。如果确实有困难,也不是不可以降低缴存比例或者缓缴,但是要"经本单位职工代表大会或者工会讨论通过,并经住房公积金管理中心审核,报住房公积金管理委员会批准","待单位经济效益好转后,再提高缴存比例或者补缴缓缴"。

"而且,按照缴纳公积金的相关规定,无论编内编外,只要是在职职工,单位都应该一视同仁代扣代缴。"该负责人说,"就水务局这个案例,因为它给部分人交了,而没给另一部分人交,所以这种行为是带有隐蔽性的,通过例行检查也难以发现。受影响的员工也是刚发现,目前还没有向我们反映。"

公积金管理局相关负责人说,如果查明属实,管理部门可以联合银行下发催缴通知单。若催缴通知单下发后,单位仍然拒不缴纳,公积金管理局可以对单位进行最高5万元的罚款。

该负责人还表示,为方便群众维护自身合法权益,海南公积金管理中心设立了12329服务热线,24小时接受投诉。对于此事,公积金管理部门将会密切关注,接到投诉后,将进一步关注处理。

在法律人士看来,此案例的疑点重重。

北京金台律师事务所郭卫东律师指出,代扣代缴的公积金,按照国家相关规定是免税的。单位从工资上告知员工发了,但实际没发,会不会将公积金发放列作了人力成本,而成为避税的手段?如果因为单位没钱而确实无法为员工缴纳公积金,那么账面应将此项列为应付款项。如果没有该项应付款项,这些费用是否有被挪作他用的嫌疑?公积金是由个人存款和单位扣缴组成的,体现在工资单上的公积金,按规定理应是个人财产。单位不按规定为个人在公积金中心开户,是否有侵占个人财产的可能?

但不管因为什么,职工应有的待遇,不应该一句"没钱"就给打发了。

本报将持续关注此事进展。

(原载《人民日报》2015年4月29日)

让结尾更有余味

杨 彦

（2016 年 11 月 14—27 日采编业务述评）

2016年11月21日，要闻"守望"栏目刊发李坚、龚鸣写的稿件《文老师，您别退休好不好》，结尾这样写道：

> 今年10月，文友田退休了，有一位新老师接替他。退休之前，有个孩子难过地说："文老师，您别退休好不好？"另一个孩子跳起来喊道："那就不让文老师退休啦！"一屋子的人都笑了，文友田也笑了，但笑中分明有泪花。

寥寥数笔，将一位在乡村小学坚守38年、即将退休的老教师对学生、对工作恋恋不舍的心情，含蓄却又充分地表现了出来。

看到这个结尾，我又想起11月19日要闻版刊发的另一篇人物稿件《百姓情深茶一杯》（作者：方敏），讲述了一位派出所民警的故事。当我们在夜班读到这篇稿件时，一致认为是近期人物稿中的上乘之作。遗憾的是，上版以后，因为版面有限，许多精彩细节被删减，让阅读效果打了折扣。好在结尾保持了原貌：

问起老马这几年的工作,记者想听他说说"苦"。老马却给我们讲了一杯苦丁茶的"暖"事:那是2011年春节上班的第一天,他看到办公室放了一个铁盒装的苦丁茶,下面还有张纸条,上面写着"老马,苦丁茶治高血压很好,你别忘了吃。"老马一看是海南产的,就估摸着是罗师庄的几个海南工人送的。老马找到他们问起来,工人们都不讲,就朝老马笑。现在,这个苦丁茶的盒子老马还保存着。

问不爱诉"苦"的老马,为民服务图个啥?百姓情深一杯茶。

作者将工作的"苦"与苦丁茶的"苦"巧妙联系起来,又由苦丁茶引出一件让人感觉十分温暖的事。最后,"为民服务图个啥?百姓情深一杯茶"语言简洁而又意味深长。

11月18日"记者调查"版《搬出来,换个活法》(作者:郝迎灿),其结尾也令人叫绝:

如今,赵登银的重孙女快半岁了,老人终于圆了四世同堂梦。在南京打工多年的孙媳妇陈梦姣,不愿再用村里女人们多用的"琴""珍""艳"等字眼给孩子取名,翻着字典筛出十几个听起来"文雅"一些的字词。赵登银定了一个"橦"字,给重孙女取名赵语橦,"橦,是指木棉树,根深耐旱,不论到什么样的环境都能茁壮成长。"

文章主题是写易地搬迁,结尾用给小孩子取名字这个细节,委婉地传达出两层含义:一是离开乡村的年轻人的观念之变;二是搬迁后村民对未来生活的美好期待。

元代文人乔梦符曾经提出作文"六字诀":凤头、猪肚、豹尾。这个比喻的意思众所周知:文章的开头要像凤头那样美丽精彩,主体要像猪肚那样饱满充实,结尾则应像豹子的尾巴一样有力。

精彩的开头,能迅速吸人眼球;充实的主体,让人越读越有味道;有力的结尾，则好比画龙点睛，整篇文章因此更上层楼。最吸引人的结尾，是不落俗套、出人意料，就像电影《大话西游》中紫霞仙子那句台词："我猜中了开头，却猜不中这结局。"

附：

重庆石柱土家族自治县教师文友田，坚守深山38年——

文老师，您别退休好不好

李 坚 龚 鸣

从22岁到60岁，他守着这所学校38年

清晨，大山上，有两间砖房；房前的空地上立着篮球架和乒乓球桌，国旗迎风飘扬，几个孩子在打球、追赶……这里是重庆市石柱土家族自治县河嘴乡旗峰小学。

从22岁到60岁，文友田守着这所学校，辛勤耕耘38年。

文友田的腰背有些伛偻，但一身西装显得精气神十足。一间教室，一间厨房，门前一块空地——这所2002年建成的学校，已有14个年头，条件颇为简陋，但文友田反复说，"比以前好得多"。

"过去学校没有水电和厨房，师生每天只吃早晚两顿饭。没有像样的桌凳，没有暖气。而且不通公路，下雨落雪，寸步难行。"文友田说。

旗峰小学是当地方圆30里内唯一的村小学，文友田是学校唯一的教师。最多的时候，学校有六七十个学生，从幼儿班到六年级，从文化课到音体美，都得文友田一人"包办"。文友田总结出了一套办法：先照顾小的，再管教大的；文化课分开，音体美一起。旗峰小学不仅教学秩序有条不紊，学年成绩也在学区名列前茅。

以前不通公路，每学期开学前，文友田夫妻都赶到乡里给孩子们领新

书。他们一个挑担，一个背篓，一次要领一两百斤的书。熬了30多年，他们挑过的书有上万斤。

3年前，水泥公路通到了校门口，文友田买了辆摩托车。学校的条件也越来越好：爱心企业送来了新桌凳，县教委给配备了数字电视，冬天也用上了"小太阳"。去年下半年，孩子们还吃上了"营养午餐"。

他觉得吃点苦不算啥，因为孩子们舍不得他

作为学校唯一的老师，文友田什么都得管。他的学生文静说："文老师不怕手冻僵，每天早上去挑水给我们喝。"学生周代芬在作文里，把文友田称作"保姆老师"。

近年来，许多孩子成了留守儿童。孩子有个头疼脑热，文友田都得管，经常带着去看医生。虽然工资微薄，但他一声不响地垫付了不少药费。"文老师爱这些孩子，不顾一切，好像是他的生命。"文静的母亲王书兰说。

然而，多年超负荷工作让文友田从头到脚都是病，甚至好几次晕倒在讲台上。糜烂性胃炎、角膜炎、颈椎病、脑鸣、风湿……由于长期拖延，很多疾病已难以治愈，只能靠药物缓解。孩子们说文老师坚强，"文老师还边挂水边上课呢。""文老师总是滴眼药水，吃药片，还喝冲剂。"……

文友田38年的教学生涯中，有21年是民办教师，条件艰苦，收入微薄。虽面临退休，但他想：如果可以，还想继续教下去，因为舍不得孩子们。这股支撑他的力量，要从38年前说起。

1978年，旗峰村小建校，初中毕业的文友田毛遂自荐当上了老师。儿时的他上学要翻山越岭，走十几公里路；他不忍心村里的孩子们继续遭罪。

以前山里的艰苦条件留不住老师。前后来过两名年轻教师，不到两个星期就走了。

有一次河嘴乡中心校想要调走文友田，村民恳求县教委留下文老师。文友田心里也明白，"孩子们离不开自己"。几次调动的机会，文友田都拒绝了。

只有一次，文友田真动摇了。1998年，两个儿子都闹着不读书了想去赚钱。当时文友田还是民办教师，每月工资64块钱，住的是20多年前盖的土坯房。他想过出门打工，又一想："我走了学校怎么办？学生怎么办？"所以他留下了。后来，文友田转为正式教师，经济宽裕了些。

"不管自己受多大苦，父亲也要送山里娃走出大山。"大儿子文金鱼对父亲感激又钦佩。妻子冉瑞珍操心着家里，几亩烟草地，自己耕种自己采收，毫无怨言。

今年10月，文友田退休了，有一位新老师接替他。退休之前，有个孩子难过地说："文老师，您别退休好不好？"另一个孩子跳起来喊道："那就不让文老师退休啦！"一屋子的人都笑了，文友田也笑了，但笑中分明有泪花。

（原载《人民日报》2016年11月21日）

写精品,"豹尾"意识不能缺位

李亚楠

(2015年4月18—24日采编业务述评)

这一周版面比较紧张,分社记者的稿子比较少,但仍有几篇堪称"精品"。

4月19日头版头条《大美青海报春归》一开头就写:"春到青海,蓝天是最抢眼的标志。"结尾则是:"春天的青海,正用新绿在大地上作答。"蓝天、大地,首尾呼应,借势而收,结构缜密,加上中间部分的精彩故事,真是一篇"凤头、猪肚、豹尾"的好文章。

"说起大枣,不能不说山西的稷山板枣。稷山板枣皮薄、肉厚、核小。"《枣大核小 甜脆好咬》(2015年4月19日)开头就娓娓道来,文中又提到稷山枣背后的传说、种植规模等,文章徐徐展开,结尾就不宜收得太散,"稷山枣,枣儿大,核儿小,又甜又脆又好咬。独特的气候,厚重的文化,丰沃的土地,淳朴的人们,难怪产好枣!"如此结尾,多用短词短句,节奏明快,简洁有力,加上最后那个惊叹号,真应了那个"结句当如撞钟"的说法。

编委会一再要求我们"讲故事""写精品"。何为"精品"?至少从写文章角度,要符合"凤头、猪肚、豹尾"的要求。

眼下,大家对写好文章开头越来越重视,但是相比而言,大家对报道结尾的重视远不够,不少报道有"虎头蛇尾"之感。其实写好"豹尾"并非难事,关键在于首先要树立这种意识。很多稿件,稍作改动,结构调整一下,就会成为首尾贯通的佳作。

《为航天梦筑牢后盾》(2015年4月20日)这样开头:

  层峦叠嶂间,蒙蒙的薄雾还没散去,清晨8点,距成都数百公里的大山深处,一阵嘹亮的军号声打破了山里的宁静。

富有诗意,大山里的军号声也给读者留下了悬念。结尾处,是长征机械第一事业部获得的各种荣誉,没错,但总觉得缺点什么。若是把结尾一段放在第二部分正文中,文章结尾就变成:

  但最高兴、最幸福的还是听到广播里响起《好日子》《打靶归来》《祝酒歌》和《祖国不会忘记》四首歌,我们知道试验又成功了。

以军号开头,是在去奋斗的路上;以四首歌结尾,是奋斗的结果,试验成功了。这样就首尾呼应了,文章也可增色不少。

《舞动铁臂天地间》(2015年4月24日)主人公王华浑身充满诗意。开头,王华坐在660米的高空吊塔,初夏深圳,碧空如洗。虽然充满危险,但读来有一种美感。文章结尾处写他还要再拼搏几年,多带几个徒弟,其实这段完全可以放在第二部分,"超人"不但要自己做得好,还要多培养接班人,培养"新超人",小段落的主旨亦可得到升华。

文章提到王华喜欢写诗,若把他写高空的诗歌"攀爬上长长的铁臂,我站在白云的中间,对着天空一声大喊,我来了,和你并肩……"作为结尾,不但与开头的660米高空吊塔相呼应,一个诗情燃烧的技术人员形象也就跃然纸上了。

结尾的方式有多种,举其要者,古人概括为"醒明本旨""眼前指点""放开一步"等。比如《我就该是个警察》（2015年4月18日）结尾，"'干了这么多年警察，我觉得我就该是个警察。'王聪颖话音未落，人已出门……"，戛然而止，却与标题相呼应，就是"醒明本旨"的写法。

《扎根边关的木棉树》（2015年4月21日），"推开窗户，院子里的木棉花正灿烂开放。李顺麒，正如这代表着英雄的木棉树，永远扎根在边关的土壤，融入奔腾不息的红河……"，即为"眼前指点"，结尾借眼前所见的木棉树，依势而行，点出它所代表的精神，正呼应了题目，点名主旨，立意得到延伸，余音缭绕。

《防风固沙木麻黄》（2015年4月18日）的结尾用的是"放开一步"的方法。这是一篇因谷文昌的报道而起的文章，文章在核心提示里就说："4月7日，本报以'人生一粒种 漫山木麻黄'为题，整版报道了原福建省东山县委书记谷文昌的事迹。很多读者在赞扬谷文昌的同时，也对文中多次提及的木麻黄树种产生浓厚兴趣。那么木麻黄究竟是怎样的一种树呢？"

文章这样结尾：

> 木麻黄呀木麻黄，在福建的故事说不尽。她不仅为这里带来生态，更带来一种精神、一段传奇。

一篇写生态的稿子，结尾却落到了精神、传奇上，主题得到升华，不少读者大概会感觉生硬，但仔细看文章，文中还有一处"木麻黄堪称浑身是宝，仿佛跟东山人民眼中的谷文昌——谷公一样"。可见，结尾的升华，卒章显志，是必须有开头和文中的伏笔相照应的。

一个惊艳的开头固然重要，但若要让人叹服，一个精彩的结尾同样不可少。很多记者采访功力都很深厚，该有的素材都有，如何用现有的材料烹调出美味来呢？

心里想着色香味，手里才会出色香味。归根结底，首先，"豹尾"意识不能缺位。

附：

三江源头笑容舒展　中华水塔润泽神州

大美青海报春归

卫　庶　张志锋　王　梅

春到青海，蓝天是最抢眼的标志。

去年，西宁市空气质量优良率达73%，今年一季度空气质量优良天数同比多23天，广袤草原更是蓝蓝的天上白云飘。

假如时光可以穿越，青海决不会走那样的弯路——位于黄河源头的玛多县，30年前水草丰美，一年有300多个阴雨天。鄂陵湖、扎陵湖犹如两颗明珠，镶嵌在高原。当时全县人口不到1万，却提出"突破百万牲畜"的目标。一时间牛羊大量增加，最多时发展到75万头。遍地牛羊，加上开矿等，带来昙花一现的风光，玛多农牧民人均纯收入全国"四连冠"。

繁荣的背后，灾难悄悄逼近。全县七成草场退化，沙化加剧，鼠害泛滥。大河源头"瘪"了，2004年一度断流。玛多曾有4077个湖泊，后来减少到1800多个。牛羊无草可吃，牧民不得不离开家园。

疼痛的何止玛多，彼时的三江源，像一位母亲被吸干了乳汁，瘦弱不堪，最终"病"倒。

青海是长江、黄河、澜沧江的发源地，长江总水量的25%、黄河总水量的49%、澜沧江总水量的15%，都源自这片雪域高原。"中华水塔"，润泽半个神州。

让三江源翠绿万年，青海责无旁贷。坚持生态保护优先，建设和谐美丽家园，让各族人民诗意栖居。这是青海用"泪水和汗水"换来的答案，也是青海省委、省政府坚定的战略抉择。

咽下苦涩的泪水，人们开始反思。2005年，三江源生态保护建设一期工程启动，禁牧封育，以草定畜，易地搬迁。十年过去，三江源头笑容舒展。

鄂陵湖、扎陵湖水面共扩大 99 平方公里，玛多县湖泊恢复并增加到近 5000 个。昔日因缺水停产的黄河源水电站，机声隆隆，再次启动。"如今全县牛羊仅有 10 多万头，藏野驴等野生动物至少是它们的两倍。"玛多县三江源办的李大伟说。

穿行海拔 4000 多米的玛多，不时可以看到弯弯流淌的小河，星星点点的湖泊，藏野驴悠闲地吃草。"亲历这些变化，好像在做梦。"看着这里水落水又起，一直生活在黄河源头的尕藏才让说。

玛多的故事，也是青海的故事。如今，一切都"翻篇"了。中国科学院中期评估认为：三江源地区生态系统退化趋势得到初步遏止，局部地区生态状况有所好转，呈现"增水、增草"态势。三江源生态建设和保护二期工程启动，顺利推进。

虽然是西部贫困地区，但作为守护三江源头的省份，青海最宝贵的是什么？春天的青海，正用新绿在大地上作答。

（原载《人民日报》2015 年 4 月 19 日）

后　记

　　2017年中，我将近几年撰写的业务研讨文章送呈人民日报出版社，第二编辑中心林薇主任阅后欣然接受了书稿，并拟定书名——《好稿是怎样"修炼"成的》。但她建议，此书以30万字左右为宜。该压掉哪些呢？孩子总是自己的好，哪部分都舍不下。一时无计。

　　未几，我写的《"开卷之初，当以奇句夺目"》《好的结尾总是照应一下开头》等一组6篇谈开头结尾的业务研讨文章，在人民日报编辑部内网上发表，时任人民日报社社长杨振武阅后批示：

　　　　伟伟同志的这组业务研讨文章写得好。虽说文无定法，但写作还是有讲究的，如何写好开头和结尾，其中大有学问，也值得我们努力探索和实践。

时任总编辑李宝善也给予热情肯定：

　　　　我粗览了伟伟同志这组"开头结尾谈"，感觉写得好，很值得记者们一读。我平日看稿，一个突出的感受是很多稿子开头套路化、程式化。我们提倡讲故事，很多稿子开头就来一段"故事"，其实根本算不上故事，没什么情节，只是给文章戴了个"故事帽"。写文章贵在创新，开头贵在新奇，贵在不落俗套，文无定法才是硬道理。希望有更多新奇抓人的开头，有更多意味深长的结尾。

欣慰中忽一激灵，待编的书里有部分是谈开头、结尾的，抽出来，再积累充实，岂不可单独成册？

是为本书由来。

在已于 2018 年 7 月出版的《人民日报记者说：好稿是怎样"修炼"成的》一书的后记中，我做过一个说明：

> 大学虽读的是中文，却没受过文艺评论训练，思维方式还止于传统的随意性、领悟性，浅显表层，缺少深度。书中主要的篇章发于 2014 年下半年以来人民日报社地方部《值班手记》和报社内网《业务研讨》，这次结集，为弥补随笔式杂感式的散漫，加进了早些时候的部分相关旧作，努力增加点宽度，增强点系统性、条理性，以期相辅相济。比如十多年前应邀给《中国海洋石油报》评报写的若干札记等。

本书原即其中一部分，这个说明于本书自然也是适用的。

《好稿是怎样"修炼"成的》出版后，有读者提出了一些意见和建议，重印时得以采纳（该书迄今为止已第 5 次印刷），在此深表感谢。由衷欢迎诸君就本书多多批评指正，再提宝贵意见，本人邮箱：feiweiwei@people.cn。

2019 年夏于北京人民日报金台园